Osni Moura Ribeiro
Maurilio Camello

Ética na Contabilidade

2ª EDIÇÃO

Contempla a NBC PG 01 – o mais atual Código de Ética Profissional do Contador (CEPC) aprovado pelo Plenário do CFC

saraiva uni

Avenida Paulista, n. 901, Edifício CYK, 3º andar
Bela Vista – SP – CEP: 01310-100

SAC Dúvidas referentes a conteúdo editorial, material de apoio e reclamações:
sac.sets@somoseducacao.com.br

Direção executiva	Flávia Alves Bravin
Direção editorial	Renata Pascual Müller
Gerência editorial	Rita de Cássia S. Puoço
Coordenação editorial	Fernando Alves
Edição	Ana Laura Valerio
	Neto Bach
	Thiago Fraga
Produção editorial	Daniela Nogueira Secondo
Preparação	Marcela Prada Neublum
Revisão	Vero Verbo Serviços Editoriais
Diagramação	Join Bureau
Capa	Deborah Mattos
Impressão e acabamento	Gráfica Paym

Dados Internacionais de Catalogação na Publicação (CIP)
Angélica Ilacqua CRB-8/7057

Camello, Maurilio
  Ética na contabilidade / Maurilio Camello; Osni Moura Ribeiro. – 2. ed. – São Paulo: Saraiva Educação, 2021.
  336 p.

  Bibliografia
  ISBN 978-85-7144-131-6 (impresso)

  1. Ética – Contabilidade. 2. Contadores – Ética. I. Título. II. Ribeiro, Osni Moura.

20-0355
CDD 174.965
CDU 174.657

Índices para catálogo sistemático:
1. Contabilidade: Ética

Copyright © Maurilio Camello e Osni Moura Ribeiro
2021 Saraiva Educação
Todos os direitos reservados.

2ª edição

Nenhuma parte desta publicação poderá ser reproduzida por qualquer meio ou forma sem a prévia autorização da Saraiva Educação. A violação dos direitos autorais é crime estabelecido na Lei n. 9.610, de 1998, e punido pelo art. 184 do Código Penal.

COD. OBRA 626012   CL 651907   CAE 729925

SOBRE OS AUTORES

Osni Moura Ribeiro é bacharel em Ciências Contábeis e professor de Contabilidade Geral, Comercial, Intermediária, Avançada, Gerencial, Pública, Tributária, e de Custos, bem como de Auditoria e Análise das Demonstrações Contábeis.

Já ocupou cargos de contador, analista contábil, inspetor contábil, auditor e agente fiscal de rendas da Secretaria da Fazenda do Estado de São Paulo.

Atua como auditor e consultor de vários órgãos públicos e empresas particulares. É também palestrante e autor das seguintes obras publicadas pela Saraiva: *Auditoria* (Série em Foco) – 3ª edição (coautor); *Contabilidade Básica* (Série em Foco) – 30ª edição; *Contabilidade Comercial* (Série em Foco) – 19ª edição; *Contabilidade de Custos* (Série em Foco) – 10ª edição; *Contabilidade Geral* (Série em Foco) – 10ª edição; *Estrutura e Análise de Balanços* (Série em Foco) – 12ª edição; *Contabilidade Avançada* – 6ª edição; *Contabilidade Básica*, versão universitária – 4ª edição; *Contabilidade de Custos*, versão universitária – 5ª edição; *Contabilidade Fundamental* – 5ª edição; *Contabilidade Intermediária* – 5ª edição; *Contabilidade para Concursos e Exame de Suficiência* – 3ª edição (coautor); *Demonstrações Financeiras* – 4ª edição; *Introdução à Contabilidade Gerencial* – 3ª edição (coautor); *Introdução à Contabilidade Tributária* – 2ª edição (coautor); e *Gestão Organizacional com Ênfase nas Organizações Hospitalares* – 1ª edição (coautor).

Maurilio José de Oliveira Camello é doutor em História Social pela Universidade de São Paulo (USP) e mestre em Filosofia pela mesma instituição. Possui licenciatura em História do Cristianismo pela Pontifícia Universidade Gregoriana (PUG), de Roma. Foi professor da Universidade de Brasília (UnB) e da Universidade Federal de Minas Gerais (UFMG). Principais áreas de pesquisa: Filosofia Medieval, Filosofia Antiga, Ética, São Tomás de Aquino e Aristóteles – temas sobre os quais publicou diversos artigos filosóficos.

APRESENTAÇÃO

Você, leitor, tem em mãos — para estudo, reflexão e fixação de princípios e legislação — um "manual" de Ética aplicada à Contabilidade, agora em 2ª edição. Ele foi elaborado com a expressa intenção de proporcionar aos contadores um instrumento de cidadania que possibilite ao profissional visualizar a importância da inserção de seu trabalho no aperfeiçoamento humano pessoal e social — visto que a ética faz parte integrante da estrutura da existência, e é por ela que as comunidades, as categorias, as profissões e suas atividades se legitimam.

Entre essas profissões está a do contador. Ao considerar que se trata de uma profissão complexa — a qual ganhou, em tempos modernos, um conjunto impressionante de métodos, processos e técnicas, na medida em que a atividade econômica se torna cada dia mais abrangente —, sabe-se, na verdade, segundo evidências históricas, que é uma das mais antigas profissões, tendo talvez nascido na antiga civilização mesopotâmica ou egípcia, contemporânea à origem da escrita.

Não é necessário exaltar aqui a relevância da profissão na vida social e o lugar indispensável do profissional na avaliação, na condução e mesmo no planejamento dos negócios. A escolha que você, estudante ou profissional, faz ou fez por essa área pode certamente repercutir em sua formação humana, catalisando elevados sentimentos de autorrealização e solidariedade, promovendo atitudes e padrões melhores de comportamento e concorrendo para a ressignificação do trabalho humano — que, mais que um conjunto de processos e técnicas para a produção de riqueza, é o modo mais autêntico de autocriação do próprio homem.

Com tais objetivos é que este livro foi escrito. É possível que seja mais que um simples manual com viés exclusivamente técnico. Em vista disso, a matéria está distribuída em duas grandes seções interligadas. A primeira, subdividida em duas partes, aborda diversos aspectos filosóficos da Ética — desde sua história, correntes de pensamento, princípios e normas éticas e morais, abrangência de aplicação — e termina com uma breve exposição analítica do Código de Ética Profissional do Contador (CEPC), consubstanciado na Norma Brasileira de Contabilidade (NBC) – PG 01, promulgada pelo Conselho Federal de Contabilidade (CFC), em 7 de fevereiro de 2019, e da qual é dado o inteiro teor.

É preciso insistir que a abordagem é, de preferência, filosófica, mais que sociológica ou psicológico-social, como é usual em tratados do gênero. A senda filosófica foi escolhida para desenvolver a mente crítica entre estudantes e profissionais, que precisa de fundamentos teóricos e práticos para "pesar" os rumos das tomadas de decisões, evitando a submissão às ideologias que rondam, desde sempre, a política e a ética, e as posições fáceis, imediatas e inconsistentes na apreciação dos valores e dos comportamentos.

A segunda seção do livro aborda a legislação profissional e a organização dos Conselhos de Contabilidade. Preocupamo-nos em fornecer a você um quadro atualizado e completo de todos os elementos que devem ser conhecidos para o bom e correto desempenho de sua atividade. A segunda parte introduz uma abordagem das habilidades requeridas para o exercício profissional, o mercado de trabalho do contador, a destinação das informações contábeis e o campo mais específico do auditor. Passa-se, em seguida, aos elementos integrativos da regulamentação da profissão do contador, desde o Exame de Suficiência, o registro profissional, atribuições e prerrogativas, até as atividades compartilhadas e as penalidades aplicáveis aos profissionais da contabilidade. Seguem-se capítulos atinentes à criação, às atribuições e à constituição dos Conselhos, quer o Federal, quer os Regionais de Contabilidade. Leis, regulamentos e resoluções são, então, esmiuçados para que o contador conheça exatamente os limites e as condições legais de sua atividade profissional. O Anexo, ao final desta obra, reúne peças legislativas de relevante valor histórico para ilustração e conhecimento do contador.

É importante ressaltar que, para possibilitar a fixação do conteúdo estudado, os capítulos contêm atividades teóricas detalhadas, as quais suscitam numerosas questões apropriadas, úteis tanto para a educação continuada do profissional como para seu sucesso por ocasião dos exames que deve prestar. A propósito, após o Capítulo 13, é apresentada uma bateria de testes de Exames de Suficiência, composta de questões que já foram objeto de provas anteriores, cuja resolução constitui um treinamento que permite ao estudante avaliar o grau de aproveitamento de seus estudos, ao mesmo tempo em que possibilita a familiarização com a maneira pela qual os organizadores das provas costumam elaborar as questões supervisionadas pelo CFC.

Nós, os autores, voltamos a expressar a intenção de que este livro seja de real utilidade para todos aqueles interessados pelo correto desempenho da atividade de contador, com o intuito de servirem mais e melhor à sociedade a que pertencem.

Os autores.

SUMÁRIO

PARTE I • ÉTICA TEÓRICA

Capítulo 1 Sociedade e ética 3
1.1   Demandas éticas na sociedade atual 3
1.2   Relações conceituais entre sociedade e ética 7
1.3   Sociabilidade como fundamento da sociedade e da ética 14
Resumo 17
Atividades 18

Capítulo 2 A ética do ponto de vista filosófico 21
2.1   Palavras e conceitos 21
    2.1.1   Filosofia como razão e crítica 21
    2.1.2   Filosofia moral ou ética 25
    2.1.3   Moral e moralidade 28
    2.1.4   Metaética 29
2.2   Breve história das doutrinas éticas 30
    2.2.1   Visão geral 30
    2.2.2   De Sócrates à contemporaneidade 32
Resumo 39
Atividades 42

Capítulo 3 Espécies de ética 45
3.1   Classificações 45
3.2   Éticas da virtude 46
3.3   Éticas deontológicas 51
3.4   Éticas do discurso 54
3.5   Éticas consequencialistas 56
Resumo 60
Atividades 62

Capítulo 4 Distinção e interação entre ética e moral 65
4.1   Distinção entre ética e moral 65
4.2   Normas morais 66
4.3   O valor moral 68
      4.3.1   Estado da questão 68
      4.3.2   Valor e bem 69
      4.3.3   Valor moral 72
4.4   Tangências da moral 74
      4.4.1   Moral e direito 74
      4.4.2   Moral e religião 76
      4.4.3   Moral e política 78
      4.4.4   Moral e normas de convivência social 80
      4.4.5   Moral e ciência 81
Resumo 82
Atividades 84

Capítulo 5 Princípios e fontes das regras éticas 87
5.1   Linguagem e argumentação das normas morais 87
5.2   Princípios das normas morais 90
5.3   Origens das normas morais 95
      5.3.1   A origem biológica 95
      5.3.2   A origem sociocultural 97
      5.3.3   Consciência moral como fonte 101
Resumo 107
Atividades 109

Capítulo 6 Dilemas morais e princípios de solução 111
6.1   O comportamento moral e seus impasses 111
6.2   Noção e justificação do dilema moral 117
6.3   O princípio do duplo efeito 120
Resumo 123
Atividades 124

Capítulo 7 Os objetivos últimos da ética 127
7.1   A formação do caráter e da pessoa humana 127
7.2   Ética e paz no convívio humano 133
7.3   Ética e perfeição da vida 136
Resumo 139
Atividades 140

PARTE II • ÉTICA APLICADA

Capítulo 8 Métodos e âmbitos da ética aplicada 145
8.1 Exigências para as aplicações éticas 145
8.2 Ética e economia 148
8.3 Ética empresarial 149
8.4 Ética profissional 151
Resumo 156
Atividades 158

Capítulo 9 Código de Ética Profissional do Contador (CEPC) 161
9.1 Aspectos gerais 161
9.2 Aspectos específicos 162
9.3 CEPC na íntegra 167
    9.3.1 Introdução 167
    9.3.2 NBC PG 01 – Código de Ética Profissional do Contador 168
Resumo 178
Atividades 178

PARTE III • LEGISLAÇÃO PROFISSIONAL E DE ORGANIZAÇÃO DOS CONSELHOS DE CONTABILIDADE

Capítulo 10 O profissional da contabilidade 189
10.1 Introdução 189
10.2 Habilidades requeridas para o exercício profissional 189
10.3 O mercado de trabalho do contabilista 193
10.4 Quem utiliza as informações contábeis? 195
10.5 Auditoria 195
    10.5.1 Definição 195
    10.5.2 Auditor 195
    10.5.3 Auditor independente 197
Resumo 199
Atividades 200

Capítulo 11 A regulamentação da profissão de contabilista 205
11.1 Quem pode exercer a profissão de contabilista 205
11.2 Exame de Suficiência 206
    11.2.1 Conceito e objetivo 206
    11.2.2 Quem deve se submeter ao Exame de Suficiência? 207
    11.2.3 Outras informações importantes 207

11.3 Registro profissional dos contadores 208
    11.3.1 Introdução 208
    11.3.2 Onde efetuar o registro profissional? 208
    11.3.3 Domicílio profissional 208
    11.3.4 Modalidades de registro profissional 209
    11.3.5 Documentos necessários para o Registro Originário 209
    11.3.6 Alteração de categoria 210
    11.3.7 Alteração de nome ou nacionalidade 210
    11.3.8 Exercício profissional em outra jurisdição 211
    11.3.9 Cancelamento do registro profissional 211
    11.3.10 Baixa do registro profissional 211
    11.3.11 Suspensão e cassação 212
    11.3.12 Restabelecimento de registro 212
    11.3.13 Outras informações importantes 212
11.4 Atribuições do profissional da contabilidade 213
    11.4.1 Atribuições determinadas por Decreto-Lei 213
    11.4.2 Prerrogativas (atribuições) disciplinadas pelo CFC 213
    11.4.3 Atividades compartilhadas 218
11.5 Penalidades aplicáveis aos profissionais da contabilidade 219
Resumo 220
Atividades 222

Capítulo 12 Conselho Federal de Contabilidade (CFC) 227

12.1 Introdução 227
12.2 Criação do CFC 228
12.3 Atribuições do CFC 228
12.4 Composição do CFC 229
12.5 Estrutura do CFC 230
12.6 Eleição dos membros do CFC 231
12.7 Receita do CFC 232
12.8 O CFC como Tribunal Superior de Ética e Disciplina (TSED) 232
12.9 Estrutura hierárquica das funções do CFC 233
12.10 Divulgação dos atos do CFC 234
12.11 Normas Brasileiras de Contabilidade (NBCs) 234
    12.11.1 Introdução 234
    12.11.2 Estrutura das NBCs 235
    12.11.3 Interpretações e comunicados técnicos 237
    12.11.4 Identificação das normas 237
    12.11.5 Como as normas internacionais ingressam no Brasil 238
Resumo 239
Atividades 240

Capítulo 13 Conselhos Regionais de Contabilidade (CRCs) 249

13.1 Criação dos Conselhos Regionais de Contabilidade (CRCs) 249
13.2 Organização e receita dos CRCs 249
13.3 Atribuições dos CRCs 250
13.4 A subordinação dos CRCs ao CFC 251
13.5 Regulamento geral dos CRCs 252
Resumo 271
Atividades 272

Capítulo 14 Testes de Exames de Suficiência 279

Anexo 295

Referências 317

PARTE I

Ética teórica

SOCIEDADE E ÉTICA

1.1 DEMANDAS ÉTICAS NA SOCIEDADE ATUAL

Um dos efeitos, certamente positivo, da expansão dos meios de comunicação na época atual, incluindo a revolução da informática e o intenso compartilhamento das mídias sociais, é a democratização do conhecimento. Fica-se sabendo de quase tudo, praticamente em todos os planos: político, econômico, cultural e ético. Os comportamentos de homens públicos, empresários, agentes da indústria cultural, líderes religiosos, são mostrados, medidos e apreciados não apenas pelas chamadas elites, mas também pelo povo em geral, que sente na pele as consequências de tomadas de decisão sobre as relações entre capital e trabalho, tanto no plano empresarial como no político. O certo e o errado, o bom e o mau, o correto e o desvio passam a ser qualificados, mesmo na linguagem comum, como ético ou antiético. Apesar de a intervenção dos aparelhos judiciais ser complexa e lenta, conhece-se mais dos direitos e, por consequência, dos deveres, sobretudo quando omitidos, transgredidos ou postergados.

O diagnóstico das carências éticas está disponível nos jornais, nos noticiários da televisão e nas peças publicitárias de bens de consumo. A normalidade com que os aspectos negativos do comportamento humano saltam à vista pode possibilitar o desenvolvimento de uma consciência moral na sociedade, suscitando a crença de que tal ênfase atinge, com maior eficiência, os próprios indivíduos na relação com a comunidade e na vida profissional.

O primeiro campo de carências ou de demandas é, segundo o senso moral comum, o político. Em seu sentido mais estrito, consiste na organização e na gestão da sociedade pelo Estado, incluindo as formas de governo nos âmbitos municipal, estadual e federal, e na coexistência e no controle recíproco dos três poderes – executivo, legislativo e judiciário. Os aspectos jurídicos de avaliação fundamentam-se e legitimam-se pelos princípios morais, entre os quais se sobressai a justiça. Historicamente, essa tese foi muito discutida, como será visto adiante. Para determinados pensadores, era necessário separar as duas esferas, ou seja, a esfera política e a esfera moral; para outros, a moral deveria se submeter à política ou se afirmar como "moralidade pública", distanciada programaticamente da moral individual. Longe dessas especificidades conceituais, a sociedade visualiza o bem comum como objetivo supremo da política, a igualdade de todos, a segurança social, a solução de suas necessidades básicas, a paz social. Todas essas demandas passam, certamente, pela correção moral dos agentes públicos, pelo cumprimento das leis e pela separação exata entre público e privado.

O Estado e seus agentes falham quando procuram o interesse isolado dos grupos políticos, ou seja, fora dos partidos, ou o interesse de categorias com maior poder de influência sobre o funcionamento do regime democrático. O fenômeno da corrupção não está mais escondido e a transparência administrativa, isto é, o desvelamento moral das ações da gestão pública, passou a ser mais que um *desideratum*,[1] tornando-se uma exigência coletiva, a qual políticos "profissionais" não poderão mais elidir.

Vinculada à política, porque disciplinada por leis específicas, está a relação entre capital e trabalho. As diretrizes da política econômica afetam diretamente a vida de todos, sejam trabalhadores, sejam instituições ou empresas. Tais explicações e condicionamentos não serão aqui aprofundados quanto às formas de produção, geradoras não só de bens, mas também de estratificações sociais – não raro de diferenças profundas entre indivíduos e famílias que compõem o tecido social. Acrescem a isso poderosas formas de incentivo ao consumo, levando pessoas às redes de crédito e às dívidas, fontes das novas formas de escravidão. Os fatos são bem conhecidos e podem ser examinados sob a luz ética, levando-se em conta, de modo especial, as condições culturais da população.

Empresários e gestores do complexo das atividades econômicas não podem se considerar "neutros", valorizando apenas os objetivos técnicos de suas organizações e instituições e a lógica dos resultados. Sem o trabalho não se vive, mas com ele, em condições adversas, pode-se viver muito mal. A ética, fundamentada no valor da justiça, deve, de algum modo, presidir às relações entre capital e trabalho – condição *sine qua non*[2] para tornar este mundo humanizado. Esse

---

[1] Desejo, em latim.

[2] Sem a qual não pode ser, em latim, isto é, uma condição necessária.

ideal está ainda muito longe, mas não é utópico achar que tal distância é transponível. Certo realismo conceitual e prático tende a pôr de lado questões éticas, entendendo-se a economia como moralmente neutra. Ora, as próprias empresas já se conscientizaram da importância de uma *compliance*[3] para sua saúde administrativa e financeira, o autogerenciamento e as relações com outras congêneres – avanço considerável no atendimento às expectativas sociais.

Além das demandas éticas na política e na economia, também profundamente ligadas a elas, estão as demandas educacionais. Por meio do processo educacional, costuma-se dizer que a sociedade toma consciência de si e se reproduz à medida que seus valores são vivenciados e passados de geração a geração. Se por *educare* entende-se o processo em que o educando se projeta de si, passando a existir e marcando presença na sociedade – que, desse modo, também se educa, instaurando o perfil da própria identidade –, é intuitivo perceber que a ética deve vivificar todo o dinamismo da educação, aberta a todos, endereçada à solução dos conflitos entre pessoas e grupos e, no tempo atual, a cultivar o respeito e a tolerância, no âmbito familiar, social e mesmo planetário. Aqui, as competências são integrativas, de modo que a família, a sociedade e o Estado cooperem entre si, no cumprimento de um direito natural que não pode ser postergado. Cabe ao Estado, como direito e dever fundamentais, promover a educação em seus diversos níveis, elaborando políticas e criando estruturas, organismos e currículos para os cidadãos de sua jurisdição. Vê-se, hoje, porém, que o Estado e a escola não são tão fortes e bem aparelhados de meios humanos e materiais para atingir tal finalidade, inclusive para impedir, no limite, a falência da sociedade.

A realidade, de si tão variada e desigual, evidencia a necessidade de uma revolução no ensino, tanto formal como informal, para que a sociedade e as pessoas possam ter uma qualidade de vida satisfatória. Embora não se possa mais crer, como os antigos creram, que, à medida que se abre uma escola se deixa de construir um presídio, de fato é na escola que se constrói a defesa contra a barbárie, com sua ameaça sempre às portas. Faz parte, por conseguinte, da carta ética social a valorização dos agentes da educação, a começar pela família, e a priorização política do processo educacional, abandonando a ideia de que ele é um passivo nas contas públicas, algo em que se investe a fundo perdido ou passível de

---

[3] Derivado do inglês *to comply*, o termo *compliance* tem sentido amplo, significando, em resumo, o conjunto de normas, regras e outros atos normativos para cumprimento das diretrizes institucionais, legais e morais de empresas.

manipulação para se obter dividendos na corrida e na manutenção do poder. Educar é uma atitude essencialmente ética, e não simplesmente técnica.

Um campo não menos importante da existência ética é o das profissões social e juridicamente aceitas. A competência cognitiva na ação profissional, seu exercício nos limites da convivialidade, o compromisso de realizar com rigor técnico e máximo respeito aos contratos entre as partes envolvidas não são alcançados sem o compromisso ético. As profissões são muito variadas segundo finalidades e valores implicados: os profissionais da área médica lidam com a vida, um bem fundamental, mas, vizinhos a eles, os encarregados da limpeza pública trabalham para os cuidados da saúde na comunidade. É apenas um exemplo, mas todos os profissionais prestam serviços sem os quais a vida social não pode alcançar a qualidade desejada. Aqui, a educação tem relevância inquestionável, mas a aprendizagem técnica indispensável não é suficiente sem a formação ética. Para melhorar a ação e o perfil dos profissionais, muitas profissões têm seu código de ética, cuja finalidade não é apenas o interesse material da classe e seu prestígio social, mas uma participação mais autêntica no esforço de humanização da sociedade.

Interessam aqui as demandas éticas do exercício da contabilidade, sendo o contador mais que um técnico. Muitas vezes, encontra-se em um fogo cruzado entre os interesses de gestores de empresas e os reguladores éticos – aos quais pronunciou juramento profissional quando se formou. Reporta-se, para ilustrar a questão, um caso apresentado por uma excelente contadora, P. S. C., em entrevista aos autores destas linhas:

> Fui contadora de uma empresa, cujo objeto social são os serviços de engenharia. Essa empresa participava, com frequência, de licitações, tanto públicas como privadas. Para cada licitação, havia um edital e suas exigências. Dentre os documentos necessários a serem apresentados – certidões, contratos e alterações –, pediu-se o balanço patrimonial do último exercício e balancete atualizado. Diante do solicitado, preparamos toda a documentação e entregamos ao cliente que, dois dias depois, marcou uma reunião em meu escritório para que lhe explicasse o balanço e os documentos anexados entregues no dia e na hora marcados pela empresa solicitante. Em meio à reunião e às explicações dos resultados, o cliente discordou do balanço apresentado, dizendo que não o enviaria, mas, sim, um documento preparado por ele, e que faltava apenas minha assinatura. Atente-se que o balanço apresentado por ele não estava em

conformidade com os documentos encaminhados para contabilização. Informei que não poderia assinar o balanço com os dados nele contidos, já que não expressavam a realidade da empresa. Contudo, e diante de uma situação totalmente constrangedora, o cliente concluiu: "Você não se arrependerá se assinar" e "Se você não assinar, outro o fará...". Na mesma hora e cumprindo com a ética de nosso trabalho e princípio moral contábil, separei toda a documentação da empresa e entreguei ao cliente para que ele procurasse outro profissional para dar sequência à sua contabilidade.[4]

Fatos assim, infelizmente, acontecem com frequência. Há profissionais que se submetem a um trabalho desse nível, burlando dados para atender ao cliente que, satisfeito, oferece honorários elevados, contribuindo para a desvalorização da profissão. É um relato ilustrativo de verdadeiro dilema ético. Toda tomada de posição inclui um alinhamento, seja aos princípios éticos, como fez a contadora acima mencionada, seja ao interesse do cliente que deseja o resultado, independente se está ou não concorde àqueles princípios. Não raro, paga-se um preço: uma escrita que se perde ou uma consciência moral que se esgarça e se rompe.

1.2 RELAÇÕES CONCEITUAIS ENTRE SOCIEDADE E ÉTICA

É fácil entender que sociedade e ética se inter-referem. É um pacto de valores éticos fundamentais que mantém uma sociedade, preservando-a no tempo e no espaço, e que concorre para sua identidade cultural. Entretanto, para discutir um pouco mais a fundo essa questão, torna-se necessário aproximar-se de alguns conceitos. O leitor fica, assim, convidado a esse esforço, aparentemente um tanto abstrato, mas indispensável.

De início, o que se pode entender por sociedade? Paul Ladrière[5] oferece uma definição que pode ajudar na resposta: "Um agrupamento de indivíduos que ocupam um território relativamente bem circunscrito, partilhando uma cultura e instituições mais ou menos características, mantendo relações de interdependência".

---

[4] Entrevista enviada aos autores, por *e-mail*, em 30 de agosto de 2017.
[5] LADRIÈRE, P. Sociedade. In: CANTO-SPERBER, M. (Org.). *Dicionário de ética e filosofia moral*. v. 2. São Leopoldo: Unisinos, 2003. p. 602.

Reconhecem os autores que, nessa definição, deve-se acrescentar que tal agrupamento possui relativa autossuficiência, sendo sua existência perpetuada por várias gerações. Por conter um número elevado de indivíduos, é compreensível que tais dados não sejam precisos.

Filósofo de profissão, Régis Jolivet[6] define uma sociedade como a união moral estável de várias pessoas, físicas ou morais, que juntas colaboram para atingir um fim comum. Nessa definição, explica Jolivet, há três elementos essenciais:

1. **Fim comum**. Especifica uma sociedade, cujo objetivo do todo é também o de todos os indivíduos participantes. Mesmo que individualmente tenham fins particulares, eles têm, como membros, um único fim.
2. **União das vontades**. Para atingir o fim, ou seja, o bem comum, é necessária a colaboração de todos, o que provoca determinados pensamentos, maneiras de sentir e comportamentos. Os fatos sociais exteriores são efeitos, pois supõem algo mais profundo: "a adesão, e mesmo a identificação, das vontades particulares às exigências da finalidade própria da sociedade".[7] Não havendo isso, a sociedade está em perigo.
3. **Autoridade**. Na multiplicidade dos indivíduos, a realização do bem comum exige uma coordenação. Daí, acrescenta o autor, "a necessidade de uma autoridade reconhecida e obedecida por todos, cujo papel essencial será definir, para cada membro da sociedade, o grau e a forma de sua colaboração na obra comum".[8]

Pode parecer que tal posição filosófica é conservadora e não leva devidamente em conta todos os elementos antropológicos que tornam complexa a vida humana em sociedade. A contestação foi feita com o intuito de entender que o princípio da liberdade, como fundamento das sociedades democráticas, somado à extrema diversidade de valores e crenças, exigiria novo enquadramento conceitual. Jolivet, porém, tem razão ao ressaltar que a sociedade é, antes de tudo, uma "união de pessoas congregadas por um mesmo destino e visando a assegurar o bem comum".[9]

---

[6] JOLIVET, R. *Tratado de filosofia*. IV Moral. Trad. Geraldo Dantas Barreto. Rio de Janeiro: Agir, 1966. p. 359.
[7] JOLIVET, 1966, p. 361.
[8] JOLIVET, 1966, p. 361.
[9] JOLIVET, 1966, p. 361.

Ao colocar tais definições na perspectiva histórica, é necessário recuar à civilização grega, que forneceu grande parte da matriz cultural ocidental. Os gregos não dispunham de um conceito que correspondesse ao que hoje é chamado de sociedade, mas tinham o conceito de *pólis* (cidade), em que compreendiam não a totalidade dos indivíduos, mas os "cidadãos", isto é, os homens que participavam das instituições e da vida política. Não viam como parte dessa sociedade mulheres, crianças, negociantes e escravos. Na realidade, não são os homens cidadãos que fazem a cidade, e sim a cidade, como centro e referência, que os constitui, com interesses superiores aos dos simples indivíduos.

Nesse contexto, Platão e Aristóteles, dois dos maiores pensadores da época, expressam pontos de vista diferentes. O primeiro quer reformar, ou melhor, construir um modelo de cidade, em contraste com a cidade real (para ele, extremamente corrompida), que manifeste a ordem do mundo, isto é, um princípio regulador do universo político (a cidade) e do mundo individual (a alma). Para ele,[10] a cidade e a alma são duas realidades muito próximas, simétricas, de modo que as virtudes e os vícios da cidade correspondem às virtudes e aos vícios da alma, e a reforma de uma não acontece sem a reforma da outra. Na cidade, a perfeita distribuição das funções entre as pessoas, feitas e formadas para elas, é a base da justiça e da paz social. No topo dessas funções, está governar, tarefa que compete aos filósofos, porque são os mais competentes para visualizar os grandes fins da sociedade e a perfeita organização do todo. Um acordo de todos e de cada um com a ordem pública está garantido pela educação sistemática, de modo que nesse modelo de cidade não há lugar para dissidência. Na cidade (leia-se, sociedade) platônica, tudo está uniformizado. As classes sociais não se confrontam, porque reina uma disposição ética inabalável, e a justiça, antes de virtude reguladora dos interesses, é a perfeita ordem e saúde do todo.

Já Aristóteles[11] está convencido de que o homem é por natureza um ser social (político). Para atender às suas necessidades vitais, se une a outros indivíduos da mesma espécie, constituindo uma comunidade. A reunião dessas comunidades

---

[10] Platão nasceu em Atenas ou talvez em Egina em 428-7 a.C. e morreu em 348-7 a.C. Entre os muitos diálogos que escreveu, ressalta-se para o nosso tema *A República* e *As Leis e o Político*. Para uma introdução ao seu pensamento, veja BURTON, N. *O mundo de Platão*: a vida e a obra de um dos maiores filósofos de todos os tempos. Trad. Mário Molina. São Paulo: Cultrix, 2013.

[11] Aristóteles nasceu em Estagira, na Macedônia, em 384 a.C. e morreu no exílio, na Calcídia, em 322 a.C. Entre suas numerosas obras, deve-se mencionar, para nosso escopo, a *Ética a Nicômaco* e *a política*. Recomenda-se como estudo abrangente do pensamento de Aristóteles o texto de LEAR, J. *Aristóteles*: o desejo de entender. Trad. Lygia Araújo Watanabe. São Paulo: Discurso Editorial, 2006.

dá origem a uma comunidade maior. Aqui, sua análise avança um pouco mais: a motivação econômica, que possibilita o viver, transforma-se em uma motivação de caráter essencial. Como cada coisa, a cidade passa a existir quando atinge seu fim completo e existe para permitir o bem viver[12] – esse é o seu fim natural. Entretanto, a cidade é um todo e, por isso, tem prioridade sobre as partes, as comunidades menores e, por fim, sobre os indivíduos. Não é prioridade cronológica, mas prioridade que advém à cidade em razão de seu fim, mais perfeito que o de seus componentes. Desse modo, a sociedade (aqui, Aristóteles fala em Estado) é o vínculo de realização da moralidade. Essa visão grega da origem da sociedade como natural é criticada e substituída na modernidade, quando pensadores, desde Hobbes, passando por Kant, Locke e chegando a Rousseau, julgam que a sociedade organizada é fruto não da natureza, mas de um contrato social, em que a liberdade desempenha papel relevante. Com efeito, o que é por natureza se supõe necessário, enquanto a sociedade humana se compõe de agentes livres que decidem viver em comum, seja para se proteger dos instintos naturais e da autodestruição, delegando sua liberdade e soberania a um entre eles, seja criando uma sociedade civil, recebendo dessa personalidade política, ou cidadania, os valores morais e políticos de que cada um necessita para viver em paz e no gozo de seus agora protegidos direitos fundamentais.

Para Hobbes, o homem é um ser racional, capaz de calcular racionalmente a resposta ao problema da coexistência dos indivíduos. Portanto, a sociedade é uma construção artificial, de origem puramente convencional. Sociedade civil e Estado adquirem legitimidade por meio da exigência dos que participam do contrato social. John Locke, Jean-Jacques Rousseau e Kant distanciam-se, em parte, de Hobbes, porque não veem a luta de todos contra todos dando origem a um pacto de preservação, nem à renúncia à liberdade a troco de proteção e obediência. Para Locke, o que define o indivíduo são seus direitos naturais, ou seja, o direito à liberdade e à propriedade de seus bens. Com a sociedade, o homem busca realizar seu poder de liberdade, em condições favoráveis que legitimam a autoridade política – o que só é possível quando se reconhece a igualdade entre todos, pois os direitos naturais do homem são os direitos de todos os homens. Vê-se aí um universalismo dos direitos, de modo que cada indivíduo pode se levantar no meio da sociedade e exigir que seus direitos sejam protegidos.

---

[12] ARISTÓTELES. *A Política*. Trad. Nestor Silveira Chaves. 2. ed. Bauru: Edipro, 2009.

Para Rousseau, a sociedade também é fundada por meio de um pacto, ou contrato, que possibilita a cada um obedecer apenas a si mesmo, permanecendo tão livre como em seu estado natural. A comunidade, porém, se constitui à base da vontade geral, expressa na lei, a qual, quando obedecida, não só significa liberdade, mas forma o cidadão como ser moral. A sociedade é, assim, o vínculo da moralidade e da virtude, em que pesem todos os desvios, os vícios e os comportamentos condenáveis. Tendo-se em conta tudo isso, parece a Rousseau que há extrema urgência e necessidade que se faça, pela educação, a regeneração social e que se proceda à refundação da sociedade política.[13]

Kant também sustenta que o homem deve renunciar à liberdade do estado de natureza por uma liberdade superior no estado jurídico. Isso quer dizer que formar uma sociedade civil é exigência da razão e obrigação do homem – obrigação esta originada nele mesmo. O contrato social é uma simples ideia da razão, de realidade prática indubitável, pois obriga cada legislador a legislar como se as leis tivessem emanado da vontade unida de um povo inteiro, e possibilita a cada súdito, que queira se tornar cidadão, considerar-se participante do acordo geral de tal vontade. Assim, o contrato, como ideia pura, é o ideal da legislação e indica como deve ser o Estado.[14]

Chama atenção o fato de tais filósofos modernos optarem por ideias abstratas, acreditando que, por meio delas, seria possível explicar adequadamente a realidade social. Surge, assim, a crítica de pensadores, com Edmund Burke, Hegel e Marx. O contratualismo defende a ideia da autonomia do indivíduo princípio de organização da sociedade, sem considerar o indivíduo como pertencente a um grupo social com o qual se identifica. Passa-se a pensar que a sociedade não é e nem pode ser uma construção racional, mas, antes, um organismo contextualizado na tradição e na história dos povos, exprimindo seu "espírito".

É o que pensam os românticos do século XIX, liderados por Hegel. A constituição e evolução das sociedades é, para ele, o advento progressivo da razão e da liberdade. A existência coletiva assume, primeiro, a forma da família, em cuja base se edifica a sociedade civil, atravessada por conflitos na rede de relações que promove, notadamente na atividade econômica. Tribunais, polícia, corporações de profissões e outros mecanismos têm por finalidade assegurar a unidade da

---

[13] Pode-se ler, com bastante proveito, a exposição de: COMPARATO, F. K. Jean-Jacques Rousseau e a regeneração do mundo moderno. In: COMPARATO, F. K. *Ética*: direito, moral e religião no mundo moderno. São Paulo: Companhia das Letras, 2006. p. 228-269.

[14] LADRIÈRE, 2003, p. 604.

coletividade. O Estado, com seus poderes de controle, vai além de garantir a unidade social: é preciso conhecê-lo como depositário do interesse universal, a realização da razão e a conciliação do interesse privado e coletivo. Nesse contexto, o pensador alemão entendeu ser necessário diferenciar moralidade e eticidade para explicar a evolução da consciência moral individual à consciência universal objetivada dos costumes, a que Hegel deu o nome de eticidade. Moralidade individual e eticidade universal se relacionam dialeticamente, como explica com propriedade o filósofo Pegoraro:

> A eticidade, que é a marcha da liberdade para sua realização, alcança sua máxima universalidade no Estado e na plenitude da história, quando liberdade e eticidade aparecem como espírito absoluto. Portanto, a eticidade é a universalidade: o alargamento dos costumes (família, sociedade civil e Estado) corresponde ao alargamento da universalidade: os costumes, quanto mais universais, mais serão éticos.[15]

A crítica que Hegel dirigia aos contratualistas por proporem uma ideia abstrata volta-se contra ele com Marx e Engels. Hegel não sairia do terreno das abstrações, propondo uma sociedade e um Estado exteriores aos indivíduos particulares, sem resolver as contradições e os antagonismos da sociedade moderna. A teoria hegeliana contribuiria, assim, para manter e aprofundar a alienação do homem moderno, separando-o de sua verdadeira essência social. Para Marx e Engels, é preciso superá-la, o que se torna possível ao considerarem a história das relações concretas, em que não é a ideia ou o espírito que determina a evolução do real, mas o inverso. A realidade econômica, ou seja, as relações de produção dão origem às ideologias, expressas nos interesses particulares da classe dominante. É a sociedade civil que determina o Estado que, por sua vez, tem por objetivo manter certa ordem correspondente ao interesse da sociedade civil. O Estado fica, assim, promotor da alienação do homem e apenas sua supressão dará lugar ao advento da sociedade verdadeira. Nas palavras do próprio Marx, "a conclusão da unidade essencial do homem com a natureza, a verdadeira ressurreição da natureza, o naturalismo consumado do homem e o humanismo consumado da natureza".[16]

---

[15] PEGORARO, O. *Freud, ética e metafísica:* o que ele não explicou. Petrópolis: Vozes, 2008. p. 74.
[16] MARX, K. *Manuscritos econômico-filosóficos*. Manuscrito 3, 1844 apud LADRIÈRE, 2003, p. 606.

Essas são filosofias sociais, perfiladas como filosofias da história, cuja proposta é o fim dos processos sociais, ou seja, uma destinação mais ou menos determinada, um sentido mais ou menos definido, de toda a evolução humana: o Estado burguês (para Hegel) ou a sociedade sem classes (para Marx). Em meados do século XIX, o surgimento da Sociologia como ciência do social trouxe diferente perspectiva de análise. Já não se trata de apontar a gênese ou a consumação da sociedade humana, mas de esclarecer a natureza dos fatos sociais. Dois nomes sobressaem: Émile Durkheim e Max Weber. Para o primeiro, a condição básica, do ponto de vista metodológico de uma ciência do social, é entender os fatos sociais como objetos, ou seja, uma realidade exterior aos indivíduos, excluindo qualquer psicologia individualista de análise. Nessa perspectiva, a sociedade é mais do que a soma das partes que a compõem, com características que não podem ser compreendidas pela referência às vontades individuais. Em troca, a sociedade determina um conjunto de atitudes individuais, com atuação da consciência coletiva. Durkheim usa também a metáfora do organismo, cujas partes interagem para manter a estabilidade do conjunto. Em vez de explicar os fenômenos sociais por sua genealogia, é preciso atender às suas consequências, ao modo como atuam para a estabilidade do todo social. Por suas funções, os fenômenos sociais (como a religião) podem ser mais bem explicados. Weber opõe-se à explicação durkheiniana afirmando que os fenômenos sociais resultam das ações dos indivíduos. Não se trata de explicar os fenômenos, mas de compreendê-los, o que significa compreender o significado dos comportamentos que dão origem a esses fenômenos, buscando as razões que os motivam. Para ele, o indivíduo é a unidade de base da Sociologia, mesmo considerando a importância das estruturas coletivas. Daí se pode concluir que "sociedade" é tão só uma abstração teórica.

Esse quadro histórico, aqui tão resumido e sintético, não terá explicitado, a não ser pontualmente, a questão dos processos de moralização no interior da sociedade. É claro que o fenômeno social, em que pese sua influência sobre as atitudes individuais, não é algo tão objetivo, como queria Durkheim, a ponto de merecer a explicação do filósofo ou do sociólogo. É possível discutir as relações e as mútuas interferências entre socialização e moralização. Se os agentes recebem e internalizam normas e valores da sociedade, é também certo que dispõem de um raciocínio moral como seres humanos – o que levou alguns a pensar na tese de universalização tanto da racionalidade como de moralidade.

1.3 SOCIABILIDADE COMO FUNDAMENTO DA SOCIEDADE E DA ÉTICA

Se é possível afirmar que não há sociedade sem ética, entendida como um acordo fundamental sobre princípios e normas garantidores da existência e da coesão da sociedade, torna-se necessário explicar o fundamento de tal acordo. A reflexão levará ao exame da sociabilidade, traço antropológico essencial, que não é simplesmente recebido pela educação ou qualquer outra influência do meio social, mas constitui *a priori*[17] cada indivíduo.

De início, a sociabilidade, antes de ser um conceito, é um fato ou fenômeno da experiência cotidiana sobre o qual é difícil duvidar. O homem nasce na total dependência dos outros, intercomunica-se com a família, com outros membros da sociedade, fala, conhece e ama. Colabora em ações do grupo ou da sociedade a que pertence, sofre e se alegra com os outros. É um "ser social", cujos atos, de qualquer natureza, repercutem no corpo social, e que pode receber em troca os benefícios e as proteções da sociedade em que vive. O homem não se torna um ser social por causa disso, mas, por ser social por natureza, torna-se um *socius*.[18] É possível que alguns dos pensadores acima referidos, ao optarem pelo individualismo radical ou pelo coletivismo "estatal", tenham perdido de vista a primária dimensão da sociabilidade, que não coincide com nenhuma dessas posições.

Como conceito, a sociabilidade é uma das dimensões fundamentais do homem como ser racional, diferenciador de outros seres vivos, especialmente dos animais. A sociabilidade é mais do que a capacidade de se agregar para determinados fins. É oportuno transcrever aqui as palavras esclarecedoras do filósofo italiano Battista Mondin:

> [...] as expressões da sociabilidade humana superam infinitamente as dos animais. Em virtude das próprias capacidades cognitivas, afetivas, linguísticas, o homem realiza a dimensão da sociabilidade livremente em organismos e

---

[17] A partir do que é anterior, em latim, ou seja, antes da educação ou de alguma influência social.
[18] *Socius*, termo latino para associado, sócio.

instituições (governos, parlamentos, tribunais, exércitos, escolas, hospitais, trens, rodovias, aviões, estádios, teatros, imprensa, rádio, televisão etc.) que entre os animais não existem de fato e também são intrinsecamente impossíveis.[19]

É possível falar em população de formigas, abelhas e outros insetos e até de organismos mais elementares como bactérias e vírus, podendo chamá-las de sociedades – como habitualmente se faz, transferindo-se o termo da área humana para significar as outras áreas da vida. Entretanto, a "sociabilidade" não se aplica a outros seres, não é um "instinto" determinista, ou seja, uma determinação "interna" a que não se pode fugir, porque não se é livre. O animal está fechado em sua natureza, colado em sua paisagem e, se pode aprender e criar comportamentos novos, não ultrapassa significativamente os limites de sua carta genética. A sociabilidade humana aponta para uma abertura infinita, uma transcendência do natural e do cotidiano, enraizando-se naquilo que o ser humano tem de mais profundo: sua racionalidade e afetividade. Não parece ser a sociedade que fornece tal dimensão, mas o contrário: não haveria sociedade sem ela. Isso, evidentemente, não quer dizer que a vida social não seja responsável pelo desenvolvimento das habilidades dos indivíduos no campo do conhecimento, da cultura, das crenças religiosas, das realizações da arte, da técnica, das ciências. A dependência intrínseca dos indivíduos com relação à sociedade é um fato, e Marx, Comte, Durkheim e outros estavam e estão, nesse ponto, com toda razão. O homem não pode se desenvolver a não ser em convívio com outras pessoas.

Entretanto, a sociedade não é "superior" aos indivíduos, no sentido de uma superioridade "ontológica", como dizem os filósofos. Seria melhor substituir aqui o termo "indivíduo", possível de ser entendido como "átomo" da sociedade, por "pessoa", que dá a dimensão da transcendência, da ultrapassagem, da abertura sem limite ao outro. É necessário voltar adiante a esse importantíssimo conceito. Por agora, outro filósofo de renome mundial, o francês Jacques Maritain, exprime-se a respeito do homem como indivíduo, pessoa e ser social nas seguintes palavras:

---

[19] MONDIN, B. *O homem, quem é ele?* Elementos de antropologia filosófica. Trad. R. Leal Ferreira e M. A. S. Ferrari. 8. ed. São Paulo: Paulus, 1996. p. 166.

Para poder dar-se, primeiro é preciso existir, e não somente como um som que passa no ar ou uma ideia que me passa no espírito, mas como uma coisa que subsiste e que exerce por si mesma a existência; é preciso existir não somente como as outras coisas, é preciso existir de maneira eminente, possuindo-se a si mesmo, tendo domínio de si, e dispondo de si próprio, isto é, é preciso existir de uma existência espiritual, capaz ela própria de se envolver pela inteligência e pela liberdade, e de sobre-existir em conhecimento e amor.[20]

Fundamento da vida social, a sociabilidade o é também da ética. A percepção do bem e do mal, do certo e do errado gerando a consciência moral se, de um lado, se enraíza no indivíduo, de outro, é no contexto da sociedade que torna-se ético. A tradição do pensamento ético no Ocidente sempre se deteve no exame dessa questão, considerando o vínculo entre a vida virtuosa dos indivíduos e os valores sociais. Por ser um "animal político" ou social é que o homem, segundo Aristóteles, busca a perfeição da vida coletiva, pois o bem da coletividade e do indivíduo é um só: a felicidade. Para ele, as principais virtudes éticas são, na verdade, virtudes "políticas", isto é, a fortaleza, a temperança, a prudência e a justiça só podem se realizar com referência aos outros. Os costumes,[21] ou seja, os comportamentos mais ou menos estáveis, são a matéria-prima da ética, chamados de fatos morais. Há, certamente, normas e convenções sociais que não chegam ao *status* de fatos morais, mas sua observância, orientada ao equilíbrio, à paz e à harmonia social pode, de algum modo, avizinhar-se de ordenamentos éticos que, por sua vez, podem vestir-se de convenção social.

Pela indicação acima, a sociabilidade oferece condições para que as pessoas, por meio de uma vida eticamente qualificada, busquem a felicidade – fim último pessoal e social. Isso significa que a realização dos chamados fins últimos existenciais é direito e dever tanto das pessoas como da sociedade. Assim, a ordem ética não se constitui apenas de valores e normas, de ações prescritas ou proibidas, direcionadas à solução de conflitos e ao entendimento social. É mais que isso. É necessário recuperar a velha noção de felicidade como bem ao qual se direcionam todos os atos humanos. Não há lugar aqui para entrar na longa discussão

---

[20] MARITAIN, J. *A pessoa e o bem comum*. Trad. Vasco Miranda. Lisboa: Morais, 1962. p. 41-42.
[21] *Ethos*, em grego, *mores*, em latim.

sobre o conceito de felicidade, sua universalidade e acessibilidade.[22] O que se pode afirmar é que a felicidade, meta final de toda a vida ética, supera a noção comum de simples bem-estar e satisfação das necessidades básicas, uma vez que isso não diferenciaria a vida humana da vida animal. Deve consistir em um bem que possa estar além de todos os bens, um bem último, ao qual a vontade humana tende, mesmo que não o faça por uma intenção explícita. Cabe citar as palavras de Jolivet:

> As mais das vezes, só o perseguimos de maneira confusa e implícita, enquanto ele está presente virtualmente nos fins intermediários que nos propomos claramente. Porém está sempre presente, ao menos em todo ato livre, já que os fins intermediários só podem ter eficácia em função do fim último, do qual provém todo movimento da vontade.[23]

RESUMO

O capítulo se inicia com a exposição dos quatro tipos de carências éticas na sociedade contemporânea: na política, na econômica, na relação entre capital e trabalho, na educação e no exercício das profissões, com referência à profissão do contador. O diagnóstico dessas e de outras carências está, todos os dias, nas páginas dos jornais, na televisão e nas redes sociais. Isso significa que é preciso tomar ciência e consciência das demandas sociais e exercer a cidadania nos limites individuais e das comunidades. Tal atitude pede, de certo modo, que se abordem as relações conceituais entre sociedade e ética, em primeiro lugar, a partir das sugestões conceituais de Paul Ladrière e Régis Jolivet, que remetem a um quadro histórico em que se faz a rememoração das teorias sociais de Platão e Aristóteles, entre os antigos, e de autores modernos, como Hobbes, Locke, Rousseau e Kant. A diferença principal está entre concepções naturais de sociedade, dos primeiros, e concepções convencionais, à base da hipótese de um

---

[22] Régis Jolivet dedicou à questão umas páginas de indiscutível valor, cf. JOLIVET, 1966, p. 49-87. Para as concepções antigas sobre a felicidade, veja MARSOLA, M. P. *A felicidade*. São Paulo: WMF Martins Fontes, 2015.

[23] JOLIVET, 1966, p. 53.

contrato social, gestado e formulado pela razão, dos segundos. Hegel, Marx e Engels fazem a crítica dessas concepções abstratas dos "racionalistas", mas oferecem "filosofias da história", que serão, por sua vez, abandonadas por teorias sociológicas, com o advento da Sociologia como ciência dos fenômenos sociais. Referem-se, então, os nomes de Émile Durkheim e Max Weber, que se opõem, ao privilegiar como objeto da ciência sociológica a sociedade ou o indivíduo.

Para o aprofundamento dessas concepções de sociedade, que trazem implícita ou explícita a vinculação moral, este capítulo apresentou uma análise do que seria o fundamento filosófico tanto da sociedade como da ética e das relações entre ambas: a sociabilidade, traço antropológico fundamental. Sobre ser um fato verificável ao longo da experiência social humana, a sociabilidade pode ser vista como um conceito que aponta para a abertura e a transcendência do ser humano, dotado de racionalidade e afetividade. A vida ética se expande para as vivências sociais, os relacionamentos, as trocas, os acordos, a solução de conflitos, mas, para além de todas essas práticas, o que determina, em sua essência, a vida humana, é a demanda da felicidade, considerada o bem supremo entre todos os bens, chamada pelos filósofos de "fim último". A difícil, variada e complexa noção de felicidade não significa que esse antigo e universalíssimo termo deva ser descartado: a pessoa humana e a sociedade o reclamam continuamente.

ATIVIDADES

1. A política, como gestão da sociedade pelo Estado, visa ao bem comum, e não, imediatamente, ao bem individual ou de grupos, nem é a soma dos bens particulares que leva, como resultado, ao bem comum. Você concorda com essa afirmação? Está convencido de que as atitudes dos representantes no legislativo e no executivo são o que são e "não há remédio", ou é possível mudá-las com uma consciência crítica e participante dos eleitores?
Para aprofundar o aspecto da cidadania, além da observação das opiniões e da discussão entre colegas de escola e de trabalho, recomenda-se a leitura de editoriais e colunas

assinadas de jornais importantes de ampla circulação (órgãos da grande imprensa costumam refletir a opinião pública do momento). Para embasamento teórico, os seguintes textos podem ser de grande valia:

BOBBIO, N. *Estado, governo, sociedade*: para uma teoria geral da política. Brasília: UnB, 2004.

CAILLÉ, A.; LAZZERI, C.; SENELLART, M. (Orgs.). *História argumentada da filosofia moral e política*: a felicidade e o útil. Trad. Alessandro Zir. São Leopoldo: Unisinos, 2006.

CHÂTELET, F. et al. *História das ideias políticas*. Trad. Carlos Nelson Coutinho. Rio de Janeiro: Jorge Zahar, 1985.

MATTEUCCI, N. Bem comum. In: BOBBIO, N.; MATTEUCCI, N.; PASQUINO, G. *Dicionário de política*. Trad. Carmen C. Varriale et al. 2. ed. Brasília: UnB, 1986. p. 106-107.

2. Empresários e gestores do complexo das atividades econômicas não podem se julgar "neutros", levando apenas em consideração os objetivos técnicos de suas organizações e instituições e a lógica dos resultados. Trata-se do que poderia ser chamado de neutralidade ética. Se toda atividade humana, entendida como "trabalho", de um lado, flui da liberdade (por isso, "humana"), de outro, espera-se que reverta não só a sobrevivência, mas também a perfeição do ser humano. Por trabalho, pode-se dizer que o homem se "naturaliza" na medida em que intervém na natureza, "humanizando-a". É importante fazer uma reflexão crítica, de essência ética, sobre as condições práticas em que o ser humano trabalha, visto que se vive, com frequência, a dramática perda do emprego, com todas as consequências para a sociedade. O fenômeno da alienação foi muito tratado desde Aristóteles até Marx. Há várias dimensões sociais, políticas e éticas do trabalho. Levante algumas esferas passíveis de observação em seu meio e discuta com os colegas. Recomendam-se também as seguintes leituras:

ARENDT, H. *A condição humana*. Trad. Roberto Raposo. 10. ed. Rio de Janeiro: Forense Universitária, 2004.

SENNETT, R. *A corrosão do caráter*: consequências pessoais do trabalho no novo capitalismo. 18. ed. Rio de Janeiro: Record, 2014.

WEBER, M. *A ética protestante e o espírito do capitalismo*. São Paulo: Martin Claret, 2002.

3. Leia a seguinte afirmação do filósofo francês Blaise Pascal:

> Todos os homens procuram ser felizes; não há exceção. Por diferentes que sejam os meios que empregam, tendem todos a esse fim. O que leva uns a irem para a guerra e outros a não irem é esse mesmo desejo que está em todos, acompanhado de diferentes pontos de vista. A vontade nunca efetua a menor diligência, senão com esse objetivo.[24]

A vida feliz é um tema recorrente tanto nos pensadores antigos e medievais (Platão, Aristóteles, os estoicos, entre os quais Sêneca, Agostinho e São Tomás de Aquino) como entre os modernos (Bacon, Descartes, Espinosa, os iluministas e Marx) e os contemporâneos (Sartre, Camus, Clément Rosset e Comte-Sponville).[25] A tese geral é que a felicidade é o bem mais elevado e último de toda a atividade humana. A discussão versa sobre em que consiste a felicidade, como diz Pascal, entre "os diferentes pontos de vista". Muitas vezes, nos tempos atuais, pensa-se que é possível encontrá-la com autoajuda, drogas, diversões, pílulas da felicidade e até em crenças e comportamentos religiosos. Convide-se para a reflexão: o que é ser feliz e como é possível ser feliz no trabalho contemporâneo?

4. Responda:
   a) O que é transparência administrativa?
   b) Quais elementos são necessários para que haja uma sociedade?
   c) Para os pensadores da época moderna, a sociedade não nasce da natureza, mas de um contrato. O que isso significa e quais pensadores partilham tal pensamento?
   d) O que é sociabilidade e por que se afirma que é o fundamento da sociedade e da ética?

---

[24] PASCAL, B. *Pensamentos*. Trad. Sérgio Milliet. São Paulo: Abril Cultural, 1973. (Coleção Os Pensadores), p. 141.

[25] Marcos Ferreira de Paula fez uma exposição abrangente das posições filosóficas, em: PAULA, M. F. *Sobre a felicidade*. Belo Horizonte: Autêntica, 2014.

A ÉTICA DO PONTO DE VISTA FILOSÓFICO

2.1 PALAVRAS E CONCEITOS

No Capítulo 1, foram usados, indiferentemente, os termos "ética" e "moral". Falou-se, assim, em comportamento ético, nas mútuas influências entre sociedade e ética, no bem comum ético como fim último que deve presidir a gestão política etc. Esse é o hábito quando se fala e se escreve sobre as ações humanas, nascidas das escolhas e dimensionadas por normas de bem e mal, certo e errado, aprovável e rejeitável. Aqui, porém, propõe-se abordar as questões morais sob a perspectiva da Filosofia, isto é, efetuar, sobre os fatos morais, uma reflexão filosófica.

Antes de mais nada, é necessário dizer que a Filosofia não é uma ciência e se distingue, no tratamento dessa matéria, de abordagens também valiosas da Sociologia, da Psicologia, da Antropologia, da História etc. Ora, essa diferença exige, de algum modo, que primeiro se chegue a uma definição ou compreensão de Filosofia razoavelmente aceitável, para depois aplicá-la ao campo moral.

2.1.1 FILOSOFIA COMO RAZÃO E CRÍTICA

Não é fácil propor uma definição de Filosofia que possa dar conta de sua essência, isto é, daquilo que a especifica, por um lado, como um saber de caráter racional, crítico e sistemático, e, por outro, como atitude amorosa endereçada à sabedoria. Ao considerar o termo "filosofia", é preciso lembrar de suas origens remotas, possivelmente tendo sido empregado pela primeira vez por Pitágoras e sua escola (séculos VI-V a.C.), para designar o amor à sabedoria (*philo* + *sofia*), próprio do filósofo, visto que a sabedoria estava reservada apenas aos deuses. De qualquer forma, sabe-se, desde o início, que filosofia é uma palavra grega, nascida de uma cultura clássica, cujo legado se estende até os dias de hoje. De lá para cá, entretanto, seu uso e significado foi ampliado para um sem-número de coisas e procedimentos, ganhando, às vezes, viés pejorativo, próximo à alienação e ao descompromisso com a realidade – chegou-se a dizer que filosofia é "aquilo sem o qual ou com o qual o mundo continua tal e qual".

Na realidade, a Filosofia é séria e urgente, na medida em que se constitui na consciência crítica da cultura, organizando, avaliando e descobrindo os sentidos de suas manifestações. No ensino superior, a presença da Filosofia é indispensável (e tem sido desde a fundação das universidades no século XIII), pois é o autoconhecimento da universidade, a encruzilhada das ciências e das artes, o lugar de diálogo. Apesar de todos esses empregos, dar-lhe uma definição razoável e suficiente é tarefa que qualquer filósofo ou professor de Filosofia considera complicada.

Tal foi seu desenvolvimento na Grécia, até o começo da era atual, que é importante saber como os próprios gregos a entendiam. Nas primeiras páginas da *Metafísica*,[1] Aristóteles (384-322 a.C.) define Filosofia como a ciência das primeiras causas e princípios de todas as coisas. Com isso, procura entender a investigação que se aprofunda até as raízes da realidade, tomada não em alguma parte, aspecto ou setor (como fazem as ciências), mas em sua totalidade. Na sequência de sua exposição, Aristóteles caracteriza a Filosofia como o estudo do ser enquanto ser, isto é, enquanto sua própria essência – e por essência entende-se aquilo que faz com que uma coisa seja o que é e se diferencie de todo o resto.

Como é possível perceber, são expressões bastante abstratas, cujo sentido não é revelado à primeira vista. Para tanto, é preciso ultrapassar as evidências do cotidiano, o campo das aparências e dos acontecimentos da rotina, e propor-se questões como: O que "é" a justiça? O que "é" a beleza? O que "é" o bem? O que "é" o mal? O que "é" o poder? O que "é" o valor? etc. Pergunta-se pela essência, pelo constitutivo fundamental da realidade ou da ação, por aquilo que permanece na mudança constante dos fenômenos.

O pensamento de Aristóteles serve para mostrar, se não o que constitui a Filosofia também em sua essência (conceito que varia ao longo dos tempos, de acordo com escolas filosóficas e filósofos), ao menos que "filosofar" implica subir do imediato, do emaranhado das circunstâncias do momento – às vezes opaco e sem

---

[1] ARISTÓTELES. *Metafísica*. Tradução, textos adicionais e notas de Edson Bini. 2. ed. São Paulo: Edipro, 2012.

nenhum sentido – para a reflexão crítica que poderá proporcionar uma nova e mais profunda compreensão da vida, da realidade cósmica e humana, dos valores que animam as ações e as direções da história e do destino.

Aristóteles falou sobre "primeiras causas e princípios". Nos tempos modernos, a Filosofia não perdeu o interesse pela "fundamentação" (forma de entender a expressão aristotélica), mas preferiu aplicá-la ao campo do conhecimento e das práticas. Passou a perguntar-se, então, pelas condições possíveis do racional e do verdadeiro, pelos limites da experiência e da razão, pela objetividade e subjetividade do conhecimento humano, pelas condições históricas, políticas e ideológicas, pelo sentido da existência humana e o que constitui a bondade moral das ações.

Certamente, a preocupação pela essência não foi abandonada, mas, ao distinguir-se das ciências, das artes e da religião, a Filosofia se instala onde as certezas se perdem para dar início a um longo e penoso esforço de análise, reflexão e crítica, examinando os procedimentos e os conceitos científicos dos pressupostos que a embasam, da estrutura lógica e da linguagem das ciências. Reflete criticamente sobre as origens e as formas das crenças religiosas, buscando explicitar a fenomenologia do sagrado. Quando toma a arte por objeto de sua análise, tenta a interpretação crítica de seus conteúdos, suas formas e suas significações das obras de arte e do artístico. Pode-se falar em Filosofia da Educação, Filosofia Política, Filosofia da Ciência, Filosofia da Linguagem, Filosofia do Direito, Filosofia Moral. Em todos esses campos, a reflexão filosófica vai além do fato, além dos modos do fenômeno, para colocar sempre a questão do porquê, da "causa", como queria Aristóteles.

Por várias vezes, empregou-se acima o termo "crítica". Também ele, como muitos vocábulos da língua portuguesa, tem origem grega, vindo do verbo *krínein* que significa julgar. Daqui procede também a palavra "crise", que bem pode indicar o estado de julgamento em que uma pessoa se põe ao descobrir que suas crenças, suas verdades e sua visão de mundo já não satisfazem, perderam a força e são agora sacudidas pela dúvida.

O filósofo Descartes (1596-1650), no início dos tempos modernos, elaborou um discurso do método cujo ponto de partida era a dúvida.[2] Momento negativo da consciência, a dúvida pode ser desenvolvida como parte de um método de

---

[2] DESCARTES. *Discurso do método*: meditações concernentes à primeira filosofia. Trad. J. Guinsburg e Bento Prato Junior. São Paulo: Abril Cultural, 1973. (Coleção Os Pensadores).

análise e descoberta. De qualquer modo, parece praticamente impossível adquirir a atitude crítica sem passar pela dúvida e sem pôr em xeque as certezas primeiras e imediatas da existência.

É de interesse observar a diferença entre os filósofos. Para os gregos, como Platão e Aristóteles, o começo da filosofia se deu com a admiração e o espanto diante do maravilhoso. Como as coisas são o que são? Por que existe o ser, e não antes o nada? Fica-se perplexo diante do mundo e de si mesmo. Distanciando-se, por assim dizer, de tudo o que é familiar e comum, um sentido oculto começa a se manifestar, subvertendo a segurança e convidando à pesquisa.

Os filósofos modernos falam em dúvida e na necessidade de despertar do "sono dogmático". Basicamente, ser dogmático é herdar e acreditar nas crenças já estabelecidas sobre o mundo, aceitando e afirmando como absoluta a ordem objetiva: o mundo é e eu faço parte dele. Em uma palavra, aceita-se aquilo que Husserl (1859–1938) chamava de "tese geral",[3] pois não se desentranhou ainda a condição subjetiva, o que está debaixo de toda afirmação e consciência, não se operou o distanciamento crítico do sujeito que conhece e que dá sentido ao mundo. O esforço para adquirir e desenvolver esse comportamento é o início do filosofar.

Antigos e modernos, os filósofos parecem não se entender. Entretanto, isso não corresponde à verdade. Um célebre texto de Platão, em sua obra A *República*,[4] descreve, de modo alegórico, mas não menos vivo, a lenta escalada do homem comum até a atitude filosofante. Na alegoria, de início, os homens vivem aprisionados em uma caverna onde experimentam e conhecem apenas imagens e reflexos que lhes são apresentados. Um dos prisioneiros consegue libertar-se e chegar ao exterior onde encontra a realidade iluminada pelo sol. À medida que seus olhos se acostumam com a luz, percebe o verdadeiro conhecimento e enxerga a condição de engano e mentira em que vivia. Retornando à caverna, seus olhos, inundados de luz solar, encontram enorme dificuldade para discernir as coisas e os seres que ali habitam. Por essa razão, torna-se o filósofo objeto de riso de seus companheiros ao tentar explicar-lhes o que se passa. A alegoria platônica possibilita refletir sobre a situação de prisioneiros do senso comum, o esforço de libertação, o exercício de contemplação da verdade e, por fim, o papel que o filósofo deverá desempenhar na transformação da sociedade e da vida pública.

---

[3] HUSSERL, E. *Investigações lógicas*. Trad. Zelyko Loparic e Andréa M. A. C. Loparic. São Paulo: Abril Cultural, 1975. (Coleção Os Pensadores).

[4] PLATÃO. A *República*. Trad. Maria Helena da Rocha Pereira. 3. ed. Lisboa: Fundação Calouste Gulbenkian, 1980.

A partir do que foi anteriormente exposto, torna-se possível fixar provisoriamente uma definição geral de Filosofia que permita compreender seu objeto, linha metodológica, alcance e finalidade. Pode-se dizer que Filosofia é o esforço de conhecer as causas e as razões últimas do real, do qual tende a construir, na medida do possível, uma visão crítica, sistemática e universal. Crítica, porque leva em conta as condições de possibilidade, ontológicas (da própria realidade) e epistemológicas (do conhecimento racional da realidade). Sistemática, porque deve haver uma interimplicação lógica (não contradição) entre as proposições filosóficas, gerais e particulares. Universal, porque a filosofia, ao descer às raízes e aos pressupostos, atinge, por assim dizer, a universalidade do ser, sem se limitar à singularidade dos fatos.

Enquanto esforço e tendência, nenhuma filosofia pode arrogar-se o direito de afirmar que encontrou a verdade absoluta e definitiva e, por causa disso, julgar-se competente para transformar a sociedade e o Estado. Às vezes, esse comportamento tem se manifestado ao longo da História. Quando isso acontece, já não se está em presença de uma filosofia, mas de uma ideologia, que é, no fundo, um sistema de verdade parcial com pretensões de universalidade, ambicionando conseguir ou manter o exercício da dominação e do poder.

2.1.2 FILOSOFIA MORAL OU ÉTICA

Ao aplicar a reflexão filosófica sobre questões morais, tem-se, então, a Ética. O filósofo ético tem a tarefa de refletir sobre os fatos sociais, cuja pesquisa empírica pertence ao cientista social. A Ética, como reflexão teórica, pode, e talvez deva, realizar-se sobre as contribuições científicas, mas cabe a ela examinar crítica e racionalmente os fundamentos da ação humana, que se diz moral; ponderar sobre as justificativas dos juízos morais, a possibilidade ou não de universalizá-los; o caráter de sua historicidade; a linguagem própria; a questão do bem e do mal que subjazem como medida ou finalidade da ação; as condições fundamentais do ato humano; o conhecimento e a liberdade. Vários e muitos são os problemas oferecidos ao filósofo ético que, se não conhece a articulação da "questão moral", não os aborda com eficiência, como o resto da filosofia. É apropriado citar aqui as palavras de Jacques Leclercq,[5] conhecido moralista e historiador das doutrinas morais:

---
[5] LECLERCQ, J. As grandes linhas da filosofia moral. Trad. Cônego Luiz de Campos. São Paulo: Herder-Edusp, 1967. p. 19-20.

> [...] Mas a Filosofia Moral é inseparável e dependente da Filosofia geral, isto é, da concepção de conjunto que seu autor faz do mundo e do homem. Esta não depende da Filosofia Moral; é a moral que depende dela. Não se espera ter organizado uma moral para se pronunciar a respeito da origem do homem e do mundo, sobre a natureza do homem e a existência de Deus. Aliás, a moral, por si mesma, não dá solução a essas questões. Supõe-nas.

Tem-se aqui três termos: Ética – que coincide com Filosofia Moral – e Moral. É preciso, entretanto, informar que não há acordo sobre tal distinção, como, aliás, não há sobre quase todas as soluções dadas às questões que agora chamam-se éticas. Nem mesmo há acordo sobre o modo de formular tais questões ou sobre a legitimidade de formulá-las. Na Filosofia, como se sabe por toda a sua história, o levantar questões e problemas é mais significativo que formular soluções. A questão é mais importante que a resposta. É importante recuar um pouco mais e aprofundar-nos na natureza e na história do homem, para afirmar, como princípio, que o homem é um ser moral por excelência, de modo que pôde, ao longo de sua existência, produzir atos qualificados, dotados de valor, originados de uma vontade que escolhe certos fins, toma decisões, realiza-as, constituindo uma cultura que sobrepassa os determinismos da natureza e de sua natureza.

De qualquer modo, a distinção dos termos está relacionada a campos conceituais diferentes e é útil conhecê-los. Cortina e Martínez ajudam bastante nessa tarefa:

> Vamos supor que alguém nos peça para elaborar um "juízo ético" sobre o problema do desemprego, ou sobre a guerra, ou sobre o aborto, ou sobre outra questão moral das que são objeto de discussão em nossa sociedade; para começar, teríamos de esclarecer que na verdade nos estão pedindo um juízo moral, ou seja, uma opinião suficientemente pensada sobre a bondade ou a malícia das intenções, dos atos e das consequências implicadas em cada um desses problemas. Em seguida deveríamos esclarecer que um juízo moral sempre se faz a partir de alguma concepção moral determinada, e, uma vez que tivermos anunciado qual delas consideramos válida, poderemos passar a formular, a partir dela, o juízo moral que nos pedem. Para fazer um juízo moral correto sobre algum dos assuntos morais cotidianos não é preciso ser especialista em Filosofia Moral. Basta ter alguma habilidade de

raciocínio, conhecer os princípios básicos da doutrina moral que consideramos válida e estar informados sobre os pormenores do assunto em questão. No entanto, o juízo ético propriamente dito seria o que nos levou a aceitar como válida a concepção moral que nos serviu de referência para nosso juízo moral anterior. Esse juízo ético deve estar corretamente formulado se for a conclusão de uma série de argumentos filosóficos, solidamente construídos, que mostrem boas razões para preferir a doutrina moral escolhida. Em geral, esse juízo ético está ao alcance dos especialistas em Filosofia Moral, mas às vezes também pode manifestar-se com algum grau de qualidade entre as pessoas que cultivam o gosto pelo pensar, desde que tenham feito o esforço de pensar os problemas "até o fim".[6]

Pelo que se depreende desse texto, tem-se:
1. **Juízo moral:** opinião baseada em determinada doutrina moral considerada válida, sobre a bondade ou a malícia de intenções e atos.
2. **Juízo ético:** baseado em argumentos filosóficos que justifiquem a preferência por determinada doutrina moral.

A observar que se fazem juízos morais com mais frequência que juízos éticos propriamente ditos. Na categoria dos primeiros, estão as normas morais que, reunidas, são chamadas impropriamente de códigos éticos. Na realidade, são códigos morais, pois não existem códigos em Ética. Isso, porém, não quer dizer que a Ética não tenha, indiretamente, uma dimensão normativa. Ela é um saber que pretende orientar as ações dos seres humanos. A moral também orienta, enquanto propõe ações concretas em casos concretos. Os autores anteriormente citados, Cortina e Martínez, esclarecem:

> A Ética, como Filosofia Moral, remonta à reflexão sobre as diferentes morais e as diferentes maneiras de justificar racionalmente a vida moral, de modo que sua maneira de orientar a ação é indireta: no máximo, pode indicar qual concepção moral é mais razoável para que, a partir dela, possamos orientar nossos comportamentos.[7]

---

[6] CORTINA, A.; MARTÍNEZ, E. *Ética*. Trad. Silvana Cobucci Leite. São Paulo: Loyola, 2005. p. 10.
[7] CORTINA; MARTÍNEZ, 2005, p. 9.

2.1.3 MORAL E MORALIDADE

Ao passar do termo "ética" ao termo "moral", conhecem-se seus inúmeros significados. Pode ser um sistema de conteúdos que refletem determinada forma de vida, em determinada época histórica, podendo, pois, variar com o tempo e com a sociedade. Indica também o código de conduta pessoal, por exemplo, alguém de "moral rígida" ou "moral relaxada". É de notar que conteúdos morais concretos implicam o patrimônio moral do grupo social a que pertence e a elaboração pessoal, ao longo da vida, do que foi herdado desse grupo. A influência do grupo sobre o indivíduo é grande, mas não se pode dizer que seja total e inevitável (os grandes reformadores da humanidade foram, de fato, rebeldes com relação à moral vigente em seu grupo).

Por "Moral", também se costuma entender uma ciência das ações humanas marcadas pela bondade ou pela malícia. É possível que a palavra "ciência" seja forte demais, pois o que existe é uma variedade enorme de doutrinas morais, que refletem, de fato, a instabilidade, chamada na Filosofia de contingência, da própria ação humana. Por conta disso, Aristóteles, o primeiro na cultura ocidental a escrever um livro de Ética,[8] rejeitava o termo "ciência", porque de um objeto não exato, acreditava ele, não se poderia elaborar um saber exato, mas, no máximo, um saber "dialético", no sentido de um conjunto crítico e comparativo de opiniões estabelecidas na sociedade para se chegar a propor definições sobre que eram as virtudes e a felicidade, o bem supremo do homem.

Com frequência, o adjetivo "moral" qualifica virtudes e valores opostos a "imoral" ou "amoral". A "moralidade" está na base dessa qualificação como dimensão da vida humana. Assim, é possível falar em comportamento moral ou imoral, o que significa que certa conduta é correta ou não, isto é, aprovada ou rejeitada, ajustada ou não a algum código moral, base do juízo moral feito. É claro que tal código pode variar e varia de acordo com a comunidade ou a sociedade que o estabelece, dando origem a diferentes juízos morais.

Diferente significado tem o termo "amoral", indicador da ausência de moralidade. Amorais são as condutas dos animais que não são senhores de seus atos e por eles não podem responder. Falta-lhes conhecimento e liberdade, atributos que, mesmo nos seres humanos, podem, circunstancialmente, faltar ou ser minimizados.

---

[8] Na realidade, é admitido, historicamente, que escreveu três: *Ética a Nicômaco, ética a Eudemo, grande ética.* Cf. REALE, G. *Aristóteles.* Trad. Henrique Claudio de Lima Vaz e Marcelo Perine. São Paulo: Loyola, 1994. p. 9.

Além disso, distingue-se "moralidade" de outros termos vizinhos como "legalidade" e "religiosidade". Atitudes e comportamentos de acordo com a lei são legais ou legítimos. Há, entre os estudiosos, interessante discussão sobre contato, intersecção ou exclusão das esferas jurídica e moral. Também a religiosidade deve ser distinguida da moralidade, mesmo que se chegue a pensar, como aconteceu, que aquela seja mais profunda do que esta e sua base última. "Moralidade" pode ser um indicador de avaliação dos códigos de conduta, pessoal ou social, oferecendo formalidade e materialidade aos juízos morais, uma vez que implicam a liberdade dos atos julgados, acarretando responsabilidade e imputabilidade. Há também a materialidade moral, ou seja, de conteúdo, referentes ao que os homens querem, desejam e consideram valioso. Com esses aspectos, pode-se dizer que a moralidade é um fenômeno comum, porém extremamente complexo e sujeito a muitas interpretações, mas sempre se reportando a um modo de agir "universal", na qualidade de "estrutura" definidora do homem enquanto tal.

2.1.4 METAÉTICA

Como mencionado anteriormente, os fatos (morais) são objeto de juízos ou de sentenças morais, o que deixa margem à pesquisa sobre a linguagem por meio da qual se exprimem. Procedeu-se, pela metade do século XX, especialmente entre filósofos analíticos anglo-saxônicos, ao que se chamou de metaética, entendendo-se pelo termo o estudo descritivo do discurso e da prática da Ética. Wilson Mendonça[9] fez importante exposição sintética dessa área da Filosofia voltada ao discurso ético e suas condições de validade. É preciso anotar de início que não se está fora da Filosofia Moral, aqui expandida para o exame das formas semânticas, lógicas e psicológicas dos juízos éticos (distintos, como se viu, dos juízos morais).

Como explica Mendonça, as questões metaéticas são questões de segunda ordem, ao passo que as questões éticas são questões de primeira ordem. Com essa diferença, se quer dizer que há um campo de análise que, tomando os valores do certo e do errado, do bem e do mal, do aprovado ou do rejeitado vigentes no comportamento moral, se interessa pela relação entre significante e significado na formulação dos juízos morais que avaliam comportamentos pelas pretensões

---

[9] MENDONÇA, W. Questões metaéticas. In: TORRES, J. C. B. (Org.). *Manual de ética*: questões de ética teórica e aplicada. Petrópolis: Vozes, 2014. p. 153-173.

de verdade que encerram, a quais estados mentais correspondem, se as propriedades éticas dos valores equivalem a propriedades naturais e qual acesso cognitivo se tem (se é que se tem) a eles.

Várias teorias metaéticas se formaram para explicar ou tentar responder a essas questões, segundo aparecem em Filosofia da Linguagem, Filosofia da Mente, Metafísica, Epistemologia e Psicologia Moral: realismo, quase realismo, expressivismo, intuicionismo, ficcionalismo e teoria do erro. Não há lugar aqui para expor cada uma. Ao final de sua exposição, Mendonça reconhece que se trata de uma teia complexa de pontos de vista e conexões argumentativas, não chegando as teorias metaéticas a um ponto-final de acordo que permita uma adesão racional.[10] Entretanto, como se pode ver, o campo Metaético é abrangente, indo muito além de uma simples Filosofia da Linguagem, não se justificando, ao que parece, o julgamento crítico feito à metaética por Cortina e Martínez.[11] O que se pode afirmar é que seu interesse se restringe ao mundo acadêmico, no qual os especialistas se propõem, com razão, à tarefa de investigar e esclarecer aquelas verdades ou atitudes habitualmente aceitas. É genético na Filosofia ir às primeiras causas e aos primeiros princípios de todas as coisas, incluindo as coisas morais.[12]

2.2 BREVE HISTÓRIA DAS DOUTRINAS ÉTICAS

2.2.1 VISÃO GERAL

Falar em ética é refletir teoricamente sobre a ação humana. Uma das questões mais antigas da especulação filosófica, senão a mais antiga, pelo menos desde Sócrates, é relativa ao valor da ação humana. Pergunta-se por aquilo que especifica o ser humano cuja resposta incide, em geral, sobre "o que faz o homem", isto é, sobre aquele comportamento que o distingue do animal e do deus, o agir que o torna digno de admiração perante a comunidade e demarca seu lugar no universo.

---

[10] MENDONÇA, 2014, p. 172.
[11] CORTINA; MARTÍNEZ, 2005, p. 25.
[12] ARISTÓTELES, 2012, p. 41-50.

É de interesse lembrar que um dos sentidos mais primitivos do termo *ethos* é justamente o lugar que o homem deve ocupar como ser, no confronto com outros seres, esforçando-se para guardar seu posto, sem almejar o de Deus nem o do animal. Já se intuía, então, que a vida humana tem um estilo próprio, e não é qualquer vida que merece ser vivida, mas apenas aquela ilustrada pela nobreza das ações belas e boas, isto é, ações "virtuosas". A excelência da ação (*areté*) só é possível quando a paixão é regulada pela razão por meio de uma norma, possibilitando a vida "segundo a razão" (Aristóteles) ou "segundo a Natureza" (estoicos). O dever do homem (não é de todo certo afirmar que os gregos não tinham a ideia de dever) é obter essa harmonia interior e exterior que o torna "sábio", capaz de não apenas dirigir a própria vida e a de sua família, mas também o Estado, cujo fim, em última análise, coincide com o do indivíduo. Pode-se ver, por essas ideias gerais, que a especulação filosófico-ética se inicia com algumas balizas definitivas.

O encontro do pensamento grego com a tradição bíblico-cristã não mudou o rumo dessa reflexão, mas destacou alguns pontos. Se, de um lado, surge a ideia de um Deus criador e ordenador do universo e do homem, que dita sua lei eterna (como lei natural) à criatura, por outro, o homem é dotado de características que o tornam "pessoa", isto é, centro de liberdade e responsabilidade e, portanto, autônomo em suas escolhas e decisões e sujeito de direitos e deveres. A ideia de "dever" é enfatizada: o agente moral tem na lei natural, inscrita em sua consciência, um princípio subjetivo-objetivo para seu agir, de modo que tende a seu verdadeiro fim ou bem, levando à prática esse "dever" (o cumprimento da lei natural). Ademais, o cristianismo põe em evidência, visto que é uma doutrina e uma prática soteriológica (de salvação), a ideia de falha (o homem está propenso à falha, ao erro e ao pecado) e, consequentemente, a ideia de sanção ou mérito.

Tal fundo ético greco-cristão estará sempre presente na reflexão moderna, quer dando preferência aos aspectos racionais e lógicos do agir humano (como em Kant e nos neopositivistas), quer privilegiando os aspectos de utilidade e de interesse não desconhecidos dos gregos (como em Bentham e no pragmatismo) ou atendendo à objetividade do ser natural como fonte de normas (como nas recentes éticas ecológicas).

Com muito acerto, o filósofo Olinto Pegoraro resumiu, nas palavras seguintes, a longa evolução das ideias éticas:

Então, a ética, ao longo de dois milênios e meio, criou muitos paradigmas éticos, entre os quais destacam-se o metafísico-teológico na idade antiga e medieval, o racionalista na idade moderna e o construtivista na época contemporânea. Os antigos colocavam a dignidade humana na racionalidade ou na santidade; os modernos na liberdade e autonomia, e os contemporâneos nos direitos humanos e na qualidade moral das outras formas de vida e do meio ambiente.[13]

Essas posturas teóricas serão aprofundadas adiante. Contudo, em todas elas, afirma-se o ponto pacífico em que o homem se essencializa pelo seu existir ético, manifestado pelo senso moral e pelas disposições reguladoras da consciência moral, que pode não apenas desejar o bem, mas decidir sobre a melhor ação possível e prever e assumir suas consequências.

2.2.2 DE SÓCRATES À CONTEMPORANEIDADE

Sócrates é tido como o verdadeiro fundador da especulação ética no Ocidente. Em síntese, pensa que a alma humana, centelha da Divindade, governa o corpo e é imortal, não se comunicando com o divino apenas por meio dos oráculos e dos sonhos, mas por uma "voz divina" (*daimon*) em seu interior que lhe dita a conduta.

Sendo semelhante à inteligência divina, a alma tem por função própria a ciência e o conhecimento racional. Tal conhecimento possui duas características básicas: é inato à alma, contido desde a origem, porque é sua essência (Platão desenvolverá essa ideia dizendo que conhecer é lembrar) e tem por objeto o universal, isto é, a essência comum a várias coisas, manifestada por meio de definição adequada. A ciência contida na alma é ciência do homem, do que é bom para ele (não interessam mais as especulações sobre o universo, próprias dos filósofos anteriores ditos pré-socráticos). Para tanto, a alma deve ser libertada e purificada das opiniões recebidas, a fim de regressar ao seu estado original quando se torna possível "reconhecer" a ciência do verdadeiro e do bem. A ciência do bem é a própria perfeição do homem, sua felicidade, o "ato" mesmo da alma. Dessa forma, a ciência constitui toda a virtude (identificação entre ciência e virtude). Como consequência, a ação boa (isto é, feita de acordo com a virtude) decorre irresistivelmente da ciência do bem. Basta conhecer o bem para fazê-lo

---

[13] PEGORARO, O. *Ética dos maiores mestres através da história*. Petrópolis: Vozes, 2006. p. 14.

(otimismo ético de caráter intelectualista). E, se o mal é feito, o é por ignorância: ninguém pode ser mau voluntariamente. O bem é igual ao prazer, mas há escala de preferências. Ao escolher, às vezes, um prazer que representa um desvio de um prazer maior (um bem mais verdadeiro), o homem se engana, como acontece com quem vê os objetos mais próximos e os julga maiores que os que estão mais distantes.

As ideias de Platão, de certo modo, retomam as de Sócrates e lhes emprestam desenvolvimentos inesperados. Sócrates desviara o homem do estudo da natureza para poder sondar as profundezas da alma onde se encontram a verdade e o bem. Essa "introspecção" socrática leva Platão a identificar e situar a verdadeira causa – a ideia do bem – em um mundo inteligível. O apelo à perfeição é um princípio superior à natureza, causa suprema do ser e da ação, modelo eterno de tudo quanto é belo e bom no universo e no homem: essa é a base da conhecida Teoria das Ideias que parece ser o centro do pensamento de Platão e o fundamento de toda sua teoria ética. Tudo o que existe no mundo sensível – no mundo real – é reflexo e participação de modelos – ideias – que existem no mundo inteligível, onde impera a ideia do bem que, como o sol do mundo sensível, é a fonte de toda vida e de todo ser.

A Filosofia é justamente o esforço de, por meio do mundo sensível, mas sempre superando-o, chegar à contemplação das ideias e do bem. Há um perfeito paralelismo entre o processo de conhecimento e as instâncias do ser: tudo o que é percebido pelos sentidos do ser humano no mundo sensível corresponde ao conhecimento de opinião (doxa); e tudo aquilo que a inteligência humana pode contemplar no mundo das coisas necessárias e definitivas corresponde ao conhecimento científico (episteme). O esforço de ascensão é o que o pensador chama de "dialética", por meio da qual se purifica de tudo aquilo que prende a alma ao corpo (tanto na ordem do conhecimento, como na ordem da ação), espécie de morte simbólica, e eleva-se, então, à condição de verdadeiro filósofo. Na famosa *Alegoria da caverna*,[14] encontram-se os detalhes dessa ascensão. Esse trabalho forma não apenas o filósofo em si mesmo, mas prepara o homem para governar o Estado. Aqui, o filósofo-político tem toda a condição, e só ele a tem, de modelar a cidade segundo os valores eternos que pôde contemplar para transformá-la no lugar privilegiado da Justiça. Platão desenvolveu essa utopia política em várias de suas obras, sobretudo em A *República* e

---

[14] PLATÃO, 1980, p. 317-321.

As *Leis*, fonte de inspiração de muitos textos políticos do Renascimento e da Modernidade (por exemplo, a *Utopia*, de Thomas Morus, *A cidade do sol*, de Tommaso Campanella etc.). Para Platão, pois, não há diferença de fundo entre moral e política. A vida moral é, na realidade, o desenvolvimento dos valores imprescindíveis para a formação do cidadão e a constituição da cidade.

Aristóteles, em *Ética a Nicômaco*, parte da afirmação do composto humano – alma e corpo (a alma como ato do corpo) –, para dizer que o homem busca a felicidade como plenitude de seu ser. Como ser racional, tal felicidade consiste no exercício pleno e prazeroso do pensamento (contemplação), o que só é possível quando o homem vive de acordo com a razão, isto é, praticando ações virtuosas. Já a ação é virtuosa se pautada por uma justa medida (meio-termo entre opostos: excesso e deficiência), determinada pela virtude intelectual da prudência. A política não é diferente da moral, pois a finalidade da cidade não é apenas viver, mas bem viver, isto é, assegurar a felicidade e a virtude dos cidadãos, graças ao domínio das leis.

Essas são as linhas principais da especulação ética na antiguidade. A elas, deve-se somar as propostas do epicurismo e do estoicismo, tendências de pensamento mais preocupadas com a construção de uma sabedoria prática, sem grande atenção teórica para os princípios metafísicos legitimadores. Recomenda-se estudá-las à parte, para complementação, mesmo porque nas éticas modernas nota-se em alguns pensadores uma presença que pode ser caracterizada como residual.

Platão e Aristóteles, entretanto, sobretudo este último, deixaram um profundo e vasto legado no pensamento medieval e moderno. Na Idade Média, São Tomás de Aquino reconhece, com Aristóteles, que o homem foi feito para determinado fim e é capaz de conhecer. Como é um ser dotado de conhecimento espiritual e de tendência racional (a vontade livre), o homem se insere no reino da moralidade. A vontade tem duas características interligadas: a racionalidade, isto é, querer o bem a partir da "razão comum de bem"; e a liberdade, isto é, deixar-se determinar na escolha e na realização dos fins-meios, que levam ao fim último (esse sim necessariamente desejado). Às vezes, induzida erroneamente pela inteligência e pelas paixões, a vontade toma por fim último (sua felicidade) aquilo que é apenas aparente – e apenas nesse sentido a vontade pode tender ao mal.

A manifestação da vontade livre no agir é complexa, de modo que é possível apontar os seguintes elementos na estrutura do ato humano: intenção (direção da vontade para uma finalidade, arrastando com isso necessariamente querer os meios adequados para atingir o fim); conselho (a deliberação sobre os meios singulares contingentes que podem levar ao fim desejado); consentimento (espécie de julgamento ou juízo que apresenta a ação como desejável sob certo aspecto, isto é, dotada de certa bondade); eleição (ato comum da inteligência e da vontade, quando o intelecto propõe e a vontade decide, formalmente, que executará tal ato).

A questão da moralidade do ato humano exige a distinção entre ato voluntário interior e o ato voluntário exterior. O objeto do ato interior da vontade é o fim, e o ato exterior é a própria coisa para a qual se tende. Assim, a bondade da ação procede, em última análise, do fim sobre o qual recai o ato interno e que se procura obter mediante o ato externo. O homem tem como bem aquilo que está conforme à sua forma. Ora, sendo a forma do homem a alma racional, é bom aquilo que é conveniente à razão, e mau o que lhe repugna. O que não é nem conveniente, nem repugnante à razão, chama-se indiferente (do ponto de vista moral). A bondade do ato voluntário, em última análise, depende da intenção.

Na época moderna, Kant destacou-se na busca do fundamento da moralidade, ou seja, nas condições que tornam possíveis os juízos morais. Escreveu dois textos da maior importância na história das ideias morais: *Fundamentação da metafísica dos costumes* e *Crítica da razão prática*. Sua intenção é estabelecer uma ética a partir do conceito de autonomia do agir moral, sem vinculação com Deus nem com outro princípio, por exemplo, a natureza, de alguma forma externo ao homem.

Diferentemente de Rousseau, para o qual o homem nasce com a consciência moral e o sentimento do dever, acompanhados de generosidade e bondade naturais, Kant sustenta que o ser humano é egoísta, ambicioso, agressivo e cruel por natureza e só a razão pode impor o "dever" para se tornar um ser moral. Trata-se da razão prática que trabalha com o reino humano da práxis, em que as ações são realizadas racionalmente, não por necessidade causal (como no reino da natureza), mas por finalidade e liberdade. A razão prática instaura normas e fins éticos e os impõe a si mesma. Essa imposição é o "dever". Por dever, dá-se os valores, os fins e as leis da ação moral; por isso, se é "autônomo". Entretanto, pelo fato de o ser humano ser também um ser natural (submetido à causalidade da natureza no corpo e no psiquismo) e a natureza impelir a ação por interesse (forma natural do egoísmo), é preciso que a razão prática e a verdadeira liberdade imponham o ser moral, fazendo o ser humano passar do interesse ao dever. O dever não tem, propriamente, conteúdo: é uma forma que deve valer para toda e qualquer ação. Trata-se de uma forma imperativa, isto é, nem indicativa nem condicional (hipotética). Por isso se diz imperativo categórico: "Age apenas segundo uma máxima tal que possas ao mesmo tempo querer que ela se torne lei".[15] Daqui deduz Kant três máximas morais que exprimem a incondicionalidade dos atos feitos por dever:

1. Age como se a máxima de tua ação devesse ser erigida por tua vontade em lei universal da Natureza;
2. Age de tal maneira que trates a humanidade tanto na tua pessoa como na pessoa de outrem, sempre como um fim e nunca como um meio.
3. Age como se a máxima de tua ação devesse servir de lei universal para todos os seres racionais.[16]

O imperativo categórico enuncia, assim, a forma geral das ações morais. Vê-se que não se impõe esta ou aquela ação determinada (porque tem este ou aquele conteúdo bom ou porque é a expressão de tal virtude), mas o que importa é o cumprimento do dever pelo dever, sendo as três máximas tomadas como fins morais. A concordância entre vontade e dever é a "vontade boa que quer o bem", o sentimento que pode motivar (outros contaminariam a pureza da vontade e da intenção) a ação moral e o respeito pelo dever. Por que mentir, por exemplo, é imoral? Porque o mentiroso não respeita a humanidade em si e nos outros (consciência, racionalidade, liberdade), praticando uma violência ao esconder de outro ser humano a informação verdadeira, usando e enganando sua boa-fé. E se a mentira pudesse universalizar-se como norma, a humanidade deveria abdicar da razão e do conhecimento para viver na completa ignorância, no erro e na ilusão. Desse modo, a mentira se opõe às três máximas acima formuladas.

Outra tendência de pensamento ético na Modernidade é representada pelo utilitarismo, cujo principal nome é Jeremy Bentham (1748-1832), seguido por Stuart Mill, Herbert Spencer e outros. A moral de Bentham é marcada pela regra da utilidade que fornece o princípio da felicidade:

> [...] a natureza colocou o homem sob o império do prazer e da dor. A ele, deve-se todas as ideias; a ele, referem-se todos os juízos e todas as determinações de vida. Quem pretende subtrair-se a essa submissão não sabe o que diz: tem ele por único objetivo procurar o prazer, evitar a dor, mesmo quando se

---

[15] KANT, I. *Fundamentação da metafísica dos costumes*. Trad. Paulo Quintela. São Paulo: Abril Cultural, 1974. (Coleção Os Pensadores), p. 223.
[16] KANT, 1974, p. 223-224, 233.

priva dos maiores prazeres e abraça as mais vivas dores. Esses sentimentos eternos e irresistíveis devem ser o grande estudo do moralista e do legislador. O princípio da utilidade tudo subordina a esses dois móveis.[17]

Para sistematizar esse princípio e regra, Bentham formula a "aritmética moral" que consiste em um cálculo de interesse (a moral é um sistema de interesse), em que se pesam prazeres, a fim de aumentá-los, e penas, a fim de diminuí-las. Bentham está convencido de que a vida é um negócio e a moral consiste em ter lucros, em que o bem é a receita e o mal, a despesa. O cálculo do prazer pode ser construído por meio das seguintes regras de avaliação: a certeza, a intensidade, a duração, a proximidade, a fecundidade ou a capacidade de originar outros prazeres, a pureza ou a ausência de pena, a extensão e o alcance social. Se o interesse é o fundamento da moral, é preciso falar em egoísmo. Bentham, porém, o sobreleva, vinculando a felicidade pessoal à da comunidade em um processo chamado de maximização da felicidade: "A primeira lei da natureza é desejar nossa própria felicidade. Fazem-se ouvir reunidas as vozes da prudência e da benevolência e nos dizem: procurai vossa própria felicidade na felicidade dos outros".[18] Eis como se refere Pegoraro à ética da utilidade:

> [...] é a mais antiga ética objetiva. Surgiu no século XVIII justamente como reação à ética do bem abstrato, da felicidade metafísica ou religiosa. O utilitarismo quer ser uma ciência humana que dirige a produção das coisas úteis em benefício do maior número de indivíduos. Visa, portanto, a construção de uma ética puramente objetiva, científica; seu princípio básico é produzir o maior bem-estar possível para o maior número de pessoas; tudo o que beneficia as pessoas é ético e tudo o que as prejudica é aético.[19]

O utilitarismo surgiu no século XVIII justamente como reação à ética do bem abstrato, da felicidade metafísica ou religiosa, na busca de ser uma ciência humana que dirige a produção das coisas úteis em benefício do maior número de indivíduos. Visa, portanto, à construção de uma ética puramente objetiva, científica; seu princípio básico é produzir o maior bem-estar possível para o maior número de

---

[17] BENTHAM, J. apud LECLERCQ, 1967, p. 84.
[18] PEGORARO, 2006, p. 13.
[19] PEGORARO, 2006, p. 13.

pessoas; tudo o que beneficia as pessoas é ético e tudo o que as prejudica é aético. Na realidade, o utilitarismo, como ética objetiva, pode ser enumerado entre as muitas tendências éticas contemporâneas. Neste momento, seguindo a classificação de Pegoraro, foram selecionadas as que mais aparecem nas discussões interdisciplinares. É o caso, por exemplo, da chamada ética discursiva, que busca a afirmação de um princípio básico para julgar a validade das normas éticas. Como querem Apel e Habermas, é preciso ter presente a comunidade humana dialógica de todos os interessados (falantes, dotados de racionalidade), aos quais se propõe um princípio ético que se pretende universal. O debate e a discussão trazem à luz o consenso, o qual garante "que as normas aceitas como válidas são aquelas, e exclusivamente aquelas, que expressam a vontade de todos sendo conformes à lei universal (o princípio de universalização)".[20]

É importante mencionar também a ética da justiça, cujo principal mentor é J. Rawls e sua já famosa *Uma teoria da justiça*: "a justiça é a virtude primeira das instituições sociais, tal como a verdade o é para os sistemas de pensamento. As leis e as instituições, não obstante serem eficazes e bem concebidas, devem ser reformadas ou abolidas se forem injustas".[21]

Entende Rawls que a justiça não é tanto uma questão de virtude pessoal, mas é o princípio fundamental das estruturas sociais de uma sociedade bem ordenada. Também aqui há um consenso social: tais princípios da justiça da sociedade são obtidos pelo consenso dos participantes do debate, postos em condição de plena liberdade e imparcialidade e que querem construir as novas bases de uma sociedade ordenada e mais equitativa. O resultado primeiro desse debate é a formulação de dois princípios para a nova sociedade: o princípio de liberdade igual para todos, e o da distribuição equitativa dos bens produzidos pela sociedade. Nenhuma pessoa pode ficar abaixo das condições mínimas de justiça.

Por fim, atende-se à bioética, baseada na superação dos limites antigos e modernos do pensamento ético, sempre considerando a espécie humana o epicentro de toda avaliação de direitos e deveres. Diante dos impactos da tecnologia, especialmente da biotecnologia, a preocupação se desloca para considerar a vida um valor fundamental, sobretudo a vida fragilizada. O respeito à vida, humana, vegetal e animal, e ao ambiente em que se desenvolve, como o ar, a água, o solo e a atmosfera, passa a ser o imperativo de ação, não mais subjetivo, recortado nas dimensões

---

[20] PEGORARO, 2006, p. 11.
[21] PEGORARO, 2006, p. 12.

próximas de tempo e espaço, mas na projeção planetária, em que se há de pensar nas gerações futuras e na reprodução da vida em longa duração.

Dessa forma, o pensador Hans Jonas, em contraste com a máxima do imperativo categórico de Kant, propõe outra máxima, que expressa de certo modo o seu "princípio-responsabilidade": "Age de modo que os efeitos de tua ação sejam compatíveis com a permanência de uma autêntica vida humana sobre a terra"; ou expresso negativamente: "Age de modo que os efeitos da tua ação não sejam destrutivos para a possibilidade futura de uma tal vida"; ou simplesmente: "Não ponhas em perigo as condições necessárias para a conservação indefinida da humanidade sobre a Terra"; ou, em um uso novamente positivo: "Inclua na tua escolha presente a futura integridade do homem como um dos objetos do teu querer".[22] A bioética está em diálogo contínuo com a ciência, na tentativa de superar um conflito multissecular. Um dos elementos que traz para esse entendimento é a concepção da vida humana como relacional, potencial e temporal e que, dessa forma, o homem não se deve ver mais como senhor e centro dos processos, mas como beneficiário e cuidador.

RESUMO

O capítulo desenvolve o conceito de ética do ponto de vista da Filosofia. Essa abordagem se faz, inicialmente, com o desvelamento de significado de alguns termos fundamentais. O primeiro deles é o da própria filosofia, palavra empregada em inúmeros sentidos, impossibilitando categorizá-la em uma filosofia única, mas enquanto "filosofar", como atitude que implica diversas ações. Em geral, implica o subir do imediato, do emaranhado das circunstâncias do momento, para a reflexão crítica que pode proporcionar uma nova e mais profunda compreensão da vida, da realidade cósmica e humana, dos valores que animam as ações e as direções da história e do destino. Desse modo, propõe-se uma definição geral de Filosofia como: "Pode-se dizer que Filosofia é o esforço de conhecer as causas

---

[22] JONAS, H. O princípio responsabilidade: ensaio de uma ética para a civilização tecnológica. Trad. Marijane Lisboa e Luis Barros Montez. Rio de Janeiro: Contraponto, 2006. p. 47-48.

e as razões últimas do real, do qual tende a construir, na medida do possível, uma visão crítica, sistemática e universal".

A Ética tem aqui, como se disse, uma abordagem filosófica. Isso significa que cabe à Ética o exame crítico-racional sobre os fundamentos da ação humana, que se diz moral, e ponderar sobre as justificativas dos juízos morais, sua possível universalização, o caráter de sua historicidade, a linguagem que lhes é própria, a questão do bem e do mal que subjazem como medida ou finalidade da ação, as condições fundamentais do ato humano, o conhecimento e a liberdade. É preciso, por isso, distinguir a Ética, por exemplo Filosofia da Moral como um conjunto variado de opiniões concretas sobre fatos concretos, resultando daí a diferença entre juízos éticos e juízos morais – diferença nem sempre percebida pelas pessoas, mesmo cultas. Observa-se que com maior frequência se fazem juízos morais em lugar dos juízos éticos. Para esclarecer ainda mais esse campo filosófico, aborda-se a noção de moralidade em relação às noções de legalidade e religiosidade. Moralidade é o que permite avaliar os códigos de conduta, pessoal ou social, emprestando formalidade e materialidade aos juízos morais. Outra noção ou termo de uso mais recente é a Metaética, sempre como Filosofia Moral, expandida para o exame das formas semânticas, lógicas e psicológicas dos juízos éticos.

Em uma segunda parte, o capítulo se volta a um quadro histórico das doutrinas éticas. Apresenta, de início, uma visão geral da evolução das ideias éticas e, depois, remete-se à própria fundação da Ética entre os gregos, como Sócrates, Platão e Aristóteles, com alusão aos epicuristas e estoicos. Para eles, o que está em jogo é a beleza e a harmonia da vida, proporcionada pela prática de virtudes que, além de compor o caráter (em grego, *ethos*) do homem, possibilitam-no atingir a felicidade. Os pensadores medievais acompanharam os gregos de perto, compreendendo o homem como ser racional, dotado de conhecimento espiritual e de tendência racional, ou seja, de vontade livre. É por isso que o homem pode e deve se inserir no reino da moralidade. Refere-se a São Tomás de Aquino, que, acompanhando Aristóteles, fez um exame detalhado dos elementos da estrutura do ato humano e aprofundou a noção intelectual--prática de bem, equacionando-a à própria forma racional do homem.

Na época moderna, cita-se Kant, que tencionou estabelecer uma ética a partir do conceito de autonomia do agir moral, sem vinculação com Deus ou qualquer outro princípio, como a natureza. Para Kant, apenas a razão pode impor ao ser humano o dever com o qual se tornarão seres morais. Dotados de razão prática, instauram normas e fins éticos e os impõem a si mesmos. Tal imposição é o dever. Este é uma forma (sem conteúdo) que deve valer para toda e qualquer ação e que Kant chama de imperativo categórico. A concordância entre a vontade e o dever é a vontade boa que quer o bem, liberada de quaisquer sentimentos que contaminariam a pureza da vontade e da intenção, admitindo apenas o sentimento de respeito pelo dever. Outra tendência significativa do pensamento ético moderno é o utilitarismo, de J. Bentham, para o qual a vida é um negócio e a moral consiste em ter lucros, em que o bem (o bem-estar) é a receita, e o mal, a despesa. Trata-se de ser feliz, ou seja, obter o máximo de prazer para si e para a sociedade. Bentham propôs, inclusive, uma aritmética moral, que consiste em um cálculo de interesses (a moral é um sistema de interesses) em que se pesam prazeres e dores.

Na época contemporânea, faz-se alusão a J. Rawls, que enfatiza a virtude da justiça, não como virtude pessoal, mas como princípio fundamental das estruturas sociais de uma sociedade bem ordenada. É preciso buscar o consenso social, fruto da discussão livre e imparcial, em vista à sociedade ordenada e equitativa, ou seja, uma sociedade na qual impera o princípio de liberdade igual para todos e da distribuição equitativa dos bens produzidos pela sociedade.

Para finalizar, tratou-se da bioética, formulada especialmente diante dos impactos da biotecnologia, tendo por base o respeito à vida humana, animal e vegetal e ao ambiente em que se desenvolve – tal respeito é o imperativo da ação, não apenas subjetiva, mas objetiva e com projeção planetária. Hans Jonas é considerado um dos principais pensadores dessa tendência ética.

ATIVIDADES

1. A distinção entre Ética e Moral dá conta mais de uma discussão acadêmica que do uso equivalente nos meios sociais. A esse respeito, pode-se consultar o Capítulo 1, da obra *Ética*, de Adela Cortina e Emílio Martínez. Antonio Marchionni refere outras distinções surgidas após o iluminismo do século XVIII e inclina-se a aceitar Ética e Moral como sinônimos, conforme sua obra *Ética:* a arte do bom. Discuta com os colegas a relevância (ou não) da diferença entre juízos éticos e juízos morais.

2. Entre as grandes correntes filosóficas da antiguidade, foi mencionado o epicurismo, fundado por Epicuro (341-270 a.C.). Ele defendeu a ideia de que o prazer é o grande fim da vida, o verdadeiro bem, e a dor, seu contrário. Uma ação é boa moralmente quando se inscreve nesse princípio, mas não é o caso de se procurar qualquer prazer ou qualquer bem: somente os bens absolutamente necessários, descartando os supérfluos. A natureza conduz o ser humano a uma vida simples. Existe apenas o prazer do corpo e o chamado prazer do espírito não passa de uma lembrança do prazer corporal ou uma antecipação dos prazeres do corpo. Depende de a prudência evitar os prazeres que seriam seguidos de grandes dores, bem como aceitar as dores que produzem prazer. Esse equilíbrio é dificílimo, mas só ele pode produzir a "ataraxia", isto é, a perfeita indiferença perante os acontecimentos da vida – ideal do sábio. Todos conhecem a sociedade do consumo. Poder-se-ia dizer que o epicurismo é um traço essencial do utilitarismo de Bentham no consumismo atual? Como você se posiciona a esse respeito?

3. A bioética compreende a vida humana como relacional, potencial e temporal, de modo que as ações têm um alcance social muito além dos interesses pessoais e de grupo, como por suas consequências, muito além do tempo e do lugar em que se vive. É o que Hans Jonas afirma: "Age de modo que os efeitos de tua ação sejam compatíveis com a permanência de uma autêntica vida humana sobre a terra". Como você situa a Ética no campo da Ecologia, relacionando, por exemplo, ética e poluição? É recomendável aprofundar esses aspectos com a leitura das obras de Hans Jonas, *O princípio responsabilidade* e *O princípio vida*.

4. Responda:
   a) A Filosofia se interessa pela "fundamentação". O que esse termo significa na Filosofia moderna?
   b) Juízo moral e juízo ético têm significações diferentes. Dê um exemplo de cada.
   c) O que é "moral", "imoral" e "amoral"?
   d) O que se entende por Metaética e por que suas questões são ditas de "segunda ordem"?
   e) A tradição bíblico-cristã enfatizou alguns pontos com relação ao pensamento ético grego. Cite-os.
   f) Defina o que o filósofo Kant denomina "dever" e qual é sua fonte.
   g) Diz-se que a teoria moral de J. Bentham é utilitarista. Por quê?
   h) O respeito à vida é o "imperativo categórico" para Hans Jonas. Em que consiste tal afirmação?

3

ESPÉCIES DE ÉTICA

3.1 CLASSIFICAÇÕES

O Capítulo 2 expôs brevemente a história das doutrinas morais. Na realidade, não expôs todas, nem esclareceu de modo mais sistemático o fundamento das diferenças de perspectiva com que os autores descrevem e explicam o fenômeno da moralidade. É possível e útil elaborar classificações que abranjam, de certo modo, todas ou quase todas as perspectivas filosóficas produzidas ao longo do tempo, partindo da distinção geral entre éticas descritivas e éticas prescritivas, ou seja, as éticas que entendem a moral como um fenômeno a ser descrito e explicado e as éticas pautadas pela normatividade, compreendendo que tal ou tal conteúdo moral deve ser recomendado. É bom notar, porém, que essa diferença não deve ser um fosso intransponível, pois a ética é sempre normativa, ao menos indiretamente, e o próprio Aristóteles,[1] no livro *Ética a Nicômaco*, esclarece que não se estuda o bem, as virtudes etc., por estudar, mas para atingir a perfeição da vida.

Poder-se-ia apresentar aqui inúmeras classificações éticas e mesmo assim não se esgotaria a enorme pluralidade de propostas teóricas surgidas ao longo do tempo, em especial na modernidade, quando, em Filosofia, a chamada era do ser (Antiguidade e Idade Média) deu passagem à era da consciência e da linguagem.[2]

---

[1] ARISTÓTELES. *Ética a Nicômaco*. Trad. Edson Bini. São Paulo: Edipro, 2014. p. 83.
[2] Cortina e Martínez, mesmo se desculpando por não poder apresentar todas, expõem nove classificações: éticas naturalistas e não naturalistas; éticas cognitivistas e não cognitivistas; éticas de motivos e de fins; éticas de bens e de fins; éticas materiais e formais; éticas substancialistas e procedimentais; éticas teológicas e deontológicas; éticas de intenção e de responsabilidade; éticas de máximos e de mínimos. Ver CORTINA, A.; MARTÍNEZ, E. *Ética*. Trad. Silvana Cobucci Leite. São Paulo: Loyola, 2005. p. 101-116.

Sem considerável prejuízo especulativo, limita-se aqui uma classificação simplificada, levando em conta as "famílias" mais importantes das éticas. Assim, a atenção se volta às éticas das virtudes, às éticas deontológicas, às éticas consequencialistas e às éticas do discurso, que podem, de algum modo, agrupar as outras perspectivas.

3.2 ÉTICAS DA VIRTUDE

As éticas que põem a virtude no centro de suas especulações são as mais antigas e quiçá as mais duradouras para essa análise. O próprio conceito de virtude já aparece entre os gregos, que a denominavam *areté*, termo cujo significado, a princípio, era a excelência de algo, de algum animal ou a perfeição de exercício do que lhe competia, por exemplo, a *areté* de um cavalo estava em seu porte, em sua velocidade etc. O termo migrou para as considerações éticas, sobretudo com Aristóteles, mas antes dele Sócrates já identificara a *areté*, ou seja, a virtude fundamental do ser humano na ciência do bem. Para ele, virtude e ciência são sinônimos a tal ponto que, conhecendo o bem verdadeiro, o homem não o deixa de realizar, isto é, ninguém pratica o mal conhecendo o bem.

Como se pode ver, era um ponto de vista contestável porque orientava o saber ético e a própria ação humana a um intelectualismo extremo – pelo menos foi assim que a crítica imediata dos discípulos de Sócrates avaliou. É claro que a tese de Sócrates se baseava na convicção de que o homem se especifica por sua racionalidade, em que o intelecto tem a primazia entre as potências da alma – ideia, aliás, que permaneceu ativa entre os pensadores gregos e cristãos medievais. Quando se distinguiram em Platão as várias "virtudes", manteve-se com alguma atenuação esse fundo socrático. É preciso adiantar que o *ethos* (o caráter) se constitui pela ordenação do *pathos* pelo *logos*, ou seja, as paixões, os desejos e os impulsos do homem são naturais e selvagens, sem medida, mas é a razão que ordena e encaminha esse "caos" para obter o equilíbrio e a beleza próprios da vida digna e louvável (a vida moral). As virtudes estão presentes em toda essa atividade.

Aristóteles é, novamente, o ponto de referência. Em *Ética a Nicômaco*, após definir o bem humano como felicidade, afirma que ela é uma atividade da alma relacionada à virtude – caso existam várias virtudes, segundo a mais perfeita. Porém, o que é virtude? Se é uma excelência da alma, é preciso analisar sua parte diretora hegemônica (a parte racional), e sua outra parte sensitiva (desiderativa), dirigida pela primeira. Se assim é, haverá virtudes intelectivas, presidindo a atividade de conhecer e contemplar, e virtudes morais, que assistem o homem na hora de agir. A conexão entre os dois grupos se faz pela virtude da prudência. É oportuno detalhar isso mais um pouco.

Não pode haver vida moral sem conhecimento. O homem precisa conhecer as finalidades de sua vida e ação, os meios para atingir tais finalidades e as circunstâncias em que vive e age. Ora, considerando a parte intelectiva da alma, pode-se destacar duas funções diferentes e complementares: uma puramente especulativa e teorética – cuja virtude própria é a sabedoria especulativa (*sophia*) –, que tem por objeto as coisas que são e que não podem ser de outra maneira (o ser necessário); e outra pela qual a alma delibera para poder agir, cuja virtude própria é a prudência (*phrônesis*). Essa função é particularmente importante, bem como sua virtude, pois representa a passagem para a parte irracional, onde estão os desejos, as paixões, os impulsos, isto é, a matéria-prima da ética.

A virtude da prudência é o hábito que propicia ao agente moral o critério do meio-termo e da reta razão para bem agir, porque a situação apresenta duas possibilidades extremas: ou por excesso ou por deficiência, quer dizer, é preciso escolher o ponto de perfeição que está entre os dois vícios: o ponto da virtude moral, definida por Aristóteles como "uma disposição a agir de modo deliberado, consistindo em uma mediedade relativa a nós, a qual é racionalmente determinada e como a determinaria o homem prudente".[3]

É uma definição densa, que demandaria muitas explicações. Em síntese, trata-se de uma disposição (*héxis*) estável para agir (pois há disposições passageiras, não habituais); uma disposição deliberada, fruto de reflexão; disposição que não é absoluta, mas relativa e proporcionada ao ser humano, que consiste em mediedade, isto é, em um meio-termo entre dois extremos viciosos. Então, o critério do meio-termo é dado pela prudência, virtude da reta razão, e o meio-termo é a virtude moral. Para compreender isso, levanta-se uma lista de virtudes morais (estabelecidas no tempo do próprio Aristóteles): a coragem, meio-termo entre a covardia (falta) e a temeridade (excesso); a temperança, entre os vícios da insensibilidade (falta) e da libertinagem (excesso); a liberalidade, entre a avareza e a prodigalidade; a magnificência, entre a humildade e a vaidade; a justiça, a mais elevada de todas as virtudes, é a única que não tem

---

[3] ARISTÓTELES, 2014, p. 93.

um meio-termo propriamente dito (ou é justo ou não é). Por sua importância, Aristóteles lhe dedica todo o livro V de sua *Ética*. Em sentido geral, a justiça é a síntese de todas as virtudes; em sentido estrito, se realiza em virtudes individuais, relativas à honra, à conservação da vida, à riqueza etc. Diz-se distributiva, ao dar a cada um o que lhe é devido, e comutativa, quando se dão partes iguais a cada um, sem olhar o mérito. Por exemplo, na troca de mercadorias entre particulares (a moeda, como medida comum, é usada para medir coisas desiguais) ou na distribuição de prêmios e punições, realizadas pelo governante ou juiz. Quanto à justiça política, há o aspecto natural e o legal, mais tarde entendidos como direito natural e direito positivo. Aqui, a lei, de sua natureza universal, ao ser aplicada a casos particulares, precisa de um dispositivo adaptador, que corrige ou completa as lacunas da lei. Esse dispositivo é a equidade, atribuída à competência do juiz. Anote-se também que Aristóteles fará posteriormente longos desenvolvimentos sobre a virtude da amizade, que responde, como a justiça, pela própria existência da cidade e da sociedade.[4]

A ética da virtude ou das virtudes também é encontrada após Aristóteles, na conhecida época helenística. De modo especial, os estoicos dão ênfase à coragem, ao domínio de si, à resistência à dor e ao sofrimento. A vida moral para eles não tem meio-termo: ou se é sábio, ou louco. Alcança-se a felicidade quando se atinge a impassibilidade total, isto é, aquele estado em que nada muda a serenidade do sábio, nem mesmo os grandes infortúnios. Pode-se dizer que a ética aristotélica, girando em torno da virtude da prudência, mantém uma flexibilidade e uma compreensão das circunstâncias que a ética estoica não tem: a ação é forte, a virtude vale por si mesma e não admite exceções, é uma ética da força (a lembrar que a palavra "virtude", do latim *virtus*, indica força, esforço, que os gregos chamaram de *andrea*, coragem). A ética estoica é uma ética da "tensão" na radicalidade da vida virtuosa, isto é, uma ética da resistência.

O cristianismo não abandonou a ética da virtude, substituindo-a por uma ética do dever. A ideia de dever está no fundo da ética cristã, pois é, seguramente, uma ética dos mandamentos, expressos na conhecida Tábua da Lei, dada a Moisés por Deus no Monte Sinai, como no preceito evangélico de amar a Deus sobre todas as coisas e ao próximo como a si mesmo. Não se trata, porém, de uma obediência

---

[4] Assim começa o livro VIII: "A seguir trataremos da amizade, pois esta é uma virtude ou envolve a virtude, além do que constitui uma das exigências mais imprescindíveis da vida – ninguém, com efeito, preferiria viver sem amigos, mesmo que possuísse todos os outros bens". Cf. ARISTÓTELES, 2014, p. 289.

cega a um dever dado de cima, mas um dever a que se adere pelo livre-arbítrio e pela liberdade. Contudo, além do princípio do dever, o pensamento cristão prezou desde o início pela herança grega, especialmente a estoica. Na primeira época, conhecida como a patrística, os escritores-pais entenderam que a virtude é o único bem, e o vício, o único mal, sendo o resto indiferente. Acompanham também Aristóteles, reafirmando que a virtude é o justo meio entre dois extremos, e acrescentam que o prêmio da virtude é a própria virtude. As virtudes são identificadas com Cristo, o qual é justiça, sabedoria e verdade. Em razão dessa identificação, esses escritores não fazem ainda a distinção entre virtudes "naturais" e "sobrenaturais", usual mais tarde entre os escolásticos da Idade Média. Muitos aceitaram a divisão de Platão das quatro virtudes, ditas cardeais:[5]

1. **Prudência:** aperfeiçoa a mente;
2. **Coragem:** força do "apetite irascível" contra o mal;
3. **Temperança:** resiste à concupiscência;
4. **Justiça:** harmoniza, na justa proporção, o exercício das virtudes precedentes.

A teoria da virtude, sob o ponto de vista cristão, tem, em São Tomás de Aquino, seu grande expositor. Não é possível apresentá-la a não ser em suas grandes linhas. A virtude é um hábito prático operativo (a diferir dos hábitos práticos especulativos: a intuição dos primeiros princípios, a ciência e a sabedoria), que pode ser definido como uma qualidade boa do espírito que torna reta a vida e da qual não pode ninguém fazer mau uso.[6] Oposto à virtude está o vício, que faz viver mal e do qual ninguém pode fazer bom uso. Esses hábitos são adquiridos, e não inatos, à luz da razão, isto é, têm sua fonte primeira na inteligência da ordem moral e de suas condições absolutas. Afetam imediatamente a vontade, pois procedem de atos voluntários e levam, quando se repetem, a fortalecer a própria vontade, resultando em um poder particular de ação.[7] Isso implica dizer que a virtude (como o vício) é essencialmente pessoal, muito embora sua aprendizagem possa ser, e é, fortemente influenciada pela sociedade e pela educação. Pode-se admitir predisposições "hereditárias" – que não geram infalivelmente a virtude, nem o vício –, hábitos, como se viu, nascidos da escolha da vontade e,

---

[5] Breve, mas importante síntese do pensamento patrístico com relação às virtudes foi feita por SPIDLÍK, T. Virtudes e vícios. In: *Dicionário patrístico e de antiguidades cristãs*. Trad. Cristina Andrade. Petrópolis: Vozes, 2002. p. 1421.

[6] Cf. TOMÁS DE AQUINO. *Suma teológica*, Ia. IIae, q. 55, a. 4. v. 4. São Paulo: Loyola, 2005. p. 99.

[7] Cf. JOLIVET, R. *Tratado de filosofia*. IV. Moral. Trad. Gerardo Dantas Barreto. Rio de Janeiro: Agir, 1966. p. 192.

enquanto tais, tornam-se responsabilidade do homem, bem como por suas ações e consequências. Por regra, pertencente à própria estrutura da consciência, o homem deve abster-se do mal e fazer o bem, ordenando suas paixões e encontrando a justa medida em qualquer circunstância. À primeira vista, tudo isso pode parecer teórico e impraticável, mas é preciso considerar que esse tipo de ética tem por objetivo final a perfeição humana, para a qual se dirige a conduta virtuosa.

Ao olhar para a contemporaneidade, verifica-se a tendência de alguns filósofos em recuperar aspectos da ética aristotélica, em especial a relevância da prudência e das virtudes como formadoras do caráter. Motiva essa tendência a constatação do fracasso ético da modernidade – em que se sobressaíram as doutrinas do contrato social e da lei moral do imperativo categórico como fato *a priori* da própria razão humana –, carência de melhor fundamento na teoria utilitarista. No resgate da ética aristotélica, nomeiam-se aqui somente pensadores como Heidegger, Gadamer e Hannah Arendt, que refletem sobre o lugar da prudência, da práxis, da vida política, da vida contemplativa, e fazem a crítica das relações entre vida privada, econômica, social e política – áreas em que o individualismo moderno levou ao predomínio da esfera privada sobre a pública. Por sua vez, Anscombe[8] reage às propostas deontológicas e utilitaristas, fazendo a crítica da ideia de dever e da correção moral, predominantes após Kant, e defendendo o valor moral como orientação existencial, a fim de promover o florescimento da pessoa. Para tanto, propõe voltar às bases da ética aristotélica das virtudes, ressignificadas no contexto da vida contemporânea.

Na sequência dessa retomada, surge, nas décadas de 1970 e 1980 no âmbito da corrente neoaristotélica anglo-americana, o comunitarismo protagonizado por Charles Taylor e Alasdair MacIntyre.[9] Opondo-se à postura político-social individualista e à economia liberal das sociedades pós-modernas, o comunitarismo, como comentam Paviani e Sangali,[10] propõe resgatar a concepção de comunidade como condição para recuperar e desenvolver o ideal e os valores de uma vida humana mais sociável, mais participativa, em que todos os cidadãos colaborem e participem das decisões políticas. É de interesse transcrever

---

[8] ANSCOMBE, G. E. M. Modern moral philosophy. *Philosophy*, London, v. 33, 1958.
[9] MACINTYRE, A. *Depois da virtude*: um estudo em teoria moral. Trad. Jussara Simões. Bauru: Edusc, 2001.
[10] PAVIANI, J.; SANGALLI, I. J. Ética das virtudes. In: TORRES, J. C. B. (Org.). *Manual de ética*: questões de ética teórica e aplicada. Petrópolis: Vozes, 2014. p. 241.

aqui as palavras desses mencionados autores, ao concluir sua relevante exposição sobre a história da ética das virtudes:

> [...] Nesse processo de globalização, portanto, de situação complexa, a virtude mais importante é a aceitação do Outro. A virtude ética hoje parte do respeito pelo outro e pelo meio ambiente e é a favor de uma sociedade democrática. A aceitação do Outro, muito mais do que a tolerância, engloba um conjunto de virtudes, começando pela justiça, pela igualdade política e por iguais oportunidades econômicas e sociais, pela solidariedade, responsabilidade e autenticidade [...] no mundo pluralista de hoje, é difícil listarem-se as virtudes e os vícios de um modo satisfatório [...] O quadro das virtudes varia conforme os critérios adotados, todavia isso não significa que hoje a ética das virtudes não tenha grande importância para a vida do cidadão e da democracia. Prova disso são os apelos populares que se manifestam em todas as partes do mundo exigindo condutas e atitudes mais adequadas.[11]

3.3 ÉTICAS DEONTOLÓGICAS

Já se expôs anteriormente a perspectiva da ética kantiana, considerada a matriz de todas as éticas deontológicas, ou éticas do dever. *Deon* é um termo grego que significa dever. No entanto, como se viu, na ética kantiana o dever flui diretamente da razão, e não de mandamentos (como no cristianismo) ou injunções sociais (como nos sociologismos), nem levando-se em conta as consequências da ação (como no utilitarismo de Bentham).

Às éticas deontológicas não se há de negar a atualidade, como se verifica na doutrina dos direitos humanos universais, cuja base é o princípio de que os seres humanos devem ser tratados com o máximo de respeito e jamais podem ser considerados coisas, objetos, instrumentos ou meios para quaisquer outros fins, mesmo que se trate do bem-estar da sociedade.

Costuma-se, para entender melhor o que é uma ética deontológica, mostrar a diferença que mantém com a ética consequencialista, exposta em seguida. Como característica geral, pode-se dizer que, enquanto o consequencialismo

---

[11] PAVIANI; SANGALLI, 2014, p. 243.

julga a validade moral da ação pelas consequências boas ou más que terá, achando que esse critério é uma condição necessária e suficiente, a ética deontológica determina que a ação moral deve ser considerada em si mesma, sem visar ao que se pode esperar dela. Não é que se desprezem as consequências, pois, nesse caso, a ética deontológica, como qualquer ética, seria irresponsável e sem valor para a especulação filosófica e para a existência humana de qualidade. O que se afirma é que a ação deve ser boa em si mesma, não considerando a consequência que, mesmo boa, não justifica uma ação incorreta. Cite-se, por exemplo, a questão do aborto. Considerando-se as consequências más (ou boas) em muitos casos, poder-se-á produzir argumentos, às vezes de relevância social, para justificar o ato. Entretanto, atendendo ao princípio de que se deve o respeito à vida, valor intrínseco absoluto da pessoa, a ética deontológica apresentará limites e restrições que têm a primazia sobre as consequências esperáveis da ação.

Aproximando-se um pouco mais da ética kantiana, padrão das éticas deontológicas modernas, a consideração do ser humano como fim em si mesmo, não podendo ser instrumentalizado, liga-se ao fato de que o homem é dotado de razão que, voltada à ação, se diz prática. Por conta disso, o homem está capacitado não só para conhecer o mundo, mas também para agir nele e sobre ele. Assim, o ser humano é a própria fonte da lei moral, quer dizer, sua vontade é a "propriedade graças à qual é para si mesmo a sua lei".[12] Mas não apenas isso. Essa vontade autônoma deve ser boa, o que a torna central e mais importante que quaisquer outras características do caráter, como as virtudes das éticas da virtude, e até mesmo a felicidade (objeto principal das éticas eudaimonistas, epicuristas ou utilitaristas).[13] Entretanto, como Kant entende a vontade boa? Eis suas palavras:

> A boa vontade não é boa por aquilo que promove ou realiza, pela aptidão para alcançar qualquer finalidade proposta, mas tão somente pelo querer, isto é, em si mesma, e, considerada em si mesma, deve ser avaliada em grau muito mais alto do que tudo que por seu intermédio possa ser alcançado em proveito de qualquer inclinação, ou mesmo, se se quiser, da soma de todas

---

[12] KANT, I. *Fundamentação da metafísica dos costumes*. Trad. Paulo Quintela. São Paulo: Abril Cultural, 1974. (Coleção Os Pensadores), p. 238.

[13] *Eudaimonia*, em grego, é o termo para designar felicidade. Por exemplo, a ética aristotélica e a ética cristã são éticas eudaimonistas pois almejam a felicidade como fim último do agir; também a ética epicurista põe a felicidade no gozo moderado do prazer, enquanto os utilitaristas entendem a felicidade como bem-estar, conforme se viu no Capítulo 2.

as inclinações. Ainda mesmo que por um desfavor especial do destino, ou pelo apetrechamento avaro duma natureza madrasta, faltasse totalmente a esta boa vontade o poder de fazer vencer as suas intenções, mesmo que nada pudesse alcançar a despeito de seus maiores esforços, e só afinal restasse a boa vontade (é claro que não se trata aqui de um simples desejo, mas, sim, do emprego de todos os meios de que as nossas forças disponham), ela ficaria brilhando por si mesma como uma joia, como alguma coisa que, em si mesma, tem seu pleno valor.[14]

Pelo texto se vê que essa boa vontade é boa não em função de seus objetivos, por exemplo, a felicidade, mas simplesmente pela forma de seu querer, ou seja, na intenção de conformar-se com a lei moral universal, representada pelo imperativo categórico. Não se tem essa boa vontade naturalmente (pela natureza, tem-se inclinações e desejos muitas vezes contrários às exigências da moralidade), mas com esforço. A posse de boa vontade é um dever. Assim, a ética deontológica é uma ética de ações por consciência do dever. Não entrariam nessa classe, por exemplo, as ações realizadas por filantropia, quando o que move o agente é a inclinação natural do prazer em ajudar, ou outro motivo, e não a vontade do dever pelo dever. Kant não entende que se deva excluir as inclinações naturais: elas podem ser até favoráveis à boa vontade, mas de si não têm valor absoluto. Enquanto favoráveis, o agente terá mesmo o dever de cultivá-las, desde que estejam, de fato, ligadas à boa vontade. A boa vontade é a condição incondicionada da bondade de tudo o mais, inclusive das ações.[15]

No interior das éticas deontológicas, costuma-se fazer distinção entre aqueles que têm como básicos e fundamentais na vida moral as regras e os princípios gerais ou universais, como o próprio Kant, e os que entendem que os juízos morais particulares é que são fundamentais, cabendo ao agente decidir, em cada circunstância particular, o que deve ser o seu dever, sem apelar para princípios gerais. Sartre, que estaria nessa posição entende, entretanto, que nada pode ser tão bom para nós sem que o seja para todos.[16]

---

[14] KANT, 1974, p. 204.

[15] Cf. ESTEVES, J. Éticas deontológicas: a ética kantiana. In: TORRES, J. C. B. (Org.). *Manual de ética*: questões de ética teórica e aplicada. Petrópolis: Vozes, 2014. p. 262.

[16] SARTRE, J. P. *O existencialismo é um humanismo*. Trad. Vergilio Ferreira. São Paulo: Abril Cultural, 1974. (Coleção Os Pensadores), p. 13: "Nossa responsabilidade é muito maior do que poderíamos supor, porque ela envolve toda a humanidade [...] Assim sou responsável por mim e por todos, e crio uma certa imagem do homem por mim escolhida; escolhendo-me, escolho o homem".

3.4 ÉTICAS DO DISCURSO

Entre as éticas deontológicas, pode-se situar modernamente as de John Rawls, sobre justiça como equidade, e a de Apel e Habermas, sobre ética do discurso. Sobre a primeira, algumas informações já foram apresentadas anteriormente. Sobre a(s) ética(s) do discurso, devemos ir a Habermas.[17] Esse filósofo distingue, no conjunto das atividades humanas, dois tipos: a atividade instrumental e estratégica que age no mundo dos objetos e manipula os outros, e a atividade comunicativa que se dá no interior de uma intercompreensão entre parceiros, visando ao entendimento e à adesão. Isso acontece no processo de argumentação, que pressupõe a imparcialidade, a responsabilidade dos interlocutores e o caráter sensato de seu discurso.

Trata-se de uma discussão consensual, fundada na razão, e não em ameaça. Ora, essa atividade comunicativa é normativa e moral: pressupõe que o outro é uma pessoa, e não um objeto. Reconhece-se a pessoa em horizonte de universalização, e a discussão se manifesta como "razão prática". A linguagem aqui implicada amplia-se em uma pragmática universal, em que se realiza a moralidade. Se a referência à ética kantiana é inevitável, entretanto, substitui-se o princípio do imperativo categórico pelo da universalização. Nas palavras do próprio Habermas:

> Toda norma válida deve [...] satisfazer a condição segundo a qual: as consequências e os efeitos secundários que (de maneira previsível) provêm do fato de que a norma foi universalmente observada na intenção de satisfazer os interesses de cada um, podem ser aceitos por todas as pessoas concernidas.[18]

É oportuno focar um pouco mais na ética do discurso. Por que ética do discurso? O "discurso" é, na realidade, a argumentação em que todos estão envolvidos na comunicação da linguagem. Implica a comunidade humana, em que a fala se sustenta na pretensão de validade e de verdade. Muito bem explica o professor Herrero:

> O discurso é a forma reflexivamente intransponível de todo pensamento, porque ele representa a instância última filosófica, científica ou política na qual

---

[17] HABERMAS, J. *Teoria do agir comunicativo.* Trad. Paulo Astor Soethe. São Paulo: Martins Fontes, 2012.
[18] Apud RUSS, J. *Pensamento ético contemporâneo.* Trad. Constança Marcondes Cesar. 2. ed. São Paulo: Paulus, 1999. p. 95.

e diante da qual tem que justificar-se a responsabilidade comum dos homens pelo seu próprio pensar e pelo seu próprio agir, pelas suas teorias científicas e por toda fundamentação científica ou filosófica e, em geral, por todas as pretensões possíveis que possam ser levantadas no mundo da vida.[19]

O discurso significa, portanto, uma relação dialógica universal – nisso é-lhe inerente a moralidade –, "deôntica", pois coloca o problema do que deve ser para todos a fim de solucionar os conflitos. Na situação de diálogo, a exigência é de que cada sujeito e todos sejam considerados em uma igualdade tal que nenhum discurso possa se impor unilateralmente, mas se proponha a ser voltado para o consenso racional. A razão é que a racionalidade comunicativo-discursiva é constitutivo originário do ser humano, como ser livre e solidário na solução racional dos problemas da vida. A questão que se coloca diante desses princípios é: como o discurso teórico passa à condição de prático e como evitar que perante uma comunidade concreta se queira "impor" um discurso racionalmente articulado, como forma de intervenção, para elevar tal comunidade a índices "melhores" de civilização e cultura? A coerção não se justificaria. Crê-se que também aqui é valiosa a posição de Herrero:

> Nesse sentido, a ética do discurso insiste na ideia regulativa e na antecipação contrafática da exclusão do domínio e da violência em todo discurso argumentativo sério e, sobretudo, nos discursos práticos, para a fundamentação de normas referidas à situação. Mas com o reconhecimento das condições fundamentais do discurso, liberado da ação, ainda não é dada a justificação ética do exercício do poder implicado na imposição da validade das normas do direito. Para a execução das normas morais não se pode recorrer a nenhum poder, pois o seguimento destas normas deve ser o resultado de seu reconhecimento em virtude de um discurso livre de todo domínio. Não é o mesmo quando se trata da justificação ética da forma específica da validade das normas jurídicas.[20]

Como se pode ver, a ética do discurso baseada na racionalidade, na liberdade e na igualdade, não seria compatível sequer com a coerção à norma jurídica, fora,

---

[19] HERRERO, F. J. Ética do discurso. In: OLIVEIRA, M. A. (Org.). *Correntes fundamentais da ética contemporânea*. Petrópolis: Vozes, 2000. p. 169.
[20] HERRERO, 2000, p. 186.

evidentemente, de uma situação política que não o estado democrático de direito. Não é negado aí o poder de sanção do estado de direito, mas, em uma suposta ética de responsabilidade histórica, dever-se-ia pensar em uma autolimitação do princípio do discurso, no sentido de uma mediação entre a formação consensual sem coação e a coação própria da estratégia contra a estratégia (da violência individual), no quadro do estado democrático do direito.

3.5 ÉTICAS CONSEQUENCIALISTAS

Os pontos de vista das éticas deontológicas parecem opostos aos das éticas consequencialistas que, como o nome diz, "sustentam que o que se deve fazer ou o que é bom que se faça é unicamente função das consequências esperadas da ação".[21] As éticas deontológicas insistem que, para avaliar se uma norma é correta ou não, é preciso atender à bondade ou à maldade da norma em si mesma, sem atender às consequências.

Já as éticas consequencialistas são chamadas de teleológicas, porque dão importância aos resultados ou aos fins esperados (em grego, *teleos* significa fim). O utilitarismo de J. Bentham e daqueles que o seguiram, pelo menos em parte, como Stuart Mill, é tido como a forma mais significativa do consequencialismo, mas é importante lembrar que o utilitarismo é uma espécie e o consequencialismo, o gênero. Com efeito, há diferenças entre as teorias desse gênero a respeito do que é bom ou ruim e sobre como a correção ou não dos atos depende de fatos sobre o que seria o melhor. Consequencialistas podem discordar entre si sobre que tipo de consequências devem ser levadas em consideração, a fim de que venham a estabelecer se uma ação produz boas consequências ou não, como explica Cinara Nahra.[22]

De todo modo, aproximar-se do utilitarismo é ver melhor a base teórica padrão do consequencialismo. Sobre a teoria de J. Bentham, foi apresentada breve exposição no Capítulo 2. Aqui é preciso mostrar que, para ele, a medida do certo e do errado é a maior felicidade para o maior número de pessoas. Em vista disso, Bentham sugeriu um cálculo de felicidade, de fato um cálculo

---

[21] ESTEVES, 2014, p. 249.
[22] NAHRA, C. O consequencialismo. In: TORRES, J. C. B. *Manual de ética*: questões de ética teórica e aplicada. Petrópolis: Vozes, 2014. p. 268.

hedonista, em que se propõem valores relativos à quantidade de pessoas afetadas (extensão do prazer ou da dor), à intensidade dos prazeres, sua duração, sua certeza ou incerteza, sua proximidade, sua fecundidade e sua pureza. Felizmente, o próprio Bentham esclarece que não se deve esperar que esse processo seja praticável em toda circunstância concreta. O que se deve manter é a ideia geral, a ser considerada por governos em suas decisões econômicas e políticas.[23]

Variante do utilitarismo de Bentham é o de Stuart Mill,[24] para o qual era necessário considerar, na questão dos prazeres, não apenas a quantidade, mas também a qualidade: algumas espécies de prazeres são mais desejáveis e valiosas que outras, por exemplo, os prazeres do intelecto, do sentimento, da imaginação. Há prazeres superiores e prazeres inferiores. Mill não apenas aceita o princípio da maior felicidade, como acrescenta o princípio da liberdade, ou do dano, que assim se enuncia:

> O único fim pelo qual a humanidade individual ou coletivamente estaria autorizada a interferir com a liberdade de ação de qualquer membro é a autoproteção. O único propósito pelo qual o poder pode ser legitimamente exercido sobre qualquer membro da comunidade, contra sua própria vontade, é prevenir dano aos outros. Seu próprio bem, seja físico ou moral, não é justificativa para esta intervenção.[25]

De fato, o princípio da liberdade tinha por objetivo proteger a esfera individual, por acaso atingida pelo princípio da utilidade, voltado à satisfação do maior número de pessoas. É o que Nahra denomina "anel de proteção na esfera autoconcernente", anotando que ele tem grande utilidade em deixar as pessoas totalmente livres para viverem sua vida como lhes pareça mais apropriado e, ao mesmo tempo, garantir a diversidade dos modos de vida – fator de desenvolvimento para toda a humanidade. Quem, entretanto, pode, de alguma forma, julgar ou aplicar o possível conflito entre os dois princípios e/ou decidir que

---

[23] Cf. fórmulas desse cálculo da felicidade, em: NAHRA, 2014, p. 271-273. De J. Bentham, ver: BENTHAM, J. *Uma introdução aos princípios da moral e da legislação*. São Paulo: Abril Cultural, 1974. (Coleção Os Pensadores).

[24] MILL, J. S. *A liberdade, utilitarismo*. São Paulo: Martins Fontes, 2000.

[25] NAHRA, 2014, p. 164.

prazeres são mais valiosos que outros? Mill fala em uma categoria de "experimentados" (o que pode remeter ao homem prudente de Aristóteles), aqueles mais familiarizados com os prazeres distintos e que podem determinar quais são os melhores. Tal instância é necessária para evitar que se veja o utilitarismo, conforme seus críticos viram, como uma doutrina apropriada aos suínos.[26]

De qualquer forma, é fácil perceber que o utilitarismo, sendo uma doutrina ética empirista e tendo por objetivo a felicidade para todos, deixa várias questões pelo caminho. Em primeiro lugar, pode-se discutir se prazer e dor são os critérios supremos da vida ética.

Depois, dado que o sejam, essa disjunção não consegue ir além da esfera subjetiva, e o problema de conciliar o bem de todos com o bem de cada um se mantém. Quando se atende à questão da responsabilidade, o utilitarismo pode dar em aporias de solução complicada, senão insolúvel. É o caso, por exemplo, do chamado "dilema de Jim", relatado por Bernard Williams:

> Jim é um cidadão em viagem por um país governado por uma ditadura militar, e um dia chega a uma praça principal de um pequeno vilarejo. Na praça ele verifica que 20 indígenas, moradores locais, estão amarrados na frente de um paredão, prestes a serem fuzilados por um capitão do Exército da ditadura. O capitão, Pedro, explica então para Jim que os índios foram escolhidos ao acaso e serão fuzilados, após uma sucessão de protestos contra o governo ditatorial, a fim de mostrar aos moradores locais as vantagens de não protestar. O capitão, entretanto, faz a Jim uma oferta: se Jim fuzilar um dos indígenas, à sua escolha, o capitão irá liberar todos os outros, mas se Jim recusar não haverá perdão e todos os indígenas serão mortos pelo capitão e seu exército, conforme estava previsto.[27]

Qual seria a resposta utilitarista? Parece que Jim deveria aceitar a oferta e, matando um, salvar os outros, minimizando as consequências negativas de toda a situação. Estaria aqui em pauta a Teoria da Responsabilidade Negativa, pela qual, caso Jim não mate o indígena, torna-se responsável por todas as mortes que poderia ter evitado. Entretanto, na própria teoria utilitarista, um contra-argumento poderia afirmar que Jim não deveria aceitar a chantagem, porque, transformada

---

[26] NAHRA, 2014, p. 274-275.
[27] NAHRA, 2014, p. 280.

essa em regra, seria estimulada uma sociedade chantagista, em que ocorreriam mais dores que prazeres, corroendo-se o tecido social. Trata-se, como se vê, do "dilema ético", abordado mais adiante, porque, utilitaristas ou não, muitos profissionais, em quaisquer atividades, estão sujeitos à situação semelhante. Em todo caso, não se há de esquecer de que a busca da felicidade pode significar também a prevenção ou a mitigação da infelicidade, o que abre, segundo as palavras de Mill, "um campo mais amplo, respondendo a necessidades mais imperativas, enquanto a humanidade julgar conveniente a vida".[28] Dessa maneira, modernas concepções em biotecnologia propõem procedimentos que eliminem toda forma de dor e sofrimento, ou até mesmo soluções de impasses relativos à propagação da vida (humana) ou à antecipação da morte, quando se chega à conclusão de que a vida não apresenta mais as condições esperadas de dignidade e cura do sofrimento. Como se vê, são posições consequencialistas e utilitaristas.

Chama a atenção, modernamente, o utilitarismo de Peter Singer, denominado utilitarismo de interesses,[29] em que se requer um juízo universalizável, possível a um espectador ideal ou observador imparcial. Isso quer dizer que é preciso ultrapassar o "eu" ou o "você", ou seja, meus interesses não contam mais que os alheios porque são "meus": deve-se levar em conta os interesses de todos os afetados por minha decisão para se adotar um curso de ação que tenha as melhores consequências para todos os afetados. Singer propõe o princípio de igual moderação de interesses que, segundo explica Nahra, estabelece que, nas deliberações morais, deve ser atribuído o mesmo peso aos interesses semelhantes de todos os atingidos pelos atos.[30] À luz desse princípio, Singer discute temas polêmicos como aborto e eutanásia voluntária, ambos justificáveis segundo ele. Até os interesses dos animais devem ser considerados no cálculo ético, como também os do planeta e das futuras gerações. Entende que, como resultados de decisões pessoais, sociais e políticas, podem existir coisas que, uma vez perdidas, não se recuperam mais por dinheiro algum. Daí o sentimento de profunda responsabilidade que deve estar presente na tomada de decisão.

---

[28] MILL, 2000, p. 195.
[29] SINGER, P. *Ética prática*. São Paulo: Martins Fontes, 2006.
[30] NAHRA, 2014, p. 283.

RESUMO

É possível elaborar uma classificação considerável das éticas, a começar pelas éticas descritivas e normativas. Este capítulo limita-se a uma classificação simplificada, levando em conta as "famílias" mais importantes das éticas: as éticas das virtudes, as éticas deontológicas, as éticas do discurso e as éticas consequencialistas.

As éticas que põem a virtude no centro da especulação são as mais antigas e talvez as mais duradouras, iniciadas na Grécia antiga, com Sócrates, para o qual a "ciência do bem do homem" era a virtude fundamental, ou seja, a excelência que define o ser humano como distinto dos outros animais. Na sequência, Aristóteles entende que as virtudes são disposições duradouras da alma humana e são de duplo caráter: intelectivas e morais. Entre as primeiras, está a prudência que define o "meio-termo" em que consiste a virtude moral: é a virtude da reta razão. Há diversas virtudes morais que compõem o caráter do homem e tornam sua vida digna de ser vivida. Esse conceito de virtude sofreu modificação entre os estoicos, no sentido de que a vida moral não tem para eles meio-termo: ou se é virtuoso e sábio ou louco. Virtude é a força que sustenta o sábio nos maiores infortúnios.

O cristianismo adotou a ética das virtudes, com influência de Aristóteles e dos estoicos, conjugando-a com a ideia de dever (mandamentos). Para São Tomás de Aquino, a virtude é um hábito prático operativo, definido como qualidade boa do espírito que torna reta a vida e da qual ninguém pode fazer mau uso, ao contrário do vício, que faz viver mal e do qual ninguém pode fazer bom uso. As virtudes têm a ver com o ordenamento das paixões, com a finalidade de atingir a perfeição humana.

Na modernidade, alguns pensadores, reagindo contra a ética deontológica de Kant e de seus seguidores, propuseram voltar às bases da ética aristotélica, resgatando a concepção de comunidade e ressaltando os valores da vida humana, entre os quais a justiça, a solidariedade e a igualdade política. Em uma palavra, a aceitação do outro, que deve ser respeitado, assim como o meio ambiente, cujas condutas e atitudes exigem do ser humano condutas mais adequadas.

Uma segunda família de teoria ética importante é formada pelas éticas deontológicas, para as quais, como princípio geral, o dever que rege nossas condutas flui diretamente da razão, desprovida de qualquer interesse, mesmo o da felicidade. As éticas deontológicas afirmam que a ação deve ser boa em si mesma, sem considerar a consequência que, mesmo boa, não justifica uma ação incorreta. Assim, o ser humano, dotado de razão, está capacitado para conhecer o mundo e agir sobre ele. No homem, a vontade é para si mesma a fonte primeira de legislação.

Essa vontade deve ser boa, pelo querer conformar-se com a lei moral universal, representada pelo imperativo categórico. Assim, as éticas deontológicas são éticas de ações por consciência do dever. No interior dessas éticas, costuma-se distinguir os pensadores que têm as regras e os princípios gerais ou universais como básicos e fundamentais na vida moral, assim como Kant, e os que entendem que os juízos morais particulares são fundamentais, cabendo ao agente decidir em cada circunstância particular o que deve ser o seu dever, como Sartre.

Um terceiro grupo, formado pelas éticas do discurso, tem como protagonistas K. Apel e J. Habermas. Partindo do princípio de que o ser humano, dotado de racionalidade, é agente de atividade comunicativa pela qual se instala uma comunidade dialógica capaz de universalização, as éticas do discurso defendem a exigência de considerar cada sujeito e todos em uma igualdade tal que nenhum discurso possa se impor unilateralmente e, ao contrário, se volte ao consenso racional. Um dos problemas é o da relação concreta entre as comunidades de falantes, de modo que alguma delas, por acaso, mais "desenvolvida" cultural, científica e tecnologicamente, se possa julgar com o direito ou o dever de intervir nos modos de ser e de agir de outra comunidade para conduzi-la ao caminho da civilização. As éticas do discurso repelem qualquer violência ou coerção, pois a liberdade flui da própria e universal racionalidade dos seres humanos.

Por fim, tratamos das éticas consequencialistas, que dão importância aos resultados ou fins esperados. A mais notável expressão do consequencialismo é a teoria utilitarista de J. Bentham e Stuart Mill, no século XIX, e de Peter Singer na atualidade. Essas éticas propõem o princípio da felicidade geral, como bem-estar ou prazer, com a ausência de dor e sofrimento, para o maior número possível de pessoas. Ao lado desse princípio também se formula o princípio da liberdade, cujo objetivo é proteger a esfera individual, por acaso atingida pelo princípio da utilidade ou do bem-estar geral. Pode-se levantar inúmeros casos de aplicação, por exemplo, em biotecnologia, sempre levando em conta os interesses de todos os afetados por decisões pessoais ou do grupo, aí pensados os interesses de futuras gerações. É, então, proposto um terceiro princípio: o de igual moderação de interesses. Fizeram-se e se fazem muitas críticas ao consequencialismo e, em especial, ao utilitarismo, mas não se pode negar que é uma corrente ética de larga aceitação nos tempos atuais.

ATIVIDADES

1. Fala-se em falência das éticas na modernidade por nenhuma delas ter sido capaz de compreender os fatos e os desafios que, tanto no Ocidente como no Oriente, lançaram a humanidade a grandes riscos de se perder e se autodestruir. Não só as éticas não compreenderam, como também não propuseram, em consequência, nenhum programa eficiente para solucionar os conflitos. Quase sempre as éticas foram travadas pelas ideologias, ou nasceram delas, constituindo-se um confronto. Para aprofundar o tema, é recomendada a leitura de um livro importante, de autoria de Jacqueline Russ, chamado *Pensamento ético contemporâneo*.

2. Hélio Schwartsman, jornalista e filósofo, abordando a questão dos direitos humanos, escreve em sua coluna em um jornal de grande circulação:

> [...] É decerto mais difícil desenvolver uma argumentação sólida e coerente, passando por cima de direitos e prerrogativas reconhecidos como fundamentais, mas não é necessariamente impossível fazê-lo. Há, por exemplo, uma rica literatura filosófica em cima do chamado cenário da bomba-relógio, no qual as autoridades têm em mãos um terrorista que é a única pessoa que sabe onde o artefato explodirá dentro de algumas horas, causando um número expressivo de vítimas inocentes. Será que, nessas condições, torturá-lo para revelar o local do ataque é imoral? Goste-se ou não desse experimento mental, ele é um caso em que a tortura – provavelmente a ofensa máxima aos

direitos humanos – pode ser defendida com argumentos respeitáveis, sob o guarda-chuva de uma teoria filosófica coerente (o consequencialismo) e com uma motivação nobre (salvar inocentes).[31]

As justificativas da posição consequencialista e as críticas que se levantaram a essa proposta ética podem ser examinadas pela leitura reflexiva dos seguintes textos:

 CORTELLA, M. S.; BARROS FILHO, C. *Ética e vergonha na cara!* Campinas: Papirus 7 Mares, 2014 (ver, sobretudo: "A ilusão moral do foco no resultado" e "Qual é o resultado que torna justo o caminho?").

NAHRA, C. O consequencialismo. In: TORRES, J. C. B. (Org.). *Manual de ética*: questões de ética teórica e aplicada. Petrópolis: Vozes, 2014, p. 268-285.

3. Além das classificações das éticas apresentadas neste capítulo, há, como foi dito, outras classificações. Entre elas, por sua importância histórica, sobretudo na modernidade, estão as chamadas éticas materiais de bens e éticas materiais de valores. Para as primeiras, quando se fala em moral, deve-se levar em conta o que os seres humanos perseguem, ou seja, o bem como o objeto da ação humana. Nessa linha, estão os grandes éticos gregos e cristãos medievais. As segundas, mais presentes no século XX, com pensadores como Max Scheler, Nicolai Hartmann e outros, acham que o conteúdo central da ética não são os bens, mas os valores, que os seres humanos apreendem por intuição emocional. Para conhecer melhor essas diferenças, recomenda-se o estudo da notável obra de Hessen, *Filosofia dos valores*.

4. Responda:
   a) Aristóteles define a virtude moral como "uma disposição a agir de modo deliberado, consistindo em uma mediedade relativa a nós, a qual é racionalmente determinada e como a determinaria o homem prudente". Distinga os elementos essenciais dessa definição.
   b) São quatro as virtudes morais enunciadas por Platão e aceitas na Idade Média. Quais são e que função desempenham?
   c) Qual é a diferença entre a ética deontológica e a ética consequencialista?
   d) O que as éticas do discurso defendem como princípio?

---

[31] SCHWARTSMAN, H. Direitos humanos no ENEM. *Folha de S.Paulo*, 7 nov. 2017, A2.

DISTINÇÃO E INTERAÇÃO ENTRE ÉTICA E MORAL

4.1 DISTINÇÃO ENTRE ÉTICA E MORAL

Ao longo dos capítulos precedentes, ficou clara a diferença entre os campos da ética e da moral. Entretanto, há quem pense não haver diferença alguma, o que fica comprovado com o uso de um termo no lugar do outro ou, muitas vezes, quando usados juntos para reforço de um deles. Atribui-se a distinção ao neoiluminismo atual, filho do iluminismo de 1700 que, afirmando ser a razão humana a única e legítima fonte dos princípios e das normas morais, isolou a ética do comportamento moral concreto, muitas vezes direcionado por crenças religiosas, oriundas das sabedorias orientais e das três grandes religiões do Ocidente (cristianismo, judaísmo e islamismo). Tal posição – lembrando que tanto "ética" como "moral" foram usados indistintamente por milênios – consiste em afirmar que ambas abarcam e discernem "os princípios gerais e os comportamentos particulares de toda a humanidade, venham de onde vierem: da Razão, da Religião ou do Tao".[1]

É preciso dizer, de início, que a distinção entre ética e moral é apenas conceitual, em vigor, sobretudo, nos meios acadêmicos, e que interagem e se alimentam reciprocamente. Entretanto, e justamente por isso, é útil manter a distinção, reservando à ética a reflexão crítico-filosófica em torno dos princípios e dos fundamentos (supostamente universais) que subjazem às concepções e aos comportamentos morais, observados na vida concreta das sociedades, das culturas e dos indivíduos ("o mundo da vida", expressão corrente entre filósofos). É a ética que pode fornecer, por exemplo, o julgamento sobre a validade de concepções morais, muitas vezes

---

[1] É a posição, ao que parece, em: MARCHIONNI, A. *Ética*: a arte do bom. Petrópolis: Vozes, 2008. p. 10.

contraditórias, na base de comportamentos como antropofagia, trabalho escravo, uso de órgãos humanos e de sangue, concorrência e competição nos negócios, políticas públicas, uso (e abuso) do meio ambiente etc. É possível observar frequentes controvérsias sobre os aspectos de honestidade, lisura e humanitarismo de tais comportamentos sem chegar a um acordo, em razão do desconhecimento dos critérios decisórios sobre seu fundamento. Sobram opiniões e falta filosofia. E isso tem lá sua importância, pois a pergunta que pede uma resposta ou algum acordo é: no universo das concepções morais, pode-se entender que todas são igualmente válidas, sendo indiferente adotar uma ou outra e, caso se possa escolher caso se deva escolher, opte-se pela "melhor"?

Diante de tais questões, para não incorrer em uma simplificação estéril, é oportuno estabelecer a distinção entre forma e conteúdo, por acaso já vista nas páginas anteriores: a universalidade da moral pertence à forma, estando os conteúdos sujeitos às circunstâncias de espaço e tempo. Isso, porém, não significa, como explicam Cortina e Martínez, que "todos os tipos de moral possuem a mesma validade, pois nem todos encarnam a forma moral com o mesmo grau de adequação".[2]

Por ser mais abstrata, a esfera da ética não é menos importante que a esfera da moral. Em razão disso, foram dedicados à ética os três capítulos anteriores a esta exposição. Para melhor entender a complexidade da questão ética, é oportuno examinar mais de perto a moralidade, ou simplesmente a moral, suas compreensões e seus âmbitos de abrangência.

4.2 NORMAS MORAIS

As teorias éticas, já estudadas anteriormente, permitem definir a moralidade sob diversos enfoques:

1. Realização da boa vida, da vida feliz, em que o prazer (hedonismo) ou a autorrealização (eudemonismo) são vistos como finalidade.
2. Exercício das virtudes ou dos valores da comunidade ou solidariedade com membros da comunidade a que pertence (no plano geral, com a comunidade humana).

---

[2] CORTINA, A.; MARTÍNEZ, E. *Ética*. Trad. Silvana Cobucci Leite. São Paulo: Loyola, 2005. p. 230.

3. Consenso em torno de princípios universais, critério de avaliação das concepções morais dos outros e da comunidade.

Em todos esses enfoques, entende-se que a vida moral é boa ou correta se ajustada às normas de natureza especial, distintas das normas de convivência social ou dos procedimentos técnicos. O que é norma moral? Poder-se-ia distinguir dois sentidos: I) norma como medida, modelo, matriz; e II) norma como mandamento ou ordem. Comparando, por exemplo, a moral grega antiga à moral judaico-cristã posterior, nota-se que, para os gregos, a norma é como uma régua da ação que a torna equilibrada, harmônica e digna de louvor. Deve-se fazer o que está de acordo com a "medida áurea", como procediam artistas, arquitetos, escultores ou poetas. A beleza está tanto para a obra de arte como para a vida. Já para a moral judaico-cristã, a ênfase está nos mandamentos divinos e na ação humana moral que, quando ajustada aos mandamentos, ou seja, à vontade de Deus, é correta e boa. Esse sentido predominou na cultura ocidental por influência religiosa e pelas injunções assimiladas pela sociedade, isto é, deve-se fazer o que estiver conforme a vontade divina e evitar o que dela discrepa.

Aprofundando um pouco mais essa conceituação, pode-se entender que a ação ou o ato moral é bom não por si mesmo, mas na medida em que recebe essa determinação de "bom", isto é, enquanto se deixa qualificar pela forma que o guia. Jacques Maritain[3] denomina a medida de forma-formante, ou norma-piloto, por oposição à norma-preceito. Esse mesmo filósofo emprega uma analogia, já usada por São Tomás de Aquino, que ajuda a entender essa questão: a visão que um pintor tem de um rosto ou de uma paisagem e o movimento que executa ao pintá-lo são duas coisas diferentes. A visão é a regra da obra, não regra-preceito, mas modelo, medida, regra-piloto. Assim, a norma é condição primeira requerida para que um ato seja bom. Aqui se deve pôr de lado todo sentido de obrigação ou de mandamento que, no caso, deriva do primeiro sentido. A norma-medida ou norma-piloto traça o ajuste do ato com a razão: "do ponto de vista formal, o que constitui a moralidade do ato é a conformidade com a razão".[4]

Considere agora a norma-preceito, a norma-lei. Sua imperatividade resulta em grande parte de fatores extrafilosóficos, como os de ordem social e religiosa. Entretanto, isso permite recuar até a própria moral natural, segundo a qual o mal

---

[3] MARITAIN, J. *Problemas fundamentais da filosofia moral*. Trad. Gerardo Dantas Barreto. Rio de Janeiro: Agir, 1977. p. 145.
[4] MARITAIN, 1977, p. 153.

deve ser evitado e o bem deve ser feito – o que era chamado de "sindérese" entre os pensadores medievais. O que é mal, em consideração da norma como medida, é proibido pela norma como preceito. O já citado Maritain explica que, se a norma-medida pertence à causa formal extrínseca, a norma-preceito se instala na causalidade eficiente, isto é, produz um impulso para a ação e se formula em um dever. Assim, a norma-preceito age "de maneira eficiente, em virtude do dinamismo teleológico da vida moral, ou seja, em função do desejo do fim supremo e dos fins que um homem bom fixou à sua vida".[5]

Por fim, é possível falar em uma terceira norma, além da norma-medida e da norma-preceito: a norma-coação. Esse aspecto da norma moral é de tal modo importante que às vezes se pensa que ela deve "coagir" em certos domínios, por exemplo, na administração pública. É assim que as vontades são impelidas, caso resistam, a evitar os desvios e a cumprir os ordenamentos jurídicos e legais. Isso significa que o poder de coação das leis deve ser reforçado pelo poder da coação moral. Percebe-se que, em tese, esse aspecto da norma seria supérfluo nas situações existenciais, caso indivíduos e grupos se predispusessem, livremente, a procurar a retidão da vida, mesmo no espaço público da cidadania.

4.3 O VALOR MORAL

4.3.1 ESTADO DA QUESTÃO

A noção de valor ou de bem moral é essencial para compor o quadro do universo moral. O que torna uma ação moralmente boa ou moralmente má? O que possibilita que tal atitude seja considerada positivamente valiosa do ponto de vista moral? A resposta a essas perguntas varia ao longo dos tempos, mas a "bondade" permanece como valor de referência, qualificando a ação e constituindo a essência da moralidade.

Para a especulação ética dos antigos, punha-se a bondade moral na adequação do ato com a regra moral ditada pela virtude da prudência. Segundo Aristóteles, a virtude, como conhecimento intelectual-prático, próprio da pessoa que aperfeiçoou em si a experiência moral para saber que meios e circunstâncias

---

[5] MARITAIN, 1977, p. 155.

eram adequados para atingir o fim último do ser humano (a felicidade), consiste na mediedade entre dois extremos igualmente viciosos: excesso e deficiência.

Já os estoicos identificam valor, virtude e fim último, enquanto os epicuristas veem o valor como meio para o fim, isto é, para o prazer. São Tomás de Aquino, retomando Aristóteles, desenvolve a ideia de "bem moral" como desdobramento do bem ontológico na ação, entendendo-o como a plenitude do ser de cada coisa, de modo que, no caso do homem, a tendência para sua plenitude era seu fim último subjetivo e, ao mesmo tempo, seu bem. Na aplicação moral, a ação se podia dizer boa na medida em que alcançava a plenitude de sua realização (supondo liberdade como princípio e adequação à norma como termo) e na medida em que concorresse para a consecução do bem último do homem. Como toda ação se especifica por seu objeto, que é sempre interior no sentido de intenção e também exterior no sentido do ato em si mesmo, seu "fim", ou causa final, deve ser bom para que ela seja boa. Em tese, não é possível que o objeto da ação seja mau e a causa final, boa.

Kant prioriza o conceito de valor, entendido como retidão da ação que, quando governada por uma máxima capaz de ser erigida em lei universal, torna-se reta. Kant não fala em fim último, bem como não empresta nenhum valor ao conteúdo da ação. É a possibilidade lógica de universalização o critério máximo de moralidade que constitui a bondade da ação. Os utilitaristas e pragmatistas põem a questão no nível técnico da eficiência: é boa a ação que tem utilidade. É preciso, então, identificar essa eficiência ou utilidade, por exemplo, o bem-estar da sociedade, a paz ou a justiça social, a tranquilidade subjetiva etc. Do ponto de vista crítico-filosófico, a questão fica em aberto.

A discussão sobre o valor moral pede, evidentemente, que se esclareçam, em primeiro lugar, o que se entende por valor e qual sua relação com o bem, para depois examinar essa classe especial de valores, os valores morais e, por fim, sempre tendo presente que a ordem da moralidade se funda na da liberdade, como ocorre a realização dos valores morais.

4.3.2 VALOR E BEM

"Valor", em grego, diz-se *axios*, e o estudo dos valores tem, tradicionalmente, recebido o título de axiologia. Como interessa aqui pesquisar o que constitui o ser do valor e das questões correlatas, chama-se tal pesquisa de ontologia dos valores. Em que sentido pode-se dizer que existem valores na vida? A primeira observação a fazer é que o mundo não é indiferente. Diante de qualquer coisa, reage-se positiva ou negativamente, mostrando preferências. Pois bem, quando se diz que uma coisa é bela, boa ou feia e má, o que de fato é enunciado?

Para entender melhor a questão, foi feita a distinção entre juízos de existência e juízos de valor. Os primeiros dizem o que algo é e quais atributos possui, predicados que pertencem ao ser. Já os juízos de valor falam sobre uma qualidade que nada acrescenta ao ser, nem quanto à sua existência nem quanto à sua essência, mas que mostra uma avaliação, uma apreciação. Por exemplo, ao dizer que tal ação é justa ou injusta, dá-se uma qualidade da ação que não interfere em sua existência (deu-se tal ação) nem em sua estrutura de ação. Decorrem daí duas consequências: I) que os valores não são coisas nem elementos das coisas; e II) que os valores não são projeções subjetivas de agrado ou desagrado com que se recobrem os objetos.

O critério de valor não consiste nisso, porque é certo que é possível ter agrado com uma coisa e a considerar má ou o inverso, isto é, algo pode ser visto e desejado como bom, apesar de causar desagrado. Ademais, sobre o que agrada ou desagrada não cabe discussão, mas cabe argumentar sobre o valor. Pode-se discutir sobre se tal pintura é bela ou não. É claro que não é possível demonstrar a alguém que algo é belo, mas é possível "mostrar" a beleza de um quadro, fazê-lo intuir a beleza. Se é possível discutir a respeito dos valores, é porque há certa objetividade. A disjunção sobre ser real ou ser subjetivo não é correta aqui. De fato, os valores não são coisas, mas também não são pura subjetividade. Os valores simplesmente "não são", mas "valem". Quando se diz que algo vale, nada se diz sobre seu ser, mas afirma-se a não indiferença, constituinte do valer. Entre uma coisa que vale e outra que não vale, não há diferença entitativa.

Para definir melhor a essência do valor, Husserl chama os objetos que valem de "não independentes", isto é, não se pode separar ontologicamente a coisa de seu valor. O valor não é um ente, mas algo que adere à coisa: é uma qualidade. Como qualidade, em si mesmo, o valor não tem realidade. Ao separar a beleza do que é belo, ela carece de ser, não é, é irreal, mas isso não identifica o valor dos objetos ideais, que têm fundamento e consequências, se relacionando por implicação. Por isso podem ser demonstrados, ao contrário da beleza, da bondade etc. Também não é possível quantificar o valor, porque ele é independente do tempo, do espaço e do número. Por causa disso, os valores não podem ser relativos, mas absolutos. Ao observar, como objeção, que os valores variam historicamente (por exemplo, uma ação é considerada justa em determinada época e injusta em outra), isso se deve à variação da intuição humana dos valores, à relatividade histórica do próprio homem, e não propriamente aos valores.

Foi dito que a essência do valor estava em sua não indiferença. Ora, isso implica um ponto de indiferença de onde se afasta mais ou menos, positiva ou negativamente. Em consequência, os valores apresentam certa polaridade: um polo negativo e outro positivo, ou seja, todo valor tem seu contravalor. Assim, o conveniente se opõe ao inconveniente, o bem ao mal, o justo ao injusto etc. Em razão dessa polaridade é que os valores foram confundidos com os sentimentos (também constituídos de polaridade). Os sentimentos, porém, são apenas vivências internas do psiquismo, não qualidades das coisas, enquanto os valores, embora qualidades irreais, são objetivos e aderem às coisas.

Se a não indiferença constitui o valor, os modos de valer são modos de não indiferença, estando esta presente nas relações múltiplas entre os próprios valores. Isso possibilita uma hierarquia de valores que se torna mais clara na busca por uma classificação axiológica. Foi M. Scheler que, no livro *El formalismo en la ética y la ética material de los valores*,[6] apresentou a classificação mais aceita. Segundo ele, a partir do ponto zero da indiferença, os valores se inscrevem em uma linha. Os que mais se afastam (portanto, mais não indiferentes) são mais importantes e valem mais. Por exemplo, é mais apreciável que se sacrifique um valor útil que um valor vital; um valor vital que um lógico e assim por diante. É claro que uma classificação dessa natureza deve fundar-se em um critério e há muita discussão sobre esse ponto, mesmo porque os valores estão de tal modo entrelaçados e interdependentes que um valor superior pode depender inteiramente de um inferior, na ordem da existência e, em espécie, da existência moral.

Um pouco de metafísica não fará mal a ninguém na contracorrente da Filosofia moderna e contemporânea. Pensa-se o valor em registro independente do "bem" e pode ser que com isso fique a sensação de que falta fundamento, em que o valer dos valores substitui inteiramente o ser, sendo tão só uma "qualidade", como dito acima. Contudo, não há qualidade sem um objeto que a hospede, um ser, um ente que se afigure como "valendo". No campo moral, um ato é valioso à medida que aparece como "bom". Entretanto, um ato não pode ser bom se não está em si mesmo bem constituído, ou seja, ontologicamente perfeito.

---

[6] SCHELER, M. *El formalismo en la ética y la ética material de los valores*. Buenos Aires: Avellaneda, 1948.

Essas considerações se conectam à noção do ser no aspecto de bem. O que significa isso? Significa que, ao amar ou desejar uma coisa ou pessoa, essa coisa ou pessoa é um bem, ou seja, um ser como bem. O ser se manifesta para ser amado. Não é o único aspecto fundamental do ser, há outros, como a unidade (identidade do ser consigo mesmo, sua integridade), a verdade (a manifestação do ser na inteligência), a beleza (a plenitude de todos os aspectos fundamentais). Todavia, a bondade tem de especial a conotação do amor ou do desejo. O "bem ontológico" consiste, pois, nisto: o que é, é bom (o ser e o bem são noções conversíveis, embora não sejam sinônimos). O filósofo Maritain assim explica:

> O homem não pode querer ou amar coisa alguma senão na linha do bem (ontológico), enquanto a coisa em questão, sob um aspecto ou outro, é ou parece boa. Podemos querer o mal, mas sob a aparência do bem; e em toda espécie de falta ou de pecado há um certo bem (ontológico ou metafísico) que é o que se procurou.[7]

Quando se entra no universo moral, essas noções são aplicadas analogicamente, pois se toda coisa é ontologicamente boa, nem toda coisa é moralmente boa. A moralidade, aqui, implica, antes de mais nada, a especificação da liberdade, porque sem ela não há ser moral, nem sujeito, nem objeto ou ato moral. Entretanto, como se pode ver, a bondade moral se funda na bondade ontológica, ou seja, o ato moral é bom, antes de tudo, pela bondade de seu objeto. Como dito no início deste capítulo, ao tratar do pensamento de São Tomás de Aquino, a ação só pode dizer-se boa na medida em que alcança a plenitude de sua realização, de seu ser, de seu objeto (supondo liberdade como princípio, a intencionalidade de um fim bom e adequação à norma como termo).

4.3.3 VALOR MORAL

O valor moral recai sobre a ação, isto é, sobre o comportamento do homem: é aqui que o bem se torna um valor moral. E não só. A ação moralmente boa constitui o homem como bom, pois, emanando liberdade, torna-se a suprema atualização do ser do homem, muito superior aos bens exteriores, corporais e mesmo intelectuais (que podem, inclusive, constituir um mau homem).

---

[7] MARITAIN, 1977, p. 45.

É preciso prestar atenção a alguns elementos essenciais presentes na ação para que se torne valiosa do ponto de vista moral. O primeiro deles é o fato de a ação ter o homem como autor, e não a natureza, ou antes, o homem não age em razão de causas naturais, ou seja, por um padrão de comportamento determinado pelos fins da natureza, como acontece com os animais. Essa autoria significa que é o homem que torna bons ou maus seus atos, porque age segundo uma regra ou lei que conhece e com a qual se conforma ou não. Ele, em sua liberdade, autodetermina os fins de sua ação. Não se trata de uma reação a estímulos externos ou internos, condicionantes de força que descartam a liberdade. A presença desses estímulos pode diminuir e até suprimir a valência moral da ação. Outro elemento relevante é a experiência moral. Aristóteles viu, com maestria, que a formação dos hábitos virtuosos só se fazia pela repetição dos atos da mesma espécie. A pessoa se torna virtuosa em matéria de coragem, temperança, prudência, prodigalidade etc. (é grande a lista das virtudes aristotélicas), praticando atos dessas virtudes, em uma espécie de autopedagogia moral. A experiência moral desenvolve o senso moral e, de certo modo, refina o gosto pela nobreza e integridade de caráter, dignidade pessoal, harmonia de vida e serenidade de espírito.

É importante manter sempre presente a diferença entre a ordem ontológica e a ordem da moralidade, pois ações podem ser ontologicamente perfeitas e não o ser moralmente, como um mesmo ato do ponto de vista ontológico pode ter diversas vertentes morais. Por exemplo, dar dinheiro a alguém tanto pode ser um ato de solidariedade, como um ato de corrupção. É por isso que o citado Maritain pôde afirmar:

> A divisão das ações em boas e más por natureza é própria da ordem da moralidade. Na ordem da natureza, nenhum ser é especificado pelo mal ou pela privação que ele comporta. Na ordem da moralidade, as ações viciosas são especificadas pelo mal ou pela privação que elas envolvem. O bem e o mal como princípios de divisão ou determinação específicos só se encontram na ordem da moralidade.[8]

O autor explica ainda[9] que os valores morais são especificamente bons ou maus por serem objeto de conhecimento prático, e não especulativo, ou seja, em

---

[8] MARITAIN, 1977, p. 50-51.
[9] MARITAIN, 1977, p. 51.

tal conhecimento prático, não importa tanto o que as coisas são, mas o que deve ser feito, isto é, o conhecimento prático é especificado pela regra ou pela medida da matriz da coisa a fazer.

Por fim, a valência moral do ato depende, como já foi dito, de seu objeto. Deve-se entender aqui por objeto aquilo a que tende o ato moral. Ademais, o ato pode ser exterior, se seu objeto for determinada coisa que se fará externamente, um acontecimento, por exemplo. O ato pode ser também interior e seu objeto é então o fim que se tem em vista. O caráter formal da moralidade vem do fim visado ou da intenção, e seu caráter material vem do ato exterior. Foi isso que levou Aristóteles a dizer, com certa graça, que aquele que rouba com intenção de cometer um adultério é mais um adúltero que um ladrão.

4.4 TANGÊNCIAS DA MORAL

4.4.1 MORAL E DIREITO

Em que pese quanto foi posto anteriormente sobre a base metafísica do agir moral, é afirmável que ele se constitui a partir da interiorização das normas em vigência na sociedade e da sua efetivação na ação externa. Mesmo que não se chegue a uma conclusão definitiva sobre a origem da consciência moral, ou que se afirme seu enraizamento na própria essência do homem, projetando-se daí para o meio social, é inegável que a comunidade se mantém pela coesão que proporciona a vivência coletiva de um código moral. Sem um pacto moral sobre determinados valores não se constitui a comunidade. Há, dessa forma, dois aspectos interligados no mundo moral:

i) a subjetividade do agente moral, cujo agir é válido à medida que, pelo menos, dá seu assentimento a determinada norma da comunidade; e
ii) o acordo da comunidade sobre princípios e modos de agir, tidos como valiosos.

Em consequência, a sanção (punição ou louvor) que se dá ao ato moral terá também os aspectos interior e exterior; o indivíduo experimenta-se culpado por ter errado e a comunidade reprova seu comportamento.

Ao aproximarmos a moral do direito, algumas diferenças não podem deixar de ser vistas. As normas morais são relativas a indivíduos, a grupos ou a toda uma sociedade, mas, por serem morais, supõem liberdade para acolhê-las e realizá-las, isto é, o livre e consciente assentimento a elas. Se as normas jurídicas, de um lado, não podem ser desprovidas de um fundamento moral, de outro, são dispositivos do Estado sobre a população de um território; tais dispositivos têm caráter exclusivamente exterior, exigindo não que as consciências individuais neles consintam, mas que sejam praticados. Ademais, tais dispositivos são acompanhados de coercibilidade, isto é, a norma jurídica dispõe da força e da repressão potencial do Estado para ser obedecida pelas pessoas. É preciso acrescentar também que, enquanto podem coexistir vários códigos ou sistemas morais em uma mesma sociedade, não se admitem vários direitos no Estado: a unicidade do Estado não se obtém sem a unicidade do Direito.

Não há lugar aqui para aprofundamento do tema, contextualizando-o historicamente, desde os gregos, passando pelo cristianismo e chegando à modernidade. Na realidade, a discussão tem sido feita ao longo de todo esse tempo em torno de alguns problemas que surgem na tangência das duas esferas:

i) A ordem moral pode ser apontada como fundamento da ordem jurídica?
ii) É possível separar as duas, dando a cada uma diferente razão de ser, âmbito de atuação e finalidade?

A resposta que alguns autores modernos deram a essas questões tende a diferenciar moral e direito, tomando-se por base a interioridade (foro interno) de uma e a exterioridade do outro (foro externo). Nomeiam-se o jurista Thomasius (1655-1728) e o filósofo Kant.

Eis o pensamento do primeiro. Thomasius começa por distinguir na ação humana dois momentos ou fases:

i) a interna (vida interior ou plano da consciência); e
ii) a externa (para fora, projetando-se na relação com outros membros da sociedade). Na primeira, o homem é o único juiz de sua conduta, excluída a possibilidade da interferência da força.

Na segunda, existe a possibilidade de verificação e tutela pela autoridade superior, à qual cabe harmonizar o agir de um com o dos demais. Destaca-se assim, como primeira nota de distinção entre o mundo moral ("o honesto") e o mundo jurídico ("o justo"), a exterioridade. Como consequência dessa nota, Thomasius infere a coercibilidade, isto é, a possibilidade de interferência do poder público para exigir fidelidade a um comportamento, ditado pela vida em comum: o Direito é algo "coercível", isto é, susceptível de execução pela força física. Thomasius reconhece que o Direito pode estar unido à coação, mas não necessariamente. Para ele, o direito não se realiza sempre pela força, mas pode haver realização espontânea, graças a motivos ditados por interesses dos obrigados. Quando falha o espontâneo, sobrevém a coação – elemento extrínseco à regra jurídica (não essencial) e elemento virtual da juridicidade.

Kant distingue três critérios para separar a moral do direito:
i) o da exterioridade, apresentado por Thomasius;
ii) a coação, em que se toma o sentido "atual", visto por Thomasius como "virtual", ou seja, a coação é elemento necessário e intrínseco ao Direito, pelo fato de se referir à conformidade exterior do ato; e
iii) o critério da heteronomia do Direito, oposto ao da autonomia da moral.

O Direito é, aos olhos de Kant, eminentemente técnico e instrumental. A norma jurídica é instrumento para fins: a segurança geral, a ordem pública, a coexistência harmônica das liberdades etc. Enquanto os imperativos morais pertencem ao ser humano de modo intransferível (age-se segundo uma norma cujo conteúdo se identifica ao motivo de agir), no mundo jurídico tal correspondência não é necessária. As regras do Direito não exigem a adesão plena da vontade individual. Cumprida a pena, o Direito dá-se por satisfeito por ter coagido o culpado a responder por seus atos, obrigando-o a ser fiel a si mesmo. Como crítica a essa posição, pode-se dizer que nem sempre ao Direito basta a conformidade extrínseca: por exemplo, as hipóteses de anulação do ato, formalmente perfeito, mas viciado de simulação ou fraude. O tecnicismo de Kant representa uma inegável perda de substância ética. A heteronomia é própria do Direito, mas pode haver (e há) Direito com autonomia.

Encerra bem a discussão o texto de outro jurista, Gustav Radbruch (1878-1949):

> Não há, pode dizer-se, um único domínio da conduta humana, quer interior, quer exterior, que não seja susceptível de ser ao mesmo tempo objeto de apreciações morais e jurídicas. Todavia – note-se – aquilo que a princípio parece ser uma distinção de objeto entre a Moral e o Direito, pode manter-se ainda, mas como uma distinção entre duas direções opostas dos seus respectivos interesses. Isto é: a conduta exterior só interessa à Moral na medida em que exprime uma conduta interior; a conduta interior só interessa ao Direito na medida em que anuncia ou deixa esperar uma conduta exterior.[10]

---

[10] Apud REALE, M. *Filosofia do direito*. 17. ed. São Paulo: Saraiva, 1996. p. 669.

4.4.2 MORAL E RELIGIÃO

Moral e religião são dois fenômenos humanos, ambos universais, normativos e reguladores, que se propõem ao aperfeiçoamento do ser humano e, segundo a perspectiva social e comunitária em que podem ser considerados, convergentes e reciprocamente estimuladores. Contudo, um personagem de Dostoiévski, em *Os irmãos Karamazov*, formula a seguinte sentença: "Se Deus não existisse, tudo seria permitido". Com ela, desencadeou uma enorme controvérsia, na busca por saber se toda moral acaba no fundamento religioso ou se é possível uma moral "laica", válida nos limites do próprio homem, independentemente de qualquer referência a Deus e à religião.

É preciso dizer, de modo geral, que qualquer crença religiosa implica determinada concepção moral, uma vez que contém considerações valorativas sobre aspectos da vida que permitem formular princípios, normas e preceitos orientadores da ação. Nas grandes religiões do Ocidente e do Oriente, encontram-se doutrinas morais elaboradas, com objetivos, ideais, virtudes etc., expressos em códigos morais, de um lado, e religiosos, de outro. No primeiro caso, trata-se de prescrições racionalmente exigíveis a qualquer um. No segundo caso, as prescrições são oriundas da Divindade e os hierarcas se responsabilizam por sua prática. Pode-se distinguir, a partir daí, uma dupla auto-obrigação:

i) aceitação das regras religiosas; e
ii) racionalidade na prescrição, até mesmo quando o crente abandona a religião.

A religião não é apenas um código moral, mas visa também à transcendência, com prescrições religiosas como orações, formas de culto etc. Por outro lado, nem toda concepção moral faz referência a crenças religiosas, nem deve fazê-lo. A história mostra que, por muitos séculos, as questões morais ficaram a cargo das religiões, cujos mentores atuaram como moralistas. Entretanto, os preceitos de uma moral religiosa são restritos àqueles que professam tal religião e, em consequência, pode-se afirmar que a moral comum, exigível a todos, não pode ser confessional.

A controvérsia mencionada na abertura deste tópico opôs a moral "laica" à moral religiosa, baseando-se na convicção de que a moral é o exercício da razão prática do homem, que só seria agente moral "adulto" enquanto se mostrasse completamente "autônomo", sem nenhuma dependência de autoridade divino--humana, mas em pleno uso de sua racionalidade. Ora, ao aceitar que não há moral sem religião, entende-se que Deus é o fundamento último e único da ação humana e que o homem só pode ser bom e justo se estiver vinculado a uma religião – o que, para os racionalistas de todas as épocas, é inaceitável.

Essas convicções estavam muito acesas nos pensadores dos séculos XVIII e XIX, como Voltaire, Condorcet, Comte, positivistas e marxistas de segunda ordem. Essa radicalização perdeu vigor nos tempos atuais, mais abertos à ideia de uma sociedade pluralista, em que várias morais podem conviver e mesmo convergir para a constituição de uma moral cívica de princípios comumente compartilhados, como igual respeito para todos, garantia de direitos e liberdade básicos etc. Também não se exclui a possibilidade, como se viu nas chamadas éticas do discurso, de um diálogo aberto, crítico, buscando o consenso social entre as diversas concepções morais, tendo como meio indispensável argumentos e testemunhos julgados pertinentes.

4.4.3 MORAL E POLÍTICA

Uma das questões que vem sempre à tona é a relação entre ética e política. Constantemente a sociedade é informada pela mídia sobre os supostos desmandos de homens públicos que se utilizam de seus cargos para favorecimento pessoal, de parentes ou de amigos, gerando uma confusão entre público e privado, em conflito aberto com os princípios da moralidade administrativa.

Muitas questões podem ser colocadas, do ponto de vista filosófico, sobre as relações entre moral e política. A primeira delas, quiçá a mais importante, gira em torno dos fins de uma e outra porque, se houver diferenças essenciais entre eles, é possível que se tenha de afirmar a independência das duas esferas de ação e seus respectivos códigos. Se, ao contrário, entende-se, como fez Platão na obra *A República*, que a ordem do Estado não passa de uma ampliação da ordem social e individual, de modo que a cidade ou o Estado reflete o grande fim da existência humana, isto é, a felicidade, então se deve admitir que as esferas da moral e da política se interdependem. Nessa hipótese, a política não poderá ter como fim principal a posse e o uso do poder, esse é um fim-meio para atingir o fim maior, a felicidade, entendida como a realização perfeita do ser humano em sua dimensão individual e coletiva.

Uma segunda questão aborda o tipo de moral mais propícia à atividade política. Distingue-se entre a moral de princípios e a moral de consequências ou resultados, também conhecida como moral de responsabilidade. Essa distinção surge no início da modernidade com Maquiavel, mas foi formulada por Max Weber, que propôs sua superação em termos de complementaridade. Para ele, a ética dos princípios ou das convicções era tomada para uso espiritual e subjetivo; a ética das consequências ou da responsabilidade era própria da atividade política, exercida na realidade dos fatos. A ética das convicções combate a irracionalidade do mundo, recusando todo compromisso com o mal, afirmando e pregando uma hierarquia de valores e princípios permanentes.[11] Já a ética da responsabilidade subentende pluralidade de esferas de valores, em uma ética plural e responsável por aquilo que se faz em relação aos outros, ou seja, pelas consequências das ações, chamada de ética consequencialista.

Afirma Weber que, superando tal distinção, os princípios morais devem integrar-se às circunstâncias reais da vida. Dessa forma, aparecem dois polos no juízo ético subjetivo: o princípio moral (subjetivo), conjugado ao dado da realidade (objetivo). A tese weberiana reconhece que os princípios morais não são absolutos e a-históricos, mas, quando adaptados às circunstâncias da vida, são históricos e sujeitos às mutações do tempo. Há, assim, mútua complementação das duas éticas. Não se pode aceitar a tese de que há uma ética privada (forte, em razão das convicções) e outra pública, fraca, porque cede no essencial para atender aos interesses do momento.

A análise de Weber parece reatar com a ética unitária dos gregos que, sob orientação de Sócrates (que preferiu morrer a descumprir as leis da polis), tinham, como Platão e Aristóteles, que o homem é um ser naturalmente político, um *zôon politikón*, dotado de uma sociabilidade que o torna solidário para com os outros e com a cidade, cujo bem é superior ao bem do indivíduo, sem deixar de incluí-lo e sobrelevá-lo. Weber parece lembrar, de certo modo, a proposta de Hegel, que via uma evolução da consciência moral individual para a consciência universal objetivada dos costumes, a que Hegel dava o nome de eticidade.

Moralidade individual e eticidade universal convivem dialeticamente, como explica com propriedade o filósofo Pegoraro:

> A eticidade, que é a marcha da liberdade para sua realização, alcança sua máxima universalidade no Estado e na plenitude da história, quando liberdade e eticidade aparecem como espírito absoluto. Portanto, a eticidade é a universalidade: o alargamento dos costumes (família, sociedade civil e Estado) corresponde ao alargamento da universalidade: os costumes, quanto mais universais, mais serão éticos.[12]

---

[11] PEGORARO, O. *Freud, ética e metafísica*: o que ele não explicou. Petrópolis: Vozes, 2008. p. 71.
[12] PEGORARO, O. *Ética dos maiores mestres através da história*. Petrópolis: Vozes, 2006. p. 74.

Em conclusão, pode-se afirmar que a moral contribui ativamente para a política, orientando sua ação e impedindo que seu discurso e prática caiam no cinismo. Por outro lado, a política amplia e realiza os ideais éticos, possibilitando a realização do indivíduo como cidadão, ser solidário e não solitário, participante da comunidade de iguais e diferentes, em torno à justiça, na busca do fim maior, a felicidade, sentido da existência de cada um e da comunidade humana.

4.4.4 MORAL E NORMAS DE CONVIVÊNCIA SOCIAL

Toda sociedade tem seus costumes, seus modos de andar, conversar, fazer trocas afetivas e comerciais, bem como ritos próprios que virtualizam nascimentos, casamentos e mortes. Um povo tem sua identidade marcada por seus costumes, alguns dos quais tomam aspecto de norma, tal a importância de se manter harmônica a convivência social. O trato social se manifesta na própria linguagem, que pode, às vezes, servir de marcação das classes sociais ou das faixas etárias.

Essas normas se diferenciam das normas morais em mais de um ponto, mas podem tangenciá-las, pois os conteúdos morais costumam ser, ao mesmo tempo, regras de convivência e controle social. É oportuno distinguir o que une e o que separa o trato social e a moral.

Em primeiro lugar, ambos são obrigatórios e seu cumprimento é influenciado pela opinião dos outros, mas as regras do trato social, embora coajam, não assumem o aspecto de coerção externa propriamente dita. Trata-se sempre de uma obrigatoriedade externa, a que se pode resistir, em que pese o estranhamento da opinião pública. Além disso, não requer a adesão íntima: o comportamento humano, no trato social, é formal e exterior.

Já as regras morais são intimamente obrigatórias, ou seja, para serem morais exigem o reconhecimento, a concordância e a interiorização. A autoridade perante a qual se responde é a consciência, usada como um tribunal. Também diferem os tipos de sanção. A sociedade costuma reagir de forma mais virulenta quando se trata de infrações morais, mas pode acontecer o contrário: a sociedade, às vezes, aplaude a espertQueza e a ousadia do ladrão que consegue evadir da polícia, e reprova atitudes, por exemplo, de jovens que rompem com as convenções.

Adolfo Sanchez Vazquez[13] sintetizou bem a caracterização desses códigos ao escrever que o trato social constitui um comportamento normativo que procura regulamentar formal e exteriormente a convivência dos indivíduos na sociedade,

---

[13] VAZQUEZ, A. S. *Ética*. 6. ed. Trad. João Dell'Anna. Rio de Janeiro: Civilização Brasileira, 1983. p. 86.

mas sem o apoio da convicção e a adesão íntima do sujeito (característica da moral) e sem a imposição coercitiva do cumprimento das regras (inerente ao direito).

4.4.5 MORAL E CIÊNCIA

A consciência da importância social da ciência acha-se hoje bastante desenvolvida. Mais que nunca, a sociedade também se beneficia dos resultados da pesquisa científica, que atinge praticamente todos os aspectos da vida humana, desde a saúde, a educação, a segurança, o anseio de felicidade, as relações entre os indivíduos, com os grupos e com a sociedade. Tudo está, de certo modo, suspenso às direções do esforço de produção da ciência, desde a paz social até os grandes riscos à vida.

Em termos conceituais, é ponto mais ou menos pacífico que em si mesma a ciência é moralmente neutra. Com efeito, visa conhecer a realidade, natural e humana, sob o ponto de vista da verdade: o que são os fenômenos, como se ligam formando redes de causalidade, como se expressam em linguagens cada vez mais formalizadas, que projeções podem construir sobre o universo, desde o infinitamente pequeno até o infinitamente grande. Aparentemente, não há limites cognitivos para a pesquisa científica.

Entretanto, podem ser apontados limites morais, aparentes tanto em relação ao pesquisador como ao uso social da ciência. No exercício de sua atividade, o cientista, nessa procura pela verdade, não pode deixar de cultivar a honestidade intelectual, que implica correção metodológica, publicidade e veracidade dos dados, crítica da falsidade e consciência de que seu trabalho se inscreve nos interesses da cidadania e do bem comum, a par do desinteresse pessoal. Sob esse aspecto, o cientista deve moralmente estar disposto a discernir o bem e o mal, e a entender que seu trabalho pode ter relevante repercussão no destino da comunidade humana.

Além dessa consideração, é preciso lembrar que a ciência é usada pelos mais diversos agentes sociais, categorias, classes e organizações. Salta à vista o uso político e militar, protagonista no domínio de países sobre outros quanto à distribuição ou à acumulação de riquezas, intervenções, guerras etc. Sem a ciência (e as tecnologias respectivas) não haveria armas, nem guerras, nem tampouco fome e desigualdade no mundo. Não é difícil verificar tudo isso. Resulta, pois, que a ciência tem a ver com a moral. Abre-se aqui uma gama de questões importantes, relativas ao âmbito dessa relação, para reflexão. Em primeiro lugar, a moral não pode asfixiar a ciência por sua carga ideológica, baseada em convicções ou crenças cujos fundamentos racionais não são claros. Dessa forma, os chamados comitês de ética nas empresas, universidades e outros organismos sociais deverão abster-se da volúpia do controle, levados pelo medo do novo e pela insegurança diante das mudanças. Em uma moral aberta – para lembrar a proposta do filósofo francês, Henri Bergson (1859-1941), própria de uma sociedade aberta que, na realidade, é a humanidade inteira –, a moral tem "por fundamento a pessoa criadora; seu fim é a humanidade, seu conteúdo é o amor para com todos os homens e sua característica é a inovação moral, capaz de romper com os esquemas fixos das sociedades fechadas".[14]

RESUMO

Inicia-se o capítulo relembrando a distinção conceitual entre ética e moral, útil para compreender suas áreas de abrangência. Chama-se ética a reflexão crítico-filosófica em torno dos princípios teóricos e fundamentos que subjazem às concepções e aos comportamentos morais observados na vida concreta das sociedades, das culturas e dos indivíduos (moral). Nem todos os autores, porém, aceitam tal distinção, como também o uso comum desses termos.

Para esclarecer melhor a matéria, é abordado o conceito de normas morais, entendidas sob duplo sentido: norma-medida, ou norma-piloto, e norma-preceito. O primeiro sentido indica uma régua de ação, assim entendida a norma moral entre os gregos, que traça o ajuste do ato com a razão, constituindo a moralidade. A norma-preceito predominou na cultura ocidental, por influência das religiões que se pautavam em mandamentos divinos, com os quais a ação humana devia se conformar. A esses dois sentidos, acrescenta-se o da norma-coação, atuante em certos domínios, em especial no da administração pública, em que o poder de coação das leis é reforçado pelo poder da coação moral.

A seguir, o capítulo desenvolve a questão do valor moral, elemento essencial para compor o universo moral, visto que as normas visam justamente à realização de valores. O que torna a ação valiosa, ou seja,

---

[14] REALE, G.; ANTISERI, D. *História da filosofia*. 3. ed. São Paulo: Paulus, 2001. p. 723.

moralmente boa ou moralmente má? Em um quadro histórico reduzido, vê-se que para os gregos, especialmente Aristóteles, a bondade moral da ação está em sua adequação à regra moral, ditada pela virtude da prudência que dispõe o caminho para atingir a plenitude de ser do homem (o bem último visado). Na modernidade, Kant entende como valor a própria retidão da ação, reta quando governada por uma máxima capaz de ser erigida em lei universal. Utilitaristas e pragmatistas, por sua vez, darão ao valor um sentido técnico, instrumental: a ação é boa se é útil.

A discussão supõe a definição de valor e sua relação com o bem e o esclarecimento sobre a classe especial de valores, os valores morais. É o que se faz na sequência, primeiro mostrando que "valor" é uma qualidade inerente a algo, isto é, não é "indiferente". Entretanto, não há como demonstrar valor, como a beleza, a bondade etc., nem como quantificá-lo, porque em si é independente do tempo, do espaço e do número. Dessa maneira, os valores não são relativos, mas absolutos, variando em sua intuição humana, como verificado na relatividade histórica do próprio homem.

O valor moral recai sobre a ação do homem. Apontam-se alguns elementos essenciais presentes na ação, pelos quais ela se torna valiosa. Primeiro, tem o homem como autor, e não a natureza; depois, a experiência moral, que desenvolve o senso moral e, de certo modo, refina o gosto pela nobreza e integridade de caráter, dignidade pessoal, harmonia de vida e serenidade de espírito. Por fim, a valência moral depende do objeto, isto é, daquilo para que se inclina o ato moral. Afirma-se que o caráter formal da moralidade vem do fim visado ou da intenção e seu caráter material vem do ato exterior.

O capítulo aborda, por fim, as tangências da moral, examinando suas relações com o direito, a religião, a política, o trato social e a ciência. Leva-se em conta a medida da participação da moral nesses vários campos da atividade humana, ora para orientá-la, ora para ressignificá-la, ora, em casos especiais, para impedi-la, de acordo com a perspectiva de uma sociedade aberta, disposta ao diálogo crítico, em busca do consenso social, baseada em argumentos e testemunhos pertinentes.

ATIVIDADES

1. [...] Há pontos de vista sobre os quais não se pode insistir demasiado numa época em que se crê no poder supremo das forças externas, em que se pensa em moldar os espíritos pela propaganda. Já há 25 séculos, sustentava Platão que a tirania como constituição política dependia de uma disposição interior das almas. Existe uma alma tirânica: aquela em que, por insuficiência moral, é liberada em nós uma multidão de instintos desordenados que se entredevoram e não podem ser contidos senão pela violência. A tirania, contrafação da ordem, é de algum modo chamada pela alma tirânica. Essa tese foi retomada por Amédée Ponceau. Mostrando quanto a tirania está espalhada em nossos Estados democráticos, é de parecer que, se há um remédio a esse mal, tal remédio não pode provir senão de uma transformação íntima da vontade, não tendo outra fonte senão a iniciativa pessoal. A mudança das instituições, por si mesma, só teria como efeito deslocar a tirania. O problema da tirania não seria político, mas moral.[15]

Esse texto do filósofo francês Émile Bréhier pode ser aprofundado com a reflexão sobre as relações entre moral e política, especialmente nos dias atuais. Entre vários problemas, destaca-se o saber se é possível haver casos em que o fim da política, isto é, a promoção do bem comum, requeira que preceitos éticos ordinários sejam violados e se isso se justifica. Recomenda-se a leitura do seguinte ensaio:

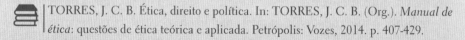

TORRES, J. C. B. Ética, direito e política. In: TORRES, J. C. B. (Org.). *Manual de ética*: questões de ética teórica e aplicada. Petrópolis: Vozes, 2014. p. 407-429.

2. Verifica-se um grande surto das manifestações religiosas atualmente. Se, de um lado, grandes massas recorrem a espaços de culto e ali recebem orientações morais e instruções comportamentais, de outro, a crítica social faz reparos ao modo como alguns hierarcas induzem as pessoas a abrir mão dos auxílios da ciência (médica, por exemplo), a se convencerem emocionalmente da possibilidade de "milagres" que garantem o bem-estar e a felicidade. Cruzam-se, como foi visto neste capítulo, as normas morais e as prescrições religiosas. É possível encontrar algum critério que justifique a harmonia e a interação desses dois campos normativos? Na reflexão sobre o problema, você poderá se valer, com proveito, da seguinte leitura:

---

[15] BRÉHIER, E. *Les thèmes actuels de la philosophie*. Paris: Presses Universitaires de France, 1964. p. 46-50.

MARCHIONNI, A. Ética, Religião e Razão. In: MARCHIONNI, A. *Ética*: a arte do bom. Petrópolis: Vozes, 2008. p. 233-241.

3. A liberdade científica, defendida, com ênfase, do século XIX aos nossos dias, aliada ao progresso da tecnologia, em todas as áreas e direções, pode esbarrar em limites morais. Desenvolva uma reflexão crítica sobre as relações entre ciência e moral, discutindo com seus colegas ou grupo de trabalho medidas de compatibilização desses dois campos. José Carlos Köche e Itamar Soares Veiga escreveram texto de interesse, que pode fornecer bons fundamentos para a discussão:

 KÖCHE, J. C.; VEIGA, I. S. Ética, ciência e técnica. In: TORRES, J. C. B. *Manual de ética*: questões de ética teórica e aplicada. Petrópolis: Vozes, 2014. p. 510-531.

4. Responda:
   a) O que é norma moral?
   b) O que é norma-preceito e como se diferencia da norma-medida?
   c) O que estuda a disciplina filosófica "axiologia"?
   d) Em que sentido os valores podem ser absolutos?
   e) Valor, bem e ser são noções coligadas. Explique o porquê.
   f) Aponte as diferenças entre moral e direito.
   g) O que distingue as normas morais das normas religiosas?
   h) Quais limites morais existem na atividade científica?

PRINCÍPIOS E FONTES DAS REGRAS ÉTICAS

5.1 LINGUAGEM E ARGUMENTAÇÃO DAS NORMAS MORAIS

A discussão anterior tematizou as relações entre a normatividade da moral e os outros sistemas de prescrições da vida religiosa, social e científica. Pôde-se ver que o fenômeno moral é complexo e constitui muitos aspectos, mas há ainda outros não menos importantes: o modo como vem expressa a norma moral e, a partir disso, como são formulados os juízos de aprovação ou de rejeição das ações morais próprias e dos outros.

Ao constatar, por exemplo, que os acordos entre os indivíduos A e B, ou entre as empresas A e B, estão sendo cumpridos, pode-se inferir que um bom princípio moral consiste na realização das promessas, mesmo que alguma consequência prevista (ou imprevista) ocorra em prejuízo dos agentes. No entanto, é preciso esclarecer qual princípio ético sustenta tal cumprimento. Se determinada empresa, valendo-se do caráter pouco sólido de determinado funcionário público, consegue adequar as exigências de uma licitação para vencê-la, caracteriza-se o comportamento da empresa como ação corruptora e o do funcionário como corrupção passiva, sendo ambos imorais e proibidos por lei. Todavia, a moral pública também os condena com base em juízos como "tal empresa ludibriou e prejudicou os verdadeiros interesses da sociedade e do Estado" e "tal funcionário descumpriu o dever de sua profissão de proteger o direito da sociedade e do Estado". Assim, empresa e indivíduo foram antissociais e indignos da cidadania. Percebe-se que, nesse caso, há uma ação moral e um juízo moral correspondente de condenação. As perguntas são: Qual é o fundamento da rejeição (ou da aceitação, caso se desse o contrário? Tanto a empresa como o funcionário agiram corretamente, sem faltar à verdade, aceitando as consequências?

Os juízos morais podem preceder a ação (quem faz) ou sucedê-la (quem avalia). Em qualquer das possibilidades, detêm certas características relacionadas a seguir:

1. **Auto-obrigação:** a prescrição surge do próprio homem, e não da autoridade.
2. **Pretensão de universalidade:** extensiva a todo homem, em razão de sua racionalidade.
3. **Caráter de incondicionalidade:** caso o imperativo moral seja reduzido aos condicionados, pode acarretar a morte da moral.

Ora, se de um lado, formula-se um juízo de aceitação ou de rejeição diante dos comportamentos, tal juízo exprime, na realidade, uma argumentação em que são apresentadas as "boas razões" da avaliação.

Cortina e Martínez,[1] seguindo o pensamento de Annemarie Pieper, descrevem seis estratégias de argumentação moral:

1. **Referência a um fato:** ajuda-se alguém "porque é amigo" ou porque "pediu ajuda". Na realidade, a esse fato referido subjaz alguma norma moral que prescreve ajudar os amigos ou as pessoas que pedem ajuda. Indicar o fato só é um argumento válido se a norma subjacente for realmente correta, o que ocorre caso satisfaça determinados requisitos, ou seja, se está coerente com alguma teoria ética. Por exemplo, com o aristotelismo, faz parte de uma virtude determinada; com o utilitarismo, promove o maior bem para o maior número; com o kantismo, defende interesses universalizáveis. Pode ocorrer que uma norma seja justificável por várias teorias éticas ao mesmo tempo ou justificável por uma, e não por outra.
2. **Referência a sentimentos:** justificar uma ação por um sentimento (amor, ódio, alegria etc.) não é uma boa argumentação moral, pois o sentimento está relacionado à psicologia e não é suficiente para mostrar a correção ou a incorreção moral da ação. Entretanto, sob o sentimento pode estar presente uma norma moral que deve ser explicitada. Por exemplo, ao retirar uma arma da mão de um bêbado sob alegação de que sentiu receio de que o indivíduo pudesse ferir os outros ou a si

---

[1] CORTINA, A.; MARTÍNEZ, E. *Ética*. Trad. Silvana Cobucci Leite. São Paulo: Loyola, 2005. p. 123-126.

mesmo, na realidade, pode haver aí a norma moral de que se deve evitar danos causados por alguém fora do uso da razão.

3. **Referência a possíveis consequências:** atender a possíveis consequências, programa ético dos utilitaristas, é absolutamente relevante do ponto de vista moral de qualquer ética, na medida em que o fenômeno moral implica conhecimento de princípios e de fins. Assumir consequências pertence ao senso de responsabilidade. Somente a vontade de fazer o bem não é suficiente, pois deve-se assegurar que aconteça. A ética utilitarista enfatiza, como se viu, os resultados (o maior benefício para o maior número de pessoas, no registro da felicidade como prazer e bem-estar), como único fator em conta na argumentação moral. Entre muitas objeções a essa teoria, pode-se argumentar que, muitas vezes, sacrifícios, dores e abnegação acompanham o agir moral, elevando seu valor e sua grandeza (como aconteceu com Sócrates, Jesus Cristo e outros heróis da humanidade).[2]

4. **Referência a um código moral:** é muito frequente que se justifique uma ação por sua coerência com uma norma ou um código moral. Para averiguar até que ponto essa argumentação é racionalmente aceitável, é preciso, primeiro, verificar se de fato a interpretação é congruente e adequada. Depois, se o mesmo código moral está suficientemente fundamentado para ser considerado racionalmente obrigatório. Tem-se aqui plena discussão ética: a avaliação das pretensões de racionalidade dos diferentes códigos morais remete à questão da fundamentação, parte essencial da pesquisa ética.

5. **Referência à competência moral de certa autoridade:** propõe-se como justificada a ação moral feita em conformidade com a norma emanada da autoridade moral, julgada como competente e confiável. É uma argumentação frágil, pois o que torna uma norma confiável não é quem a dita, mas sua validade racional. Aqui volta a questão da autonomia (oposta à heteronomia), característica do agente moral que justifica suas ações a partir de princípios que assume como seus. Por outro lado, a referência a uma autoridade moral não é necessariamente aceitável por outro interlocutor.

---

[2] Ver: CORTELLA, M. S.; BARROS FILHO, C. *Ética e vergonha na cara!* Campinas: Papirus 7 Mares, 2014. p. 17-36. "A ilusão moral do foco no resultado" e "Qual o resultado que torna justo o caminho?".

6. **Referência à consciência:** essa argumentação é, desde os antigos, uma tradição no Ocidente. Pensa-se que agir de acordo com a consciência é agir corretamente. Entretanto, a chamada consciência, além de subjetiva, não é infalível, servindo para justificar o próprio capricho ou para seguir sem crítica as injunções de certas autoridades que influenciaram no processo de socialização da pessoa. Como a noção de consciência é ou tem sido fundamental nas éticas, sobretudo nas modernas, é necessário voltar ao tema posteriormente.

De todos esses tipos de argumentação, espera-se que agentes e críticos da ação se posicionem em um mesmo plano lógico, fora do qual se torna difícil ou mesmo impossível entender. O requisito essencial para esse entendimento intersubjetivo é a existência de uma argumentação que tenha um critério legitimador, ou seja, um fundamento claramente proposto. Cabe ao fundamento dar consistência a todo o aparato lógico de expressão da norma, do juízo de valor e da argumentação.

5.2 PRINCÍPIOS DAS NORMAS MORAIS

Falar em fundamento é falar em princípios ou em um princípio. Entretanto, o que é um princípio? Esse termo tem recebido extenso tratamento ao longo da história do pensamento. Os gregos, construtores da parte essencial da matriz da cultura ocidental, falaram em *arkhé* ou em *arkhai* (no plural) para designar aquilo de onde as coisas vêm, para onde elas se dirigem e o que as sustenta no processo de evolução. Se usaram o termo, não foram unânimes em dizer em que consistia. Platão falou em "ideia" como modelo ou paradigma segundo o qual as coisas foram feitas. No terreno político e ético, a vida se torna valiosa à medida que o agente (ou governante), conhecendo a ideia (por exemplo, a justiça) e a contemplando, esforça-se por fazê-la refletir na ação, obtendo, ao limite, a imitação do deus, medida e ideal da vida humana. Essa "ideia", contudo, não se situava, para Platão, na própria coisa ou ação: tratava-se de um valor absoluto, transcendente, não empírico, apenas visto pela inteligência superior.

Seu aluno, Aristóteles, não aceitou tal abstração metafísica. O que Platão chamou de ideia, ele chamou de "substância" (*ousía*, em grego) ou essência constitutiva das coisas. No campo da ética, essa substância é a própria natureza racional do homem, dotada de disposições, transformadas em "hábitos" virtuosos pelo exercício de atos correspondentes. A natureza racional tende, por si mesma, ao conhecimento que, por sua vez, deve levar à contemplação, ápice da autorrealização do homem, quando ele, ao humanizar-se no sentido mais completo, se "diviniza".

Percebe-se, então, que, para os antigos, "princípio" tem aspectos ontológico (ser), lógico (conhecer) e prático-político (agir). Esses aspectos foram quase perdidos na modernidade, quando o termo passou a significar, sobretudo, "causa" ou "norma" da ação. Para Montesquieu, o princípio se diferencia de natureza no governo: a natureza é o que faz o governo ser o que é; o princípio é o que o faz agir, assim como as paixões humanas, conforme explica Comparato.[3] Esse mesmo autor anota que o sentido de norma superior da ação, da qual decorrem leis particulares, foi iniciado por Leibniz, seguido de seu discípulo Christian Wolff e examinado em profundidade por Kant, o qual fez a distinção entre os princípios do conhecimento puro e os da razão prática, que trata das proposições gerais do dever ser que, por sua vez, expressam a determinação da vontade (não da natureza). Dessas proposições gerais, derivam leis e regras práticas universais, chamadas máximas, válidas somente para o sujeito que as adota.[4]

Foram identificados acima fundamento e princípio. Sua existência justifica os juízos morais de tal modo que, ao negar sua possibilidade,

> [...] teríamos de admitir que não há por que continuar a julgar moralmente nossos próprios atos, nem os dos outros, nem as instituições socioeconômicas, e já não haveria muito sentido em exigir justiça, nem em elogiar virtudes, nem em denunciar abusos, nem em tantas outras ações relacionadas com isso que temos chamado de "a moral".[5]

Esse julgamento pode parecer radical, mas estão em jogo tantos desafios pessoais, sociais e, em uma esfera maior, planetários, envolvendo a sobrevivência do homem e do universo em que habita, que é tarefa das mais urgentes para cada um e para o todo refletir sobre o dever do cuidado moral e da responsabilidade das ações. É por essa razão que os filósofos se preocupam hoje com algum princípio ou fundamento que possa ser estendido à compreensão da própria comunidade humana, gerando o que se chamou de "moral universal".

---

[3] COMPARATO, F. K. *Ética*: direito, moral e religião no mundo moderno. São Paulo: Companhia das Letras, 2006. p. 485.
[4] COMPARATO, 2006, p. 486.
[5] CORTINA; MARTÍNEZ, 2005, p. 128.

Não se há de estranhar a expressão, embora, constantemente, a moral seja considerada uma questão individual, subjetiva, cuja melhor atitude é o indiferentismo ou a liberdade irrestrita. Ao dizer que política, religião e gostos não se discutem, vai-se pelo mesmo diapasão. É preciso, sim, discutir, enquanto possível e em um raio cada vez maior, uma vez que os efeitos, alguns de alto risco, da evolução da ciência, da tecnologia, que já se sentem ou se pressentem, urgem medidas não só de caráter político, mas também moral, implicando consciência individual e coletiva no comprometimento presente e das futuras gerações.

A discussão sobre o fundamento da moral pode enveredar para a afirmação de um modelo matemático-científico, a partir do qual se disporia a argumentação (em que, sem muita análise, fala-se em uma ciência da ética),[6] ou para a afirmação de um modelo, próprio da Filosofia, baseado não em princípios evidentes, mas em pressupostos, supostamente verdadeiros, sem os quais nenhuma argumentação é possível. Tais pressupostos podem apenas ser encontrados pela autorreflexão – modelo preferido por Aristóteles e Descartes, Leibniz e Kant. Inscrito no âmbito epistemológico e na dimensão pragmática da linguagem, como fundamentação filosófica, deve consistir, conforme explicam Cortina e Martínez,

> [...] em uma argumentação reflexiva acerca dos elementos – não objetiváveis lógico-sintaticamente – que não podem ser colocados em dúvida sem que se caia em autocontradição, nem podem ser provados sem *petitio principii*,[7] pois constituem as condições que possibilitam que a própria atividade de argumentar tenha sentido.[8]

---

[6] COMPARATO, 2006, p. 494-495. O autor contextualiza muito bem a questão: "Como normas do comportamento humano, os princípios éticos distinguem-se nitidamente não só das regras do raciocínio matemático, mas também das leis naturais ou biológicas [...]. As normas éticas tampouco podem ser reduzidas a enunciados científicos, fundados na observação e na experimentação, como se tratasse de leis biológicas. Durante boa parte do século XIX, alguns pensadores, impressionados pelo extraordinário progresso alcançado no campo das ciências exatas, com a produção de certeza e previsibilidade no conhecimento dos dados da natureza, sucumbiram à tentação de explicar a vida humana segundo parâmetros deterministas".

[7] *Petitio principii*, em lógica, é uma falácia consistente em pressupor pela demonstração um equivalente ou sinônimo do que se quer demonstrar. Veja: ABBAGANO N. *Dicionário de filosofia*. Trad. coord. Alfredo Bosi São Paulo: Mestre Jou, 1962. p. 712. Veja também: HEGENBERG, L. *Dicionário de Lógica*. São Paulo: EPU, 1995. p. 158: "raciocínio vicioso, ou circular – argumento falacioso em que a conclusão (por estabelecer) já está, disfarçadamente, talvez, incluída nas premissas".

[8] CORTINA; MARTÍNEZ, 2005, p. 138.

Feitas tais considerações, é oportuno voltar à questão da definição de um fundamento para a moral. Uma das teorias com maior influência na modernidade e nos dias atuais é de Kant, segundo o qual o fundamento último, ou seja, aquela afirmação da qual decorrem todas as máximas e regras morais (sejam comandos negativos, sejam positivos), é do valor absoluto, e não relativo, da pessoa humana que não pode ser instrumentalizada porque é fim em si mesma, isto é, não tem preço, porque jamais pode ser tida como mercadoria. A pessoa, como valor-fundamento de todos os outros valores e dignidade suprema, é o centro de toda a vida moral. Sua dignidade se manifesta na característica da liberdade, ou seja, as pessoas são livres porque podem escolher sua conduta e porque são seres autônomos, legislando a si e por si mesmos. Em consequência, "as normas autenticamente morais são aquelas consideradas válidas para todos e que representam o que toda pessoa possa querer para toda a humanidade".[9]

Duas observações podem ser feitas a propósito da abrangência do fundamento kantiano da moral. A primeira delas é que, decorrentes desse fundamento, distinguem-se os comandos negativos – proibições (não faças X), também chamados deveres perfeitos, porque contundentes e precisos, enquanto as condutas proibidas são consideradas más – e os positivos – ordenam de modo relativo e são ditos deveres imperfeitos, uma vez que admitem ser limitados por outros comandos positivos, ou até negativos. Como exemplo, o dever de dizer a verdade pode ser limitado por outro dever, o de atender à idade do interlocutor, seu estado de doença grave etc., também vinculado ao princípio de respeito absoluto à pessoa humana. Quando há conflito de deveres e de valores, levando-se em conta que comandos morais são gerais, é necessário assumir a responsabilidade de pesar os elementos da situação concreta, as circunstâncias e as consequências, e dar prioridade a algum deles.

A segunda observação consiste em compreender que considerar as circunstâncias não significa defender a "ética de situação" e o relativismo moral ou o ceticismo. Como dizem muito bem Cortina e Martínez, essas posições filosóficas são insustentáveis,

> [...] pois, na realidade, quem considera irracional tirar a vida, causar danos físicos e morais, privar das liberdades ou não providenciar os mínimos materiais e culturais para que as pessoas possam levar uma vida digna, não

---

[9] CORTINA; MARTÍNEZ, 2005, p. 141.

acredita nisso só para sua própria sociedade, mas também para qualquer outra. Quando alguém diz "isso é justo", se com isso pretende dizer algo, não expressa simplesmente uma opinião subjetiva ("eu aprovo X"), nem tampouco relativa ao grupo, mas a exigência de que qualquer pessoa o considere justo. Ao argumentar como forma de esclarecimento o porquê considera justo, dá a entender que acredita ter razões suficientes para convencer qualquer interlocutor irracional e não apenas tentando provocar nos outros a mesma atitude.[10]

Para concluir esse tópico, em relação ao que acaba de ser levantado a propósito de conflitos entre princípios e seus comandos, ou regras morais, é preciso acentuar que, de sua natureza, os princípios são gerais e sua verdade constante e universal, embora sua compreensão possa variar de acordo com a interpretação emergente em cada época ou cultura. Já as regras são, de sua natureza, particulares, como aplicações dos princípios. Por exemplo, afirmar o princípio da pessoa humana e dizer que a liberdade é parte essencial, cabendo a todos os indivíduos, grupos e povos, possui uma interpretação que varia ao longo do tempo, adquirindo particular relevância na modernidade. Os princípios não podem ser aplicados de modo rígido a todos os casos particulares, mas isso não os enfraquece ou anula. Em razão disso, são de grande acerto as palavras de Fábio K. Comparato:

> O respeito à dignidade da pessoa humana deve abrangê-la em todas as dimensões: em cada indivíduo, com a sua característica irredutível de unicidade; em cada grupo social; no interior dos povos politicamente organizados; em cada povo ou nação independente, nas relações internacionais; na reunião de todos os povos do mundo em uma unidade política suprema em construção. É igualmente em todas as dimensões da pessoa humana que atuam os princípios cardeais da verdade, da justiça e do amor. Estes, por sua vez, desdobram-se e especificam-se nos princípios de liberdade, igualdade, segurança e solidariedade.[11]

---

[10] CORTINA; MARTÍNEZ, 2005, p. 143.
[11] COMPARATO, 2006, p. 520.

5.3 ORIGENS DAS NORMAS MORAIS

Como nascem ou surgem as normas morais? Essa é uma questão que absorveu grande parte do esforço dos filósofos, dos sociólogos, dos psicólogos sociais e dos historiadores. Não é para menos. Trata-se de saber se as normas morais teriam origem na própria natureza do homem ou, levando em conta que não há indivíduo sem sociedade, não são outra coisa que reguladores da sociedade, nela constituído e expandido, mantendo sua identidade e resolvendo seus conflitos na busca de uma união básica, sem a qual a sociedade não permaneceria.

Sob influência das éticas religiosas, as normas morais seriam aplicações da obediência devida ao mandamento divino, cuja finalidade não seria apenas sujeitar a criatura ao Criador, mas permitir e orientar a vida humana para sua realização máxima. A pergunta sobre a origem tem sentido, pois as possíveis respostas deverão esclarecer o grau de liberdade e de autonomia que o agente moral tem em sua atuação. Aqui, como em vários outros pontos, ficar-se-ia feliz em ter uma resposta unívoca, consistente e, melhor, definitiva, para acalmar a razão (e o coração). No entanto, não há tal resposta. Ver o problema de frente, constatar que está sempre aberto, admitindo perspectivas diversas, todas elas com seu grau de verossimilhança, desde que não se queira absolutizar tal verossimilhança em verdade incontornável, deve bastar. As ciências humanas não suportam essa radicalidade, muito menos a ética.

5.3.1 A ORIGEM BIOLÓGICA

O entendimento de que as normas morais, como os valores, as crenças e as atitudes sociais, tenham seu fundamento biológico ou condicionamento (às vezes visto como necessário) é uma convicção muito antiga, quiçá dos gregos que, como dito, estão na origem da cultura ocidental. Por trás, estão as diversas concepções de natureza, a incluir outras diversas concepções de vida: o ser humano é um ser vivo, um "organismo" complexo, dotado de automovimento (chamado de alma, desde Aristóteles) e de características compartilhadas, algumas com vegetais e animais, e outras específicas e exclusivas dele. Todas essas características têm sua sede no corpo que parece ser algo mais que uma máquina ou um navio pilotado pela alma ou pelo espírito – para usar metáforas também muito antigas. A partir de operações que esse corpo é capaz de realizar, chegou-se à ideia de um princípio imaterial responsável pelas ações transmateriais, como conhecer e pensar.

Na modernidade, entretanto, não foram poucos os filósofos e cientistas que não viram razão para se chegar a esse princípio, chamado, depreciativamente, de "metafísico" ou empiricamente não demonstrável. A atenção, pois, concentrou-se no corpo, em especial no órgão que aos poucos foi visto como o mais importante: o cérebro. Na atualidade, com o surgimento das "ciências do cérebro", as pesquisas anátomo-neurológicas se adiantaram para responder à questão das origens dos sentimentos, das crenças, das normas e dos comandos, inclusive morais. Entre os pesquisadores, ora perpassa a convicção de que é preciso salvaguardar a distinção entre cérebro e mente, ora se antevê que são a mesma coisa, e alguns fenômenos ditos "mentais" apenas esperam pelos avanços da ciência para serem desobstruídos de qualquer suposição "metafísica". Adversários dessas conclusões se apressam em criticá-las alegando que, se o funcionamento do cérebro é automático e fisiologicamente necessário, haverá grande dificuldade em se atribuir a ele a origem (causal) da liberdade e do livre-arbítrio, base indispensável da moralidade.

É uma discussão complexa, tanto mais que se sabe hoje que as estruturas e as funções cerebrais são muito mais abrangentes do que se pensava há meio século. Termos como "encefaloética", "neuroética", "neurônios em espelho", "estimulação magnética transcraniana", "neuroeticista" e outros, se tornaram comuns nas neurociências e não se deve estranhar que se fale do cérebro como órgão da ética e da moral, como intitula o trabalho de renomado neurocirurgião da Universidade de São Paulo (USP), doutor Raul Marino Junior.[12] Uma citação de William Safire,[13] apresentada por Marino, afirma que "a neuroética é o estudo das questões éticas, legais e sociais que surgem quando os achados científicos são levados à pratica médica, interpretações legais, saúde e normas sociais". Mais adiante, o autor explica que as disciplinas da neuroética estão bastante desenvolvidas hoje, por meio dos conhecimentos neurofisiológicos, sobretudo da neuroimagem, permitindo entender como decisões éticas, morais e valores são modulados no cérebro, bem como é construído o raciocínio ético, o livre-arbítrio e a responsabilidade moral e legal. Entretanto, reconhece Marino Junior, as neurociências jamais conseguirão encontrar a correlação do cérebro com a responsabilidade, porque é algo atribuído ao humano, e não ao cérebro, pois a responsabilidade é uma escolha social. Os comportamentos éticos são um subgrupo dos comportamentos sociais, pois não é possível conceber a ética fora da sociedade.[14]

---

[12] MARINO JUNIOR, R. Neuroética: o cérebro como órgão da ética e da moral. *Revista Bioética*. v. 18, n. 1, p. 109-120, 2010. Disponível em: http://revistabioetica.cfm.org.br/index.php/revista_bioetica/article/view/539. Acesso em: 12 fev. 2020.

[13] MARINO JUNIOR, 2010, p. 110.

[14] MARINO JUNIOR, 2010, p. 111.

A princípio há, de um lado, a convicção de que todo o universo moral tem sua sede no cérebro, mas, depois, põe-se a ressalva: há uma diferença entre os cérebros automáticos, ou seja, governados por leis do mundo físico e químico, e as pessoas, os seres humanos, que seguirão regras e normas ao viverem em conjunto, "e por meio dessa interação nasce o conceito de liberdade de ação ou livre-arbítrio".[15]

Ora, se o cérebro foi posto como a sede do raciocínio ético, não se diz que ele é a causa desse raciocínio e de tudo que tal raciocínio implica, pois isso equivaleria a dizer que uma estrutura determinística produziria seu contrário, isto é, a contingência da ação humana, a liberdade gerando efeitos não previsíveis. Haverá de se discutir também a afirmada origem social da responsabilidade e do livre-arbítrio. O que não se aceitará mais, hoje, é a posição cientificista de que o determinismo biológico, como outros determinismos descobertos na natureza, se imponha em todos os fenômenos, inclusive aos psicológicos, aos sociais e, para o que interessa agora, aos morais.

Em conclusão, é aceitável dizer que as ações morais se condicionam também biologicamente, e nada mais estranho seria entender que o corpo não tem nada a ver com as pautas construídas para a vida.

5.3.2 A ORIGEM SOCIOCULTURAL

O tópico apresenta grande interesse, porque a cultura, como fenômeno humano geral, e a sociedade, onde a cultura se manifesta, são o contexto em que os indivíduos e os grupos se relacionam, vivem e transmitem costumes e valores, muitas vezes tutelados por normas morais e jurídicas. A moralidade nasce desse relacionamento, não sendo possível falar em moral sem sociedade, nem tampouco em indivíduo sem sociedade.

Adolfo Sanches Vazquez, em sua apreciada *Ética*,[16] expõe três aspectos, que julga fundamentais, da qualidade social da moral: I) os indivíduos pertencem a determinada época e a determinada comunidade humana, em que se consideram válidos certos princípios, normas e valores, em geral estabelecidos pela relação social dominante. O indivíduo não inventa princípios e normas, nem os modifica por uma exigência pessoal, porque o normativo já está estabelecido; II) o comportamento moral é de indivíduos e de grupos sociais humanos, cujas ações têm caráter coletivo. Entretanto, esse comportamento é deliberado, livre e

---

[15] MARINO JUNIOR, 2010, p. 113.
[16] VAZQUEZ, A. S. *Ética*. 6. ed. Trad. João Dell'Anna. Rio de Janeiro: Civilização Brasileira, 1983.

consciente. A conduta individual não respeita só ao indivíduo, mas repercute antes na sociedade e é justamente aí que é moral. O exemplo dado é bem ilustrativo: o fato de alguém permanecer sentado em uma praça pública não significa nada moral, mas caso veja uma pessoa escorregar e levanta para ajudá-la, o gesto tem qualificação moral (como pode ter qualificação negativa, se a pessoa se omite sem justa causa). A moral, escreve Vazquez,[17] possui caráter social enquanto regula o comportamento individual cujos resultados e consequências afetam outros; e, por fim, III) as ideias, as normas e as relações sociais nascem e se desenvolvem em correspondência com uma necessidade social. A função social da moral é manter e garantir determinada ordem social, o que também pode ser obtido por outras vias, por exemplo, o direito que conta com o aparelho coercitivo do Estado. Entretanto, isso não basta: busca-se não apenas a integração exterior do indivíduo ao estatuto social, mas se requer adesão íntima, consciente e livre, sem o que a adesão exterior nem sempre será eficaz. É uma pretensão da sociedade. Assim, a moral cumpre a função social, bem definida, de contribuir para que os atos dos indivíduos ou de um grupo social se desenvolvam de maneira vantajosa para toda a sociedade ou para uma parte.

Resumindo seu pensamento, Vazquez escreve:

> A moral possui caráter social porque: a) os indivíduos se sujeitam a princípios, normas ou valores socialmente estabelecidos; b) regula somente atos e relações que acarretam consequências para outros e exigem necessariamente a sanção dos demais; c) cumpre a função social de induzir os indivíduos a aceitar livre e conscientemente determinados princípios, valores ou interesses.[18]

A ênfase dada pelo autor ao fato de que a moral nasce e é transmitida na sociedade permitiria entender que há nessa tese outro tipo de determinismo, análogo ao que se viu anteriormente, quando se falou de uma biologia moral. A bem da verdade, ele não deixa de apontar o papel do indivíduo como ser dotado de consciência progressiva, em que se operam as decisões morais, resultantes da liberdade. Em uma palavra, Vazquez atenua seu determinismo sociológico, sem aprofundar suficientemente o que chama de consciência subjetiva, sujeita demais a uma consciência

---

[17] VAZQUEZ, 1983, p. 54.
[18] VAZQUEZ, 1983, p. 56-60. Na sequência, o autor estuda as relações entre o individual e o coletivo na moral e tem interesse em sua análise das alterações históricas e culturais pelas quais passa a sociedade, provocando o surgimento de nova moral, não sem os conflitos entre a nova moral e a moral antiga. Destaca também que a individualidade é um produto social, de modo que "são as relações sociais dominantes numa época determinada que determinam a forma como a individualidade expressa a sua própria natureza social".

"objetiva", estruturada nos costumes e nas leis da época, em um sistema de interesse da sociedade. Está muito próximo de um "sociologismo", criticado pelo pensador francês Jacques Maritain. É digno de ler um texto desse filósofo, transcrito aqui, apesar de sua extensão. Diz Maritain:

> A sociologia tem razão quando afirma o fato de que, amiúde, a raiz de tal ou qual juízo de valor, ou de tal regra aceita de conduta, há de encontrar-se em crenças atualmente esquecidas, porém que subsistem sob a forma de tradição imperiosa ou de poderoso sentimento coletivo. A sociologia tem razão quando diz que, não raro, tal ou qual condenação proferida pela consciência moral dos homens é mero resultado da pressão social ou das regras habituais da sociedade que passaram ao interior dos costumes mentais. De maneira geral, podemos dizer que o resultado mais importante das investigações sociológicas no campo moral foi o de trazer à luz o imenso papel desempenhado pelos tabus sociais no comportamento moral do homem; em outros termos, haver mostrado a existência e a importância de uma vastíssima zona moral socializada.
>
> Porém, o sociologismo se equivoca quando afirma que, sempre e necessariamente, as coisas ocorrem assim, e que a moralidade socializada é o todo da moralidade humana. Semelhante afirmação é contrária aos fatos. Ao observar as coisas de maneira leal, vê-se que a moralidade socializada é uma propriedade dessas camadas da vida moral que são as mais superficiais e as mais esclerosadas, que mal são morais. À medida que se desce mais profundamente na espessura da vida moral, encontra-se um comportamento cada vez mais irredutível ao esquema sociologista.
>
> Na vida de cada dia, toda vez que, por motivos de consciência – a fim de obter uma consciência pura –, abandona-se algo que realmente se ama; cada vez que se eleva acima de tudo o que o mundo faz e pensa, a fim de tomar uma decisão que se julga verdadeiramente boa, a experiência moral apresenta uma realidade essencialmente individual, enraizada na liberdade pessoal, de tal sorte que toda pressão exterior só tem poder sobre o indivíduo na medida em que esse poder lhe é dado. A experiência do universo individual de decisão e de responsabilidade é como uma rocha contra a qual vem quebrar-se a teoria sociologista; fato primeiro, dado irredutível da experiência moral, sem a qual nenhuma Filosofia Moral pode construir-se.[19]

---

[19] MARITAIN, J. *Problemas fundamentais da filosofia moral*. Trad. Gerardo Dantas Barreto. Rio de Janeiro: Agir, 1977. p. 27-28.

E acrescenta o filósofo:

> Ademais, o sociologismo contradiz-se a si mesmo ao pretender explicar pela pressão social e pelos sentimentos coletivos o sentimento radical de obrigação moral. Digo que isso é uma contradição interna porque, de fato, todos os dados apresentados pela sociologia pressupõem a existência do sentimento da obrigação moral, que existe na consciência dos indivíduos previamente a toda incidência sociológica. Precisamente por isto – porque tal sentimento existe – é que a pressão social e os sentimentos coletivos podem penetrar no campo interior da moralidade; podem assumir a forma de um dever na consciência individual porque a pressão social e os sentimentos coletivos são, para assim dizer, apreendidos por esse dinamismo preexistente da obrigação moral; então podem introduzir-se na consciência moral individual, podem fortalecer ou contaminar essa consciência moral e esse sentimento de obrigação moral, confirmá-los, exacerbá-los ou desviá-los mais ou menos, porém não podem criar esse sentimento de obrigação moral, visto pressuporem-no.[20]

E, no mesmo lugar, Maritain conclui:

> Por último, o sociologismo destrói-se a si mesmo no sentido de que nenhuma sociedade pode viver sem uma certa base comum de convicções morais. Ora, o sociologismo explica que a validade absoluta dessas convicções morais não passa de uma imagem ilusória, que reflete na consciência individual as estruturas e as necessidades históricas do grupo social. Quando os membros das sociedades humanas houverem sido suficientemente esclarecidos para tomarem consciência dessas "verdades científicas", nesse momento tornar-se-ão cônscios da total relatividade, da total falta de objetividade racional de toda convicção moral, de sorte que nesse momento ter-se-á desvanecido uma das condições indispensáveis requeridas para a vida social. Por outras palavras, o sociologismo terá destruído seu próprio objeto.

---

[20] MARITAIN, 1977, p. 28-29.

5.3.3 CONSCIÊNCIA MORAL COMO FONTE

Além das fontes biológicas e sociais (ou sociológicas) das normas morais, que devem ser tratadas com reflexão crítica, a psicologia social e a psicanálise, a história e a economia podem trazer contribuições de valor à questão de onde proviriam os valores, os códigos, os juízos e as prescrições morais. Há aqui, portanto, um vasto campo para investigação e leitura. Entretanto, todos os dados trazidos por essas ciências, embora de grande ajuda para o eticista e para todos aqueles que se sensibilizam pela necessidade do cultivo da ética, sobretudo no que se relaciona às profissões e à cidadania, todos os dados precisam ser examinados à luz da filosofia, capaz de proporcionar o filtro crítico e desvelar os vínculos que têm com o ser humano. Em sede filosófica, não se pode deixar de considerar o sentido, o papel fundamental e a atuação do que se chamou "consciência moral", certamente fonte última das normas morais.

A ação propriamente moral, isto é, aquela em que se manifesta algum valor relativo ao bem ou ao mal, tem sua fonte primeira na consciência moral ou no sujeito moral. Com efeito, a consciência não tem apenas direção especulativa e teórica. Quando a produção da ação é orientada para dar origem a um comportamento exterior, classifica-a como "prática" (práxis = ação). Desse modo, cabe-lhe, de início, conhecer o princípio absolutamente primeiro da ação, a saber, que o bem deve ser procurado e o mal, evitado. Deve, a seguir, distinguir, na ordem da realidade, o que é caracterizado como bom e como mau. Por fim, é preciso decidir fazer ou evitar determinada ação. Como se pode ver, é uma espécie de raciocínio prático, que envolve um conhecimento complexo, pois contém os elementos teóricos (ideais) e reais, concretos do agir, envolvendo os meios, as circunstâncias, as motivações e as consequências práticas.

Muito se discutiu, especialmente no século XIX, sobre a origem da consciência moral. Os resultados dessa discussão foram bastante decepcionantes, sobretudo os que se relacionaram aos fatores biológicos e sociológicos, tidos por muitos como absolutos. Nascida como um instinto ou vista como resultado do meio social, a consciência moral continuava (e continua) com características que não eram nem genéticas, nem sociológicas, antes exigindo uma senão perfeita, pelo menos progressiva autonomia para garantir o que ninguém podia negar, como a responsabilidade e a imputabilidade da ação do ser humano consciente.

Em consequência, tem-se dado preferência à análise da estrutura da consciência moral, dos elementos que a compõem e das condições em que trabalha. Antes de mais nada, o sujeito moral deve ser capaz de refletir sobre si mesmo, ao menos no nível mínimo e indispensável de reconhecer que pode e deve agir dessa ou daquela forma. Isso supõe, evidentemente, que seja dotado de vontade, isto é, de capacidade de controlar suas tendências, seus impulsos e seus desejos e seja capaz de deliberar e decidir entre alternativas possíveis. Esse autodomínio é a forma concreta de sua liberdade. Daí se segue também seu senso de responsabilidade, isto é, "responder" pelo que faz, na medida que é autor da ação, conhece seus efeitos e enfrenta as consequências sobre si e sobre os outros.

Conhecimento e liberdade são, assim, dois elementos fundamentais da consciência moral. Entretanto, essas duas propriedades não se exercem no vazio. Já foi visto que a filosofia moderna, depois de Kant, tem exaltado, como a manifestação máxima da consciência moral, a ideia de dever que, como forma geral, se denomina lei moral e, quando considerada subjetivamente, torna-se sentimento de obrigação. O dever cujo cumprimento é necessário não se submete, porém, à motivação puramente externa, por exemplo, a coerção social. Ele se origina da intuição de um valor que se propõe à vontade e a inclina para realizá-lo na ação.

A noção de consciência moral, como expressão da inteligência prática, deve ser aqui aprofundada. A partir da consideração do homem como ser dotado de espiritualidade, capaz de entender e de querer, faz-se a distinção desde Aristóteles entre a inteligência, cujo objeto é a verdade, e a vontade que busca o bem. Não se trata de uma distinção imaginada, sem fundamento. Com efeito, em qualquer parte, em qualquer cultura, o princípio da verdade dirige os comportamentos dos homens entre si e das instituições. Não se aceita a mentira e a falsidade, mesmo que esses desvios estejam sempre presentes nas relações humanas. Posta diante da realidade, a inteligência quer entender as razões dos fatos, compreender como se deram, que consequências tiveram. Toda essa demanda é, efetivamente, uma demanda da verdade. Vinculada a essa tendência do compreender, a vontade dirige-se para o bem, isto é, àquele aspecto de desejabilidade que a realidade apresenta. Ninguém busca o prejuízo ou o mal "puro" ou "absoluto", isto é, o mal por ele mesmo. Uma coisa má é desejada enquanto parece boa a alguém. Metafisicamente falando, a inteligência não pode aceitar o falso, como a vontade não pode querer o mal. Suas direções "naturais" são, respectivamente, para o verdadeiro e o bom, podendo-se até afirmar que o bem da inteligência é a verdade, e a verdade da vontade é o bem.

Ora, age-se por meio da inteligência e da vontade. Essas duas faculdades devem estar em sintonia para alcançar objetivos morais e/ou técnicos. Dessa maneira, fala-se em inteligência prática, entendendo por essa expressão a inteligência atenta à ação, direcionada ao agir ou ao fazer, caso se trate da produção de algo concreto, externo ao sujeito. Mais precisamente, Aristóteles chamou de prática a inteligência para a ação (moral) e de poética ou técnica a inteligência voltada à produção. O pensador grego tinha lá suas razões, mas sabia muito bem que o homem tem uma única inteligência, e que ação e produção podem também estar mutuamente relacionadas.

Interessa aqui o campo da ética, isto é, da conduta humana, aquela em que o homem, conhecendo o bem, busca-o no seu agir, impondo algumas normas ou regras que constituem aquilo a que se dá o nome de obrigatoriedade moral. Desde os filósofos antigos, passando pelos pensadores cristãos, em especial da Idade Média (sem esquecer São Tomás de Aquino), a análise da inteligência prática deu conta de três extratos: a consciência, a sinderese e a deliberação prudencial.

O sentido primeiro do termo "consciência" é o psicológico, pelo qual se é um presente a si mesmo, percebendo-se o que se é e o que se faz, um "estar acordado", em vigília, perante os acontecimentos. Não só se toma consciência dos atos, mas é possível prever, por meio de projetos, fins ou planos, o que acontecerá. Como explica muito bem Felix Ruiz Alonso:

> Não é a consciência uma criação da especulação filosófica ou da teologia moral. A consciência é uma realidade, própria e característica do homem, que com ela atua e a ela se refere constantemente em todas as latitudes do planeta; por isso é viva. Todas as línguas falam da consciência, valendo-se dos mais variados termos para defini-la. A consciência é um tema central da ética, e a constatação nas mais variadas culturas mostra a realidade da ética humana universal. Trata-se de uma realidade instigante em todas as culturas. Nas línguas latinas, a palavra deriva da preposição *cum* (com) e do substantivo *scientia* (ciência). *Cum scientia*, ou consciência é, em geral, agir ou pensar com conhecimento. Essa é a condição do ser humano: conhece o que faz de bem e de mal.[21]

Aplicando, então, esse conhecimento ao campo moral, fala-se em consciência moral que, por sua vez, implica uma avaliação e um julgamento do comportamento de acordo com as normas que conhece e reconhece como obrigatórias.[22] Por isso, parece ser uma boa definição de consciência moral o

---

[21] ALONSO, F. R. Revisitando os fundamentos da ética. In: COIMBRA, J. Á. A. (Org.). *Fronteiras da ética*. São Paulo: Senac, 2002. p. 83.
[22] VAZQUEZ, 1983, p. 159.

juízo do intelecto prático que, a partir da lei moral, julga acerca da bondade ou da malícia de um ato concreto.

Na definição anterior, fala-se de um julgamento sobre a relação do ato concreto com o bem e o mal. Por enquanto, não são abordadas as tensões subjetivas, sociais, históricas e culturais que ocorrem à consciência em sua operação. Com efeito, a consciência está no mundo, e não fora, deve escolher e decidir no meio de muitas circunstâncias, umas favoráveis, outras não. São muitos os desafios que se apresentam e, por conta disso, desde os moralistas antigos, sabe-se que a vida moral positiva e valiosa se inscreve no ideal de perfeição humana e só pode ser conquistada com coragem e esforço. Haverá ocasião de refletir sobre isso.

Por enquanto, é preciso deter-se no julgamento acima mencionado. Logo, se percebe que supõe a apreensão do que seja o bem ou o mal no que se vai fazer. A essa capacidade da consciência de apreender a necessidade de fazer o bem e de evitar o mal, os filósofos medievais deram o nome de sindérese – termo grego desconhecido para o próprio Aristóteles –, tendo sido usado por São Tomás de Aquino, em um texto de grande relevância, para entender o entrelaçamento entre inteligência especulativa e inteligência prática. Eis suas palavras:

> É preciso dizer que a natureza em todas as suas obras tem a intenção do bem e quer a conservação de tudo o que se faz pela operação natural; é por esta razão que em todas as suas obras os princípios sempre são permanentes e imutáveis, mantendo a sua retidão. "É necessário que os princípios permaneçam eternamente", lemos no livro I da *Física*.[23] Nada estável, com efeito, nada certo haveria no que procede dos princípios se eles próprios não pudessem ser firmemente estabelecidos. Daí que todas a coisas mutáveis reduzam-se a algum primeiro imutável. Daí, igualmente, que todo conhecimento especulativo derive de um tipo de conhecimento absolutamente certo que escapa a todo risco de erro, qual seja, o conhecimento dos primeiros princípios universais, à luz dos quais qualquer outro conhecimento pode ser controlado, em virtude dos quais toda verdade é reconhecida e todo erro rejeitado e nos quais nenhum erro poderia surgir sem que desaparecesse a certeza em todos os conhecimentos ulteriores.

---

[23] São Tomás de Aquino está se referindo, aqui, ao importante estudo de Aristóteles sobre a natureza, a Física, dividido em oito partes ou livros. Os dois primeiros foram traduzidos para o vernáculo por Lucas Angioni. ARISTÓTELES. *Física I e II*. Trad. Lucas Angioni. Campinas: Unicamp, 2009.

Portanto, se queremos que haja alguma retidão no domínio do agir humano, deve haver necessariamente algum princípio permanente que seja de uma retidão inabalável, em relação ao qual todas as ações humanas possam ser examinadas de tal modo que este princípio permanente resista a todo mal e afirme todo bem. Tal é a sindérese, que tem por ofício protestar contra o mal e incitar ao bem [*remurmurare malo et inclinare ad bonum*].[24]

Como se pode ver, São Tomás refere-se a princípios primeiros inabaláveis que dirigem a inteligência especulativa em direção à verdade, como também, no âmbito do agir, a inteligência prática deve valer-se de algo semelhante. As ações humanas são examinadas (e executadas) por sua vinculação a esse princípio que decide sobre o que é bem e o que é mal, incitando ao primeiro e resistindo ao segundo.

Há aqui um problema: a inteligência prática, dirigida pela sindérese, precisa passar ao plano do concreto. Como se deve aplicar o mandado da sindérese? Em que circunstâncias de tempo e lugar, com que pessoas, com quais coisas se há de agir? Aqui entra em operação a virtude da prudência. O termo – que é uma contração de providência – indica uma qualidade estável, um hábito intelectual, pelo qual o agente moral julga os meios para atingir o fim, prevê as consequências e delibera. É o que levou Aristóteles, em *Ética a Nicômaco*, a propor uma definição que ficou como um marco no pensamento ético do Ocidente: "hábito prático verdadeiro, acompanhado de razão, com relação às coisas boas e más para o homem".[25]

Por vontade própria, deseja-se o fim pela escolha dos meios, continuava o pensador grego, afirmando ser ela o olho da alma. Isso significa que não cabe à prudência determinar o fim, mas os meios práticos e concretos que levam ao fim. Na realidade, a prudência ilumina a conduta, mas sua força visual não vem somente por ser uma virtude intelectual, mas da saúde do organismo moral do sujeito. Isso implica que não basta ter o saber moral para ser uma pessoa prudente, como pensava Sócrates, pois muitas vezes vê-se e aprova-se o melhor, mas segue-se o que é pior.

---

[24] S. THOMAE AQUINATIS. *De veritate*. Cura et studio P. Fr. Raymundi Spiazzi, O.P. Roma: Marietti, 1949. TOMÁS DE AQUINO. *Suma teológica*, I, q. 79, art. 12, v. 2. São Paulo: Loyola, 2002. p. 461.
[25] ARISTÓTELES. *Ética a Nicômaco*. Trad. Edson Bini. São Paulo: Edipro, 2014. p. 227.

A prudência é um exercício da razão sobre as circunstâncias particulares. Enquanto a sindérese é a consciência dos princípios genéricos, a prudência opera a passagem do geral para o particular, o que levou São Tomás de Aquino a ver na prudência uma estrutura de três graus: a deliberação, o juízo e o mandamento ou império e, ao lado dela, duas outras virtudes "auxiliares", ambas com nomes gregos (na esteira do que já afirmava Aristóteles), a *eubulia* ou o bom conselho, hábito que propicia bom aconselhamento, e a *sínesis*, o império do bom senso, o julgar adequado e correto. É complexa a virtude da prudência, porque implica uma espécie de cálculos que não podem ser simples procedimentos matemáticos ou a fórmula que se usa hoje de "custo-benefício". Primeiro porque a prudência lida com contingências, isto é, com consequências possíveis, mas não necessárias; segundo, porque se está diante de um fim, que deve ser bom, e de escolha de meios que não podem ser maus (o fim bom não justifica de si mesmo os meios, nem os meios bons transformam um fim mau em bom); terceiro, porque a fórmula citada tem caráter utilitário e hedonista, incompatível com as ideias que se vêm expondo. É oportuno concluir dizendo da importância da prudência no conjunto da vida moral. É o que afirma o filósofo Josef Pieper:

> É a prudência origem, raiz, mãe, padrão, fio de prumo, piloto, forma primordial de todas as virtudes morais; ela atua em todas, encaminhando-as para a sua essência verdadeira; todas participam dela e é graças a essa participação que são virtudes.[26]

Há aqui, como se pode ver, um extenso espaço para discussão e reflexão, ampliado quando se aborda a questão, estreitamente relacionada com a precedente, da obrigatoriedade moral. Com efeito, há regras e regras. As regras impostas pelo grupo social obrigam, sem necessidade de que se concorde com elas. Muitas vezes deve-se praticá-las sob coação jurídica (as leis), por exemplo. Se assim não for feito, pode-se estar sujeito a penalidades, pequenas ou graves, em dependência do que foi ordenado ou do grau de "responsabilidade" (de imputação) julgada. Há também as regras de convivência e cortesia sociais; infringi-las pode ocasionar certo estranhamento e repulsa à pessoa, sendo julgada como rude, sem educação etc. Para esses ordenamentos, não se requer o sentimento de obrigação moral, isto é, convicção interior de que se deve praticá-los.

---

[26] PIEPER, J. *Virtudes fundamentais*. Lisboa: Aster, 1960. p. 16-17.

Ao contrário, no campo moral, o sujeito deve escolher com liberdade entre as alternativas: Devo ou não devo praticar determinada norma? Observe que aí se encontra um paradoxo: o indivíduo é obrigado a fazer e, no entanto, é livre de não fazer aquilo a que é coagido pela consciência.[27] A coação vem, pois, imediatamente da consciência, e não da sociedade ou do Estado. É costume pensar que as regras morais vigentes na sociedade são "interiorizadas" pelo sujeito que, depois, resolve, em sua liberdade, praticá-las ou infringi-las. Na realidade, se o sujeito é um ser racional, dotado, como se viu antes, de uma inteligência prática, dirigida por uma sindérese e por uma prudência, já é conatural, isto é, pertence à natureza a inclinação para o bem, assim como a repulsa ao mal. As injunções sociais, os condicionamentos dos tabus, como as pressões mentais, em uma palavra, a interiorização psicológica do temor social não é uma explicação completa e pode, ao limite, significar a destruição pura e simples da obrigação moral.

RESUMO

Este capítulo desenvolve alguns aspectos do fenômeno moral, desde os modos como se expressa até os princípios e as fontes das normas morais, parte integrante do fenômeno.

Diante dos comportamentos próprios e alheios, formulam-se juízos na ordem do bem ou do mal, aprovando ou reprovando, conforme os critérios existentes para a avaliação. Em outras palavras, argumenta-se. Estratégias de argumentação são examinadas com base no sentimento, na consideração de possíveis consequências, em algum código moral, na competência moral de certa autoridade e, por fim, em ditames da consciência.

Ora, a argumentação pede um critério legitimador, ou seja, um fundamento ou princípio. Algumas noções de "princípio", então, são revistas, desde os gregos até a Filosofia moderna. A negação da existência desse(s) princípio(s) ou fundamento(s) significa admitir que não há razão para julgar moralmente os próprios atos nem os dos outros, como de

---

[27] Cf. MARITAIN, 1977, p. 109.

instituições. Um dos princípios ou fundamentos apresentado é o valor absoluto da pessoa humana, que Kant, influenciado certamente pelo cristianismo, desenvolveu, descrevendo os aspectos de autonomia e universalidade, concretizados em comandos negativos ou positivos. Entretanto, os princípios são gerais, sua verdade é constante e universal, embora sua compreensão possa variar de acordo com a interpretação emergente em cada época ou cultura.

A distinção entre princípios e normas leva ao estudo de suas origens, isto é, como nascem ou surgem as normas morais. Nasceriam da própria natureza do homem como indivíduo ou da sociedade, sem a qual não se pode pensar o indivíduo? Examinam-se, então, três propostas: a origem biológica, a sociocultural e a filosófica. Quanto à primeira, faz-se uma alusão às neurociências, que investigam as bases neurofisiológicas da ética, com seus raciocínios, normas e valores, destacando-se o cérebro como "órgão da ética". Discute-se o problema do determinismo biológico que precisa ser atenuado, ao considerar que o comportamento ético não se entende sem liberdade aplicada às escolhas, só possíveis na contingência (e não necessidade) da ação humana.

Passa-se, então, ao exame da origem sociocultural, pois a sociedade, para existir e manter-se, precisa de um pacto ou acordo moral sobre valores e normas. Assim, não se pode falar em sociedade ou comunidade sem o mínimo moral. O indivíduo nasce em uma sociedade e aí encontra um sistema normativo já estabelecido. Por outro lado, para que o comportamento seja moral, é preciso que seja deliberado, livre e consciente. Toca-se aqui em um problema análogo ao da origem biológica das normas morais: o indivíduo torna-se moral porque recebe as prescrições sociais, pela educação, por exemplo? Sua moralidade é efeito determinado por forças históricas, sociais e culturais, ou o indivíduo só pode ser influenciado por elas porque já possui os pré-requisitos morais em sua própria natureza racional? O tópico termina com um texto sobre o sociologismo de autoria do filósofo Jacques Maritain.

A terceira abordagem é de caráter filosófico e trata da consciência moral como fonte última das normas morais. Aprofunda-se, assim, a noção de consciência moral a partir da distinção entre a inteligência, cujo objeto é a verdade, e a vontade que busca o bem. Essa distinção remete

> a outra, de origem aristotélica: a inteligência teórica e a inteligência prática. Essa última se constituiria, segundo São Tomás de Aquino, em três extratos: a consciência, a sindérese e a deliberação prudencial. Explica-se cada um deles a fim de compreender o papel do sujeito moral nos juízos que faz, de aprovação ou rejeição, e nas ações que se vê obrigado a realizar, no meio das circunstâncias, dos conflitos e das demandas existenciais. Há regras e regras. No campo moral, o sujeito deve escolher com liberdade entre as alternativas: devo ou não devo praticar determinada norma? Isso significa uma coação da consciência, e não da sociedade ou do Estado. Em conclusão: não se pode, também aqui, radicalizar qualquer determinismo.

ATIVIDADES

1. O filósofo e jornalista Hélio Schwartsman escreveu, comentando a atuação de determinado político brasileiro:

   > Para o bem e para o mal, o homem é um bicho hipersocial, o que significa que é do convívio com os pares que extraímos as regras de conduta, valores e até o sentido da vida. Em um contexto social em que quase todo mundo fuma, o jovem provavelmente também fumará. Em um contexto social em que todo o mundo rouba, o mais provável é que o indivíduo também roube. As palavras "ética" e "moral" se formaram a partir dos termos grego e latino para "costume".[28]

   O texto expressa a influência do contexto social no comportamento dos indivíduos. Tomando-se por base a exposição feita neste capítulo, como você entende a origem das normas morais? A posição do jornalista permite ser chamada de determinismo sociológico? Para aprofundar e conhecer melhor os parâmetros filosóficos da questão, sugere-se as seguintes leituras:

---

[28] SCHWARTSMAN, H. Bolsonaro e o sistema. *Folha de S.Paulo*, 10 jan. 2018, A2.

COMPARATO, F. K. A consciência humana. In: COMPARATO, F. K. *Ética:* direito, moral e religião no mundo moderno. São Paulo: Companhia das Letras, 2006. p. 459-467.

LADRIÈRE, P. Sociologia. In: CANTO-SPERBER, M. (Org.). *Dicionário de ética e filosofia moral.* v. 2. São Leopoldo: Unisinos, 2003. p. 608-616.

2. Entre os aspectos expostos e reconhecidos como fundamentais por Adolfo Sanchez Vazquez, em seu livro *Ética*, para caracterizar a qualidade social da moral, está o de que as ideias, as normas e as relações sociais nascem e se desenvolvem em correspondência com uma necessidade social. Em razão disso, a função social da moral é de manter e garantir determinada ordem social. O autor, porém, acha que isso não basta: busca-se não apenas a integração exterior do indivíduo ao estatuto social, mas se requer adesão íntima, consciente e livre, para eficácia da adesão exterior. Sugere-se discutir com os colegas e amigos essa "instrumentalização" da moral. Por que o indivíduo se veria solicitado a dar sua "adesão íntima"? Para posicionar-se melhor, seria bom reler com atenção o que foi exposto neste capítulo sobre consciência moral.

3. É intuitivo que as normas morais estejam relacionadas aos valores, na medida em que são meios práticos de sua realização, cujo contexto é, necessariamente, social. Observe, porém, que de si alguns valores podem não ter implicação moral. Essa é uma questão relevante para compreender os fundamentos da moralidade. Você estará mais bem equipado após ler o seguinte artigo:

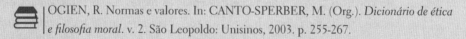
OGIEN, R. Normas e valores. In: CANTO-SPERBER, M. (Org.). *Dicionário de ética e filosofia moral.* v. 2. São Leopoldo: Unisinos, 2003. p. 255-267.

4. Responda:
   a) Os juízos morais apresentam três características fundamentais. Enumere-as.
   b) Em moral, os princípios são gerais, e sua verdade, constante. O mesmo não se aplica às normas. Por quê?
   c) Várias origens são descritas para as normas morais: a biológica, a sociocultural e a consciência moral. Todas são plausíveis, mas têm seus limites. Quais limites tem a origem biológica?
   d) O que se entende por "sindérese", termo usado pelos filósofos medievais?

6

DILEMAS MORAIS E PRINCÍPIOS DE SOLUÇÃO

6.1 O COMPORTAMENTO MORAL E SEUS IMPASSES

Até aqui, diversos aspectos abstratos da vida moral foram apresentados como objetos de uma reflexão filosófica chamada ética. Sem ela, não há o desenvolvimento da consciência crítica que permite não apenas julgar racionalmente atos e juízos próprios e dos outros, mas "refinar" a vida pessoal, tornando-a mais humana e digna. Entretanto, como se trata de vida, há que se voltar constantemente à existência concreta, às circunstâncias psicológicas e sociais das escolhas, aos desafios que se apresentam na tomada das decisões, à realização daquilo que se apresenta como dever, não raro em confronto com obrigações opostas. O que fazer? É a pergunta mais frequente no momento de dúvida, causada pela angústia da falta de clareza sobre o certo e o errado, o bom e o mau, ou mesmo entre o bom e o melhor – impasses da vida moral, por vezes chamados de dilemas morais.

Alguns exemplos podem ajudar a compreender o que, de fato, é um impasse moral. Os "exemplos" são fatos paradigmáticos cujo sentido deve ser discutido, analisado e, se possível, deve dar origem a algum princípio ou critério de solução. É possível começar por uma situação extraordinária, certamente imaginada, embora possível em uma época de colapso geral da humanidade, como na Segunda Guerra Mundial (1939-1945). A história de Sofia se enquadra no ambiente do Holocausto. O livro de William Styron, A escolha de Sofia, de 1979, deu origem ao filme do mesmo título.[1] A personagem Sofia (Meryl Streep) é uma mãe polonesa,

---

[1] *A escolha de Sofia*. Direção e roteiro de Alan J. Pakula. Elenco: Meryl Streep, Kevin Kline e Peter MacNicol. Drama. Estados Unidos, 1982.

prisioneira do campo de concentração de Auschwitz, forçada por um oficial nazista a fazer uma escolha terrível: decidir qual dos dois filhos será entregue à morte.

Transcreve-se o diálogo entre os dois:

> Comandante Hoess: Você é tão bonita... Gostaria de ir para a cama contigo. Você é polaca? Você! É também uma dessas comunistas sujas?
>
> Sofia: Eu sou polonesa! Nasci na Cracóvia! Não sou judia. Tampouco meus filhos! Não são judeus. São arianos puros. Eu sou católica. Sou católica devota.
>
> Comandante Hoess: Não é comunista? É religiosa?
>
> Sofia: Sim, senhor. Eu creio em Cristo.
>
> Comandante Hoess: Então, crê em Cristo... o redentor?
>
> Sofia: Sim!
>
> Comandante Hoess: E Ele não disse... "Que sofram as criancinhas... para que possam vir a Mim"? Poderá ficar com um de seus filhos.
>
> Sofia: Perdão?
>
> Comandante Hoess: Poderá ficar só com um de seus filhos. Um terá de morrer.
>
> Sofia: Diz que terei de escolher?
>
> Comandante Hoess: É polaca, não uma judia. Isso lhe dá certo privilégio, o da escolha.
>
> Sofia: Eu não posso escolher! Eu não posso escolher!
>
> Comandante Hoess: Quieta.
>
> Sofia: Não posso escolher!
>
> Comandante Hoess: Escolha! Ou mandarei ambos para lá! Faça a escolha!
>
> Sofia: Não me faça escolher! Não posso!
>
> Comandante Hoess: Mandarei ambos para lá. Cale-se! Basta! Eu disse para se calar. Faça a escolha.
>
> Sofia: Não me faça escolher! Eu não posso!
>
> Comandante Hoess: Mandarei ambos para lá.
>
> Sofia: Não posso escolher!
>
> Comandante Hoess: Leve as duas crianças embora! Mexa-se!
>
> Sofia: Leve minha filhinha! Leve meu bebê! Leve minha garotinha![2]

---

[2] Reproduzido por: AOUAD, A. Grandes cenas: a escolha de Sofia (com *spoilers*). *Cine Pipoca Cult.* 13 mar. 2010. Disponível em: https://www.cinepipocacult.com.br/2010/03/grandes-cenas-escolha-de-sofia-com.html. Acesso em: 12 fev. 2020. Amanda Aouad é crítica de cinema, afiliada à Associação Brasileira de Críticos de Cinema (Abraccine).

CAPÍTULO 6 ■ DILEMAS MORAIS E PRINCÍPIOS DE SOLUÇÃO   113

Na extrema angústia, Sofia escolhe o menino, que parecia ter mais condições de sobreviver que a menina. Mais tarde, vem a saber que também o menino fora morto. Com a vida destroçada e carregando todo remorso possível, Sofia, terminada a guerra, vai para Nova York, onde tenta, sem sucesso, dar algum sentido à existência. O suicídio encerra sua tragédia.

A situação moral de Sofia é trágica. Ela está presa em um verdadeiro ninho de serpentes que assombram sua consciência e sensibilidade. Ela pode recusar, simplesmente, fazer a escolha, para não abrir mão de sua dignidade e desumanizar-se. Seus dois filhos morrem. Diante dessa consequência, pode considerar o sacrifício de um de seus filhos, mas não tem nenhuma justificativa real para escolher um ao outro. Sua escolha, na realidade, é a escolha do mal: sacrificar os dois filhos, não escolhendo, ou preferir um dos filhos, mesmo que queira fazer o bem. A moral utilitarista não a salva aqui, nem sua religião e moral católicas. Sofia se vê em uma humilhação extrema, provocada pela crueldade do oficial nazista que a obriga a escolher, mostrando que sua religião e a moral, tendo por objetivo o bem, são inconsequentes e não a livram de fazer o mal: ao fazer o bem, a levam a realizar também o mal. A contradição e o impasse se instalam na consciência e no coração de Sofia.

O caso de Sofia não é o único. Ficou também famoso o exemplo dado pelo filósofo Sartre, no texto *O existencialismo é um humanismo*. Citamo-lo literalmente:

> Para vos dar um exemplo que permita compreender melhor o desamparo, vou citar-vos o caso de um dos meus alunos que veio procurar-me nas seguintes circunstâncias: o pai estava de mal com a mãe, e tinha além disso tendências para colaboracionista; o irmão mais velho fora morto na ofensiva alemã de 1940, e este jovem com sentimentos um pouco primitivos, mas generosos, desejava vingá-lo. A mãe vivia sozinha com ele, muito amargurada com a semitraição do marido e com a morte do filho mais velho, e só nele achava conforto. Este jovem tinha de escolher, nesse momento, entre o partir para a Inglaterra e alistar-se nas Forças Francesas Livres – quer dizer, abandonar a mãe – e o ficar junto dela ajudando-a a viver. Compreendia perfeitamente que esta mulher não vivia senão por ele e que o seu desaparecimento – e talvez a sua morte – a mergulharia no desespero. Tinha bem a consciência de que no fundo, concretamente, cada ato que praticasse em favor da mãe era justificável na medida em que a ajudava a viver; ao passo que cada ato que praticasse com o objetivo de partir e combater seria um ato ambíguo

que poderia perder-se nas areias, não servir para nada: por exemplo, partindo para a Inglaterra, podia ficar indefinidamente em um campo espanhol ao passar pela Espanha; podia chegar à Inglaterra ou a Argel e ser metido em uma secretaria a preencher papéis. Por conseguinte, encontrava-se em face de dois tipos de ação muito diferentes: uma, concreta, imediata, mas que não dizia respeito senão a um indivíduo; outra, que dizia respeito a um conjunto infinitamente mais vasto, uma coletividade nacional, mas que era por isso mesmo ambígua, e que podia ser interrompida a meio do caminho. Ao mesmo tempo, hesitava entre dois tipos de moral. Por um lado, uma moral de simpatia, de dedicação individual; por outro lado, uma moral mais larga, mas de uma eficácia mais discutível. Havia que escolher entre as duas. Quem poderia ajudá-lo a escolher?[3]

O filósofo prossegue, representando, de certo modo, as ideias de seu aluno, convencido de que não há nenhuma moral estabelecida que possa oferecer solução, nem a doutrina cristã, nem a moral kantiana. Por outro lado, confiar no instinto poderia ser um caminho a seguir, escolhendo o que o sentimento recomendasse. Entretanto, como determinar o valor de um sentimento?

Também não havia alguém, por exemplo, um sacerdote, que pudesse dar-lhe um conselho sem estar implicado em determinada atitude (por exemplo, ser um colaboracionista, um resistente, um oportunista): ao escolhê-lo, o jovem já estaria decidido sobre o gênero de conselho que receberia. O que o filósofo tem a dizer? "Assim, procurando-me a mim, sabia já a resposta que eu lhe iria dar, e eu tinha somente uma resposta a dar-lhe: você é livre, escolha, quero dizer, invente. Nenhuma moral geral pode indicar-vos o que há a fazer; não há sinais no mundo".[4]

É preciso entender que o filósofo, quando procurado pelo aluno, não ofereceu a resposta esperada. Deu-lhe um horizonte de liberdade, mas não um princípio de escolha. Escolhesse o que escolhesse, "inventava" para si a moral apropriada. Entretanto, não se pode concluir daí que o aluno superasse a angústia, talvez a teria até aumentado. De qualquer forma, toda escolha significa alguma perda e algum posterior arrependimento.

---

[3] SARTRE, J. P. *O Existencialismo é um humanismo*. Trad. Vergílio Ferreira. São Paulo: Abril Cultural, 1974. (Coleção Os Pensadores), p. 16-17.

[4] SARTRE, 1974, p. 17.

CAPÍTULO 6 ■ DILEMAS MORAIS E PRINCÍPIOS DE SOLUÇÃO   115

Impasses no comportamento moral ocorrem tanto nas situações mais simples da vida como nas mais complexas e de comprometimento intenso; tanto nas relações sociais comuns como nas relações empresariais e profissionais. A solução dos "problemas", outro termo para o impasse ético, pode não ser fácil, como mostra Laura L. Nash em circunstâncias de "Vida ou Morte":[5]

> [...] "aquele que hesita está perdido, tempo é dinheiro", mas como disse George Herbert: "o bom e o rápido raramente se encontram".
>
> Em nenhum outro lugar, isso ficou mais aparente do que no trágico acidente com o ônibus espacial Challenger. Durante as investigações da Comissão Rogers que se seguiram no Senado, os engenheiros da Morton Thiokol foram interrogados sobre suas recomendações para prosseguir com o lançamento na manhã do acidente. Esses mesmos engenheiros tinham originalmente recomendado que a nave não partisse após considerar a incomum chuva fria e rápida que atingira a costa da Flórida durante a noite. Mas o tempo reagia. Os oficiais da NASA expressaram sérias preocupações de que um atraso no lançamento significasse mais atraso para todo o cronograma de lançamento nos próximos 18 meses subsequentes. E o Congresso estava preocupado, pois o projeto do ônibus espacial já estava muito atrasado.
>
> Nas primeiras horas da manhã, segundo testemunho dos engenheiros da Thiokol, eles receberam um novo parâmetro para julgamento. Até então, toda recomendação de sistemas era testada com a seguinte pergunta: "Você pode provar que isto é seguro?". Na manhã do lançamento fatal, a pergunta foi mudada. A alta administração agora perguntava: "Você pode provar que [o lançamento] não é seguro?". Ao mudar a definição operacional de segurança, os engenheiros e a NASA chegaram a uma conclusão completamente diferente, com consequências trágicas. A exiguidade de espaço de tempo na qual estavam raciocinando – basicamente ganhar ou perder tudo nas próximas duas horas – fez com que eles mudassem suas definições normais de operação.

Percebe-se que a decisão última foi tomada com base na exiguidade do tempo e nas consequências indesejáveis possíveis, caso o lançamento não fosse

---
[5] NASH, L. L. Decisões de vida ou morte. In: *Ética nas empresas*: boas intenções à parte. Trad. Kátia Aparecida Roque. São Paulo: Makron Books, 1993. p. 162-163.

realizado. A soma de razões técnicas e de razões políticas resultou, como se lembra, na explosão da Challenger, 72 segundos depois do lançamento, com a morte dos cinco tripulantes e mais duas pessoas, convidadas ao voo. A decisão foi colegiada, socializando a responsabilidade. De posse das informações necessárias, das variáveis técnicas, capaz de intuir uma hierarquia de valores, você, fazendo parte daquele colegiado, teria aprovado o voo naquele momento? Os riscos financeiros, políticos e estratégicos justificariam a perda possível de vidas humanas?

Trabalhando na empresa D. T. S., que se notabilizou nos anos 1990 pelo fornecimento ao mercado de peças de automóvel no Rio de Janeiro, João da Cruz Severino, pelo esforço laboral, pela atenção aos interesses da empresa e pela competência na análise dos balanços como contador sênior, sempre contou com a simpatia dos chefes que nele confiavam. João da Cruz era, porém, um modesto funcionário em termos financeiros, tinha uma família de quatro filhos, que sustentava com alguma dificuldade, quase sem a ajuda da esposa, que não contava com boa saúde e ainda necessitava de cuidar dos pais já velhos e doentes. Certo dia, ao final do expediente, João da Cruz foi chamado à sala da diretoria para receber uma excelente notícia: haviam decidido aumentar seu salário, bem como dar uma bolsa de estudos para seus dois filhos mais velhos, em reconhecimento de sua fidelidade à empresa. O diretor de finanças, porém, apresentou uma condição. Devia "maquiar" o balanço semestral, a fim de ocultar uma queda das vendas e, além disso, inventar alguma rubrica na contabilidade para uma quantia considerável que ele, o diretor, havia passado à secretária, por motivos não publicáveis. João conhecia bem o temperamento daquele diretor, que não aceitava recusas às suas ordens.

De um lado, pensou João da Cruz, perder o emprego era uma hipótese bem concreta, o que traria enormes dificuldades para manter a família enquanto não arranjasse outro, coisa bem difícil nos tempos de desemprego. Para permanecer, devia cometer uma fraude, contrária a seu caráter e sua consciência. Como se arranjaria depois diante da esposa e dos filhos? Sobretudo, diante de si mesmo? Ele está diante de um dilema moral comum, mas muito grave nas circunstâncias de sua vida. Assim, não se tem a ideia de quantos dilemas dessa natureza podem ocorrer na vida moral. Basta ler as trinta situações listadas pela citada Laura L. Nash,[6] que vão desde o encobrimento e a deturpação de relatórios e procedimentos de

---

[6] NASH, 1993, p. 10-11.

controle, justificativas enganosas sobre produtos e serviços, reposição daquilo que se retirou do meio ambiente, dos empregados e/ou dos bens da empresa, até não assumir a responsabilidade por práticas danosas, intencionais ou não, corromper o processo político público por meios legais etc.

Em todas as situações, sempre estará em jogo um valor moral a preservar ou a corromper para benefício pessoal ou do grupo. Conforme o caso, está-se diante de um impasse do comportamento ético. Em geral, diante de deveres opostos, cuja hierarquia não é, à primeira vista pelo menos, fácil de discernir.

6.2 NOÇÃO E JUSTIFICAÇÃO DO DILEMA MORAL

O termo "dilema"[7] migrou da lógica para a moral. Em lógica, é uma forma de alternativa da qual, dos dois membros aceitos como premissas ou princípios, só se pode tirar uma consequência. Em moral, é a situação em que se deve escolher entre dois pontos de vista, ambos rejeitáveis, caso não houvesse obrigação de escolher. Ficou conhecido o dilema trágico de Sofia: nenhuma solução era satisfatória, mas ela devia escolher a que parecesse melhor, mesmo que não pudesse ser considerada boa.

O tratamento dessa questão parece não ter tido grande interesse antes do século XX. Anteriormente, a posição mais definida era que, a rigor, não havia dilemas morais. Assim pensava Kant, para o qual um conflito de deveres não seria pensável, "pois os princípios que exprimem os deveres afirmam que algumas ações são necessárias, ou tais regras não podem estar em conflito",[8] conforme exposto por Christine Tappolet. Também para S. Mill, para o qual o utilitarismo facilmente resolveria, com base em seus princípios, os dilemas aparentes. Contemporaneamente, porém, a questão apresentou interesse, na esteira do exemplo dado por Sartre visto anteriormente.

---

[7] Dilema vem do grego *dilemma* (duas vezes, e *lemma*: princípio, premissa). Cf. JAPIASSU, H.; FERNANDES, D. *Dicionário básico de filosofia*. 4. ed. Rio de Janeiro: Jorge Zahar, 2006. p. 75.

[8] TAPPOLET, C. Dilemas morais. In: CANTO-SPERBER, M. (Org.). *Dicionário de ética e filosofia moral*. v. 2. São Leopoldo: Unisinos, 2003. p. 445.

Autores como E. J. Lemmon e B. Williams se puseram a campo para defender a existência dos dilemas morais e mostrar fundamentos e justificativas.[9] C. Tappolet também se pergunta o que exatamente é um dilema moral e constata que, frequentemente, encontra-se diante de escolhas difíceis. Há, pois, dilema moral, quando não se sabe, entre duas ações que não podem ser realizadas ao mesmo tempo, qual opção constitui o dever e, por isso, é moralmente obrigatória. O autor observa que isso pode constituir simplesmente uma dificuldade epistemológica, quer dizer, que em alguns casos talvez seja difícil, senão impossível, saber qual é o dever. Também acontece de a dificuldade surgir da própria natureza dos deveres que podem estar em conflito, ou seja, duas ações podem ser obrigatórias, embora o agente não possa realizar ambas ao mesmo tempo.

B. Williams explica que há dois tipos de conflitos de obrigações em jogo: I) uma delas é mais forte que a outra, dando origem a "conflitos solúveis"; II) nenhuma delas tem primazia, e daqui nascem os "conflitos insolúveis". O conflito "solúvel" corre quando uma pessoa, indo ao encontro de outra, assiste a um acidente. Ela tem o dever de ir ao encontro, pois empenhara a palavra, mas tem também o dever de socorrer ao ferido. Comparados, o primeiro dever é menos importante que o segundo. Já o conflito insolúvel consiste no que parece ser o caso contado por Sartre de seu aluno que, segundo lhe parecia, tinha o dever de se alistar nas tropas francesas de libertação e, ao mesmo tempo, tinha a obrigação de cuidar da mãe desamparada. Parece que nenhuma das obrigações tinha primazia e cumprindo uma, deixaria de cumprir a outra.

Há aqui dois tipos de dilemas morais, embora alguns autores se inclinem a pensar que só haveria dilema nos conflitos insolúveis. Argumentam que as obrigações são absolutas e quando uma sobrepuja a outra, esta desaparece. Com essa afirmação não concorda B. Williams, citado por Tappolet, para o qual não é possível se ater a uma apresentação lógica "que fizesse com que o conflito tivesse como consequência necessária que um dos deveres devesse ser totalmente rejeitado, no sentido de que nos convenceríamos de que ele não possuía verdadeiramente realidade".[10]

---

[9] LEMMON, E. J. Moral dilemmas. *Philosophical Review*, v. 70, p. 139-158, 1962. WILLIAMS, B. Ethical consistency. *Proceedings of the aristotelian society*, sup., v. 39, p. 103-124, 1965. Apud TAPPOLET, 2003, p. 445; 449-450.

[10] TAPPOLET, 2003, p. 445.

É possível examinar mais de perto essa questão, diante de sua importância e recorrência no comportamento moral, mas sem aprofundamentos, dado tratar-se de uma discussão muito abstrata, que vai além dos objetivos deste livro.

A afirmação de que os dilemas morais são possíveis, senão reais, foi apoiada em três argumentos básicos de valor desigual. O primeiro deles, dito do sentimento moral, consiste no fato de que o agente, preso entre duas obrigações que não podem ser satisfeitas ao mesmo tempo, experimentará, depois da ação, o arrependimento tido como apropriado, resultante da negligência diante de uma das obrigações. Esse sentimento indica que o agente teve pela frente duas obrigações conflituais. Na realidade, tal argumento permite estender-se à possibilidade dos conflitos insolúveis, quando precisará afirmar que, seja qual for a opção escolhida, o sentimento de arrependimento será vivenciado na mesma intensidade, ou seja, como esse sentimento ocorre em razão da ação negligenciada, ambas as obrigações têm a mesma força. Entretanto, como esse sentimento pode também ser sentido pelo agente que satisfez todas as suas obrigações, ele não seria "apropriado", pois não é suficiente para indicar que uma obrigação foi negligenciada. Por consequência, o argumento do sentimento moral não parece ter a consistência requerida para ser aceito.

O segundo argumento, denominado argumento da simetria, pode ser considerado um pouco mais forte. Imagine o caso de dois gêmeos qualitativamente idênticos cuja vida está em perigo. O agente só pode salvar um deles, embora a obrigação seria salvar os dois. Como não pode fazê-lo e as duas opções são moralmente idênticas, as respectivas obrigações se opõem simetricamente em conflito, evidenciando um conflito insolúvel. Entretanto, o argumento não leva em conta que a única obrigação é de salvar um ou outro dos gêmeos: trata-se, então, de uma obrigação disjuntiva. Sempre se supõe que, estando um dos gêmeos em perigo, é esse que se deve salvar; mas, se os dois estão em perigo, examinadas as circunstâncias e as possibilidades práticas, a obrigação é de salvar apenas um deles.

Alega-se, por fim, como terceiro argumento, a incomensurabilidade das obrigações, quando alguma delas é mais forte, mais fraca ou de força igual à outra. Obrigações incomensuráveis significam conflitos insolúveis e, portanto, dilemas morais. Por exemplo, se uma opção produz mais justiça que a outra, e essa mais felicidade, está-se diante de valores incomensuráveis e, assim, não há como julgar qual delas é melhor e deve ser cumprida.

Contra a possibilidade de haver dilemas morais, argumenta-se apelando para o prescritivismo, que significa que a principal função dos enunciados morais é prescrever uma ação. Isso não poderia acontecer nos conflitos insolúveis, em que uma prescrição anula a outra, não possibilitando simplesmente o enunciado moral. Recorre-se também ao princípio kantiano segundo o qual o "dever" implica o "poder": se o agente está obrigado a fazer uma coisa, pode fazê-la (portanto, se não pode, não deve). Esse princípio leva em conta que não se pode exigir de uma pessoa que faça o impossível.

Pressente-se, por baixo dessas discussões, o problema da natureza do conhecimento moral: Como justificar os julgamentos morais? Há uma corrente de filósofos que se inclina a afirmar que só a intuição do agente pode decidir que obrigação ou que valor tem a primazia; outra corrente afirma que não se trata de uma questão de verdade, ou seja, não há o verdadeiro e o falso em moral, mas a moral é o campo dos desejos, de modo que os conflitos não são de caráter cognitivista, são conflitos de desejos. A discussão se estende, aparentemente sem um termo, entre os eticistas e os filósofos da moral.[11]

Enquanto isso, é preciso agir diante de circunstâncias que são, muitas vezes, graves, cujas consequências da ação podem comprometer a vida pessoal e a de outras pessoas. O indivíduo é, muitas vezes, causa de ações de duplo efeito. Algumas regras básicas podem ser úteis para as tomadas de decisão.

6.3 O PRINCÍPIO DO DUPLO EFEITO

Na realidade, os atos obrigatórios ou permitidos que são praticados visando ao bem podem ter consequências ruins. Uma série de condições são explicitadas para que se possa agir corretamente. São elas:

1. O ato como tal (ou em si mesmo), seja bom ou indiferente, uma vez que não se pode cometer o mal (mentir, roubar, matar...), mesmo que tal ato possa levar a resultados bons.
2. O efeito bom esperado deve decorrer imediatamente do ato, e não após o efeito mau, pois esse sempre deverá estar na qualidade de secundário.
3. A finalidade ou o objetivo de quem age deve ser a honestidade. Isso significa que o efeito bom deve ser intencionado diretamente, enquanto

---

[11] VIRVIDAKIS, S. Conhecimento moral. In: CANTO-SPERBER, M. (Org.). *Dicionário de ética e filosofia moral*. v. 1. São Leopoldo: Unisinos, 2003. p. 316-324.

o efeito mau deve ser tolerado como algo não desejado, mas inseparável do efeito bom.
4. Deve haver uma causa proporcionalmente grave para permitir o efeito mau. Ou seja, o efeito bom deve ser vultoso e importante a fim de compensar o efeito mau.
5. Não deve haver outro recurso para obter o efeito bom senão o da causa com duplo efeito.[12]

Há certa variação nessa lista, mas a essência é a mesma: não se pode agir na crença de que o fim justifica os meios ou, mais radicalmente, de que não há critério para se decidir entre o bem e o mal, a não ser o da maior vantagem e do bem-estar para o maior número, do utilitarismo de J. Bentham. O que se tem é o chamado "princípio do duplo efeito". Pense em uma situação gravíssima, em que determinado obstetra deve, para salvar a mãe, praticar a craniotomia ou outro procedimento que provoque a morte do bebê. A situação contém uma espécie de dilema moral, com a diferença de que ambas as alternativas podiam, sob algum ponto de vista, ser más, como se pode ver no caso da escolha de Sofia. Ela não podia escolher, mas devia, diante da pressão do oficial nazista. Na questão do duplo efeito, a alternativa intencionada tem de ser boa, primariamente.

Das condições acima enumeradas, embora todas sejam importantes, é preciso prestar atenção à questão da finalidade ou do objetivo que o agente tem em vista ao praticar tal ato. Trata-se da intenção, elemento essencial na moralidade. O ato se caracteriza como moral (bom ou mau) na medida em que realiza o objetivo do agente. Ora, os atos em razão de suas semelhanças se agrupam em diversas categorias (bons, maus, indiferentes), como as pessoas também podem visar a diferentes objetivos, com prazos diferentes, em diferentes circunstâncias.

É preciso notar, porém, que os atos têm seus "objetos", ou seja, podem ser considerados em sua materialidade, admitindo-se que, por sua natureza, intrinsecamente, alguns são bons e outros maus. Por exemplo, assassinar alguém é intrinsecamente mau, de modo que não há boa intenção que se possa dirigir a um objeto dessa qualidade e torná-lo bom. O princípio do duplo efeito tem aqui sua aplicação e seu problema. São Tomás de Aquino escreveu, citando Santo Agostinho, que "há ações que nem a bondade do objetivo, nem a da

---

[12] Autores de inclinação cristã e católica são concordes na elaboração dessa lista, extraída do *Curso de filosofia*, ministrado por Estêvão Bettencourt: BETTENCOURT, E. O. S. B. *Curso de filosofia*. Rio de Janeiro: Escola Mater Ecclesiae, s. a. p. 233-234.

vontade podem tornar boas".[13] Os consequencialistas, na exposição de Peter Byrne,[14] entretanto, não aceitam integralmente essa tese, considerando que o valor moral de uma ação depende do caráter globalmente bom ou mau da totalidade de seus efeitos previsíveis no mundo. Os atos não teriam valor em si mesmos, como não se poderia distinguir entre o ato como tal e suas consequências. Pensam que ao compreender o princípio "não faça o mal para que dele resulte o bem", no sentido de "não realize jamais um ato que tenha um efeito ruim", cria-se uma moral tão rigorosa que se torna, na prática, irrealizável.

Na realidade, uma boa compreensão do princípio do duplo efeito não exclui a possibilidade da ocorrência do efeito ruim. Por exemplo, na guerra, pode-se entender que às vezes é justo destruir as forças inimigas, mesmo que se possa prever que haverá vítimas civis. O que deve ser condenado moralmente é a guerra como tal, excetuando-se, quando é o caso, a chamada guerra justa de autodefesa. No campo das atividades médicas, parece justo, em certas condições, deixar de aplicar em um paciente em fase terminal um tratamento penoso ou experimental, embora se saiba que seus dias serão abreviados. Citam-se aqui as palavras de Peter Byrne:[15]

> Ele [o princípio do duplo efeito] preserva a possibilidade de uma ética fundamentada na ideia de um valor intrínseco e na importância de regras morais fundamentais, impedindo-a de cair em um rigorismo desesperado e impraticável. Sem esse princípio, seríamos pressionados a escolher um rigorismo desse tipo e um consequencialismo integral.

---

[13] São Tomás de Aquino, na Suma teológica, I. II. q. 20, art. 2. A questão 20 trata, com profundidade, da bondade e da malícia dos atos humanos exteriores. Fica mais bem entendida quando se lê a questão 19, que examina a bondade e a malícia do ato interior da vontade. Muita discussão moderna poderia ter sido economizada, se essas páginas de Tomás de Aquino não tivessem sido esquecidas. Veja: TOMÁS DE AQUINO. *Suma teológica*. Ia. IIae. q. 20, a. 2. v. 3. São Paulo: Loyola, 2003. p. 279-290.

[14] BYRNE, P. Duplo efeito: o princípio do duplo efeito. In: CANTO-SPERBER, D. (Org.). *Dicionário de ética e filosofia moral*. v. 1. São Leopoldo: Unisinos, 2003. p. 488-491.

[15] BYRNE, 2003, p. 489.

CAPÍTULO 6 ■ DILEMAS MORAIS E PRINCÍPIOS DE SOLUÇÃO — 123

RESUMO

Este capítulo aborda impasses da vida moral, entre os quais, os chamados dilemas morais. Exemplos paradigmáticos são apresentados, cujo sentido pode ser discutido e analisado, dando origem a algum princípio de solução. A *escolha de Sofia*, tema de um livro e de um famoso filme, mostra uma situação extrema e trágica, em que a mãe de duas crianças, prisioneira de um campo de concentração nazista, é forçada a escolher entre uma delas para sobreviver. Ela não quer escolher, mas não tem essa opção. Um segundo exemplo é dado pelo filósofo Sartre ao narrar a consulta de um aluno que deve escolher entre alistar-se para a guerra ou permanecer com a mãe, que dele precisa para viver. O filósofo dá-lhe um horizonte de liberdade, mas não um princípio de escolha: ele deve sentir-se livre para criar a própria moral, uma vez que morais estabelecidas são insuficientes para lhe apontar o verdadeiro caminho. Um terceiro exemplo é narrado por Laura L. Nash, tratando do episódio do lançamento da nave espacial Challenger, que explodiu alguns segundos depois, resultando na morte de seus tripulantes. Que responsabilidade moral tiveram os engenheiros da NASA, diante de problemas técnicos e políticos? Por fim, narra-se o impasse moral de um contador de uma empresa, posto diante de uma situação em que deveria cometer uma fraude contábil ou perderia seu emprego. Observa-se que em todas as situações sempre está em jogo um valor moral a preservar ou a corromper para benefício pessoal ou do grupo.

Em seguida, são expostas a noção e a justificação do dilema moral. Pode-se definir o dilema moral como a situação em que não se chega a saber, entre duas ações que não podem ser realizadas ao mesmo tempo, qual opção constitui o dever e, por isso, é moralmente obrigatória. A dificuldade pode surgir do fato de que não se sabe qual é o dever ou da natureza dos deveres que podem estar em conflito. Distinguem-se, então, os conflitos solúveis e os insolúveis, com exemplos respectivos. Entretanto, em Filosofia Moral, impõe-se a discussão sobre se tais conflitos morais são, de fato, possíveis ou não, com autores negando e outros afirmando a possibilidade. São apresentados brevemente os argumentos a favor e os contrários. Em que pese o desacordo dos filósofos, a vida se apresenta cheia de situações, algumas muito graves, que exigem do agente moral a tomada de posição.

Para haver princípio de solução, discorre-se sobre o princípio do duplo efeito, ou seja, uma série de condições que o agente moral deverá ter presentes, quando sua ação, visando ao bem (a moral não tem outro objetivo), tem consequências ruins. Ressalta-se a condição da intenção, elemento essencial da moralidade, que não pode se dirigir primariamente ao bem, sem levar em consideração o próprio objeto do ato moral e os meios, posto que o fim bom não justifica o uso de qualquer meio.

Por fim, mostra-se, com Peter Byrne, que o princípio do duplo efeito preserva a possibilidade de uma ética fundamentada na ideia de um valor intrínseco e na importância de regras morais fundamentais, para não cair em um rigorismo exagerado ou em um consequencialismo integral.

ATIVIDADES

1. Sugere-se que você assista, se já não o fez, ao filme *A escolha de Sofia*. Assim, terá a oportunidade de refletir, com o auxílio dessa apreciável obra de arte, a partir das muitas escolhas, praticamente todas infelizes, que a personagem fez na vida, sobre a complexidade da vida moral ou da vida humana simplesmente. Para compreender mais profundamente a razão de ser dos impasses morais, tem-se a palavra do filósofo dinamarquês, Soren Kierkegaard: "Se um humano fosse um animal ou um anjo, não poderia angustiar-se. Dado que ele é uma síntese, pode angustiar-se; e quanto mais profundamente se angustia tanto maior é o ser humano".[16] É possível alcançar um eco mais distante – entretanto, mais próximo – dos dramas e dos dilemas morais, ao ler a famosa tragédia grega de Sófocles, *Antígona*,[17] na qual a heroína se vê no dilema entre obedecer ao ordenamento do rei, que proibia sepultar a um irmão, morto na guer-

---

[16] KIERKEGAARD, S. A. *O conceito de angústia*. Trad. Álvaro Luiz Montenegro Valls. Petrópolis: Vozes, 2010. p. 163.
[17] Sófocles nasceu no ano de 496 a.C., em Colono, periferia de Atenas, tendo morrido em 406 a.C. Compôs mais de uma centena de peças teatrais, mas só sete tragédias completas chegaram aos nossos dias, entre elas a *Antígona*, representada em Atenas em 441 a.C. Veja: SÓFOCLES. *A trilogia tebana*: Édipo Rei, Édipo em Colono, Antígona. Trad. Mário da Gama Kury. 11. ed. Rio de Janeiro: Jorge Zahar, 2004.

ra, considerado traidor, e seguir a sua consciência, que lhe ordenava, em virtude de leis divinas, celebrar os ritos fúnebres devidos ao irmão e sepultá-lo. Antígona submete-se à morte, desobedecendo ao rei. Na discussão sobre o conflito das obrigações ou dos deveres, a opção de Antígona de sepultar o irmão foi a mais forte e alcançou a primazia. A partir dessa leitura, é possível ter maior compreensão das origens gregas do pensamento ético do Ocidente.

2. Fábio Marton apresenta, entre cinco casos de dilema moral que julga clássicos, o do choque cultural. Propõe ele:

> Você é um funcionário da Funai, trabalhando na Amazônia sob ordem expressa de jamais intervir na cultura indígena. Passeando perto de uma clareira, nota que ianomâmis estão envenenando o bebê de uma índia, que está aos prantos. Você impediria a morte do bebê?[18]

O autor continua com a história do índio Mayutá, de dois anos, que nasceu de uma gravidez de gêmeos. Como os índios camaiurás acreditam que gêmeos trazem maldição, Mayutá deveria ser envenenado. O irmão dele já havia sido assassinado quando o pai interveio. Com ajuda da ONG Atini, que tenta acabar com o infanticídio entre os índios brasileiros, o pai retira a criança da tribo. A ONG foi formada pelos pais adotivos da ianomâmi Hakani, que viveu um caso parecido em 1995. Depois que Hakani nasceu com hipotireoidismo, seus pais receberam do conselho da tribo a ordem de envenená-la, mas acabaram tomando o veneno eles mesmos. O irmão e o avô foram encarregados de levar a tarefa adiante e não conseguiram – o avô também se suicidou. Hakani, abandonada, desnutrida e quase morta, acabou adotada por um casal de funcionários da Funai. Um antropólogo do ministério público tentou barrar a adoção, dizendo que era uma agressão à cultura ianomâmi. O mesmo autor conclui:

> E aí, o que vale mais: a vida humana ou o respeito às tradições de um povo? Se você acha que o certo é deixar a cultura acontecer, é um relativista cultural. Se considera o valor da vida maior que o das culturas, é um absolutista moral, como o papa Bento XVI. Com que critério de julgamento moral você se posicionaria diante desse conflito cultural?

---

[18] MARTON, F. Dilemas morais: o que você faria? *Super Interessante*, 15 jun. 2018. Disponível em: https://super.abril.com.br/cultura/dilemas-morais-o-que-voce-faria. Acesso em: 12 fev. 2020.

3. É necessário distinguir conflitos morais de dilemas morais. Os primeiros são muito mais frequentes na vida dos sujeitos morais, enquanto os segundos são raros, caracterizando-se como situações de difícil solução ou insolúveis, quando as alternativas são em geral ruins, a fim de afrontarem ambas um valor ou uma norma moral. Foram expostas no capítulo as dificuldades conceituais. Tente formular um exemplo de conflito moral e um de dilema moral. Para fundamentar sua tarefa, leia:

> NAPOLI, R. B. Dilemas morais. In: TORRES, J. C. B. (Org.). *Manual de ética: questões de ética teórica e aplicada.* Petrópolis: Vozes, 2014. p. 200-221.

4. Responda:
    a) Em que consiste o dilema moral e por que, segundo o filósofo Kant, ele não se justifica?
    b) As normas têm suas coações próprias. Que coação têm as normas morais?
    c) Há bons argumentos que justificam a possibilidade dos dilemas morais. Formule ao menos um.
    d) Atos obrigatórios ou permitidos podem ter efeitos bons e ruins. Em que condições tais atos podem ser realizados?

7

OS OBJETIVOS ÚLTIMOS DA ÉTICA

7.1 A FORMAÇÃO DO CARÁTER E DA PESSOA HUMANA

Este capítulo começa com uma afirmação que pode parecer bastante óbvia: a ética vai além de uma disciplina acadêmica estudada para satisfazer alguma norma de formação profissional; é mais que o estudo e o conhecimento teórico de seu objeto, os fundamentos, as regras e as circunstâncias agravantes ou atenuantes da vida moral. A ética é um atributo da vida, um modo humano de ser, chamado pelos gregos de *ethos*.

À luz desse princípio, não é dispensável refletir sobre os elementos que caracterizam esse modo de ser, pois, como já se viu, a perfeição do homem se manifesta em sua pessoalidade. O ser ético coincide com o ser pessoa, razão pela qual, na tradição cristã e na teoria kantiana, não se pode instrumentalizar, ou seja, transformar em meio aquilo que é fim. Como se está no terreno da vida, e a vida é um contínuo processo de mudança, é preciso considerar que o indivíduo não é apenas um conceito filosófico, mas é também uma realidade em formação em que se manifestam o caráter, o intelecto e o físico, no contexto das vivências sociais.

Inicia-se a análise pela questão do caráter. O que é o caráter e como se forma? No quadro dos dias atuais, é tendência afirmar que a falta de caráter, desde as mais elevadas esferas políticas até o homem comum, predomina na sociedade. Não há grande rigor em cumprir a palavra dada, em procurar a perfeição no trabalho, em ser fiel aos contratos, em respeitar a propriedade alheia, em especial a pública, em ser solidário com os outros, podendo-se enumerar uma série quase infinita de "anomias", de conhecimento bem compartilhado pela maioria das pessoas. Compara-se o Brasil a outros países mais desenvolvidos, especialmente do norte da Europa, para constatar o distanciamento ético, gerador de intranquilidade, desconfiança em relação aos outros, conflitos e violência.

O que é uma pessoa de caráter? Ao recorrer à etimologia, a palavra vem do grego, *charatér*, marca, sinal que permite reconhecer alguma coisa ou algum objeto. Tratando-se de uma pessoa, é o seu modo de ser ou de comportar-se habitualmente, aquilo que a individualiza em suas ações e no contato com outras pessoas. Tal modo de ser constitui-se pela interação recíproca entre o meio familiar, cultural e a própria liberdade de ação e de escolha. Segundo A. Barahona, "o caráter é o conglomerado de comportamentos, atitudes, valores, crenças, ações que configuram a personalidade. É tanto aquilo que os outros veem, pensam e creem de mim, como aquilo que eu penso, creio e vejo de mim mesmo".[1]

Podem ser feitas algumas observações propriamente filosóficas sobre essa definição, à primeira vista complexa, deixando clara a diferença entre caráter e personalidade. De princípio, é bom mencionar Kant que, em seu pensamento antropológico, distingue o caráter físico, aquele pelo qual se diferencia o homem como ser natural, do caráter moral, que diferencia o homem como ser racional, dotado de liberdade. O primeiro caráter dá conta dos aspectos naturais e imutáveis do homem, e o segundo expressa a contingência da liberdade. Essa ideia de Kant não foi de todo abandonada na antropologia contemporânea, pois há quem entenda o caráter como uma formação natural inevitável, e quem o entenda como uma formação em razão das escolhas do homem, livre e modificável.

O psiquiatra Jung (1875-1961), por exemplo, considera o caráter uma orientação preferentemente inconsciente, baseada em disposições orgânicas ou no instinto. Como explica bem Nicola Abbagnano[2] a respeito do pensamento de Jung, o caráter de um homem é a direção em que ocorre o encontro entre ele, o mundo e a sociedade, ou seja, as atitudes ou as disposições a agir ou reagir em certa direção. Aqui, nesse encontro, ou o homem procura dominar o mundo, os objetos externos, assumindo uma atitude ativa, positiva, criadora, ou procura defender-se, retraindo-se. No primeiro caso, tem-se a extroversão, que leva à abertura e à sociabilidade na relação com os outros. No segundo, a introversão com o fechamento, a timidez e a relutância em relacionar-se com os outros.

---

[1] BARAHONA, A. Caráter. In: *Dicionário de pensamento contemporâneo*. Dirigido por Mariano Moreno Villa. São Paulo: Paulus, 2000. p. 95.

[2] ABBAGNANO, N. Caráter. In: ABBAGNANO, N. *Dicionário de filosofia*. Trad. coord. Alfredo Bosi. São Paulo: Mestre Jou, 1962. p. 109-111.

Quase na mesma linha segue Le Senne (1882-1954), para o qual o caráter é "o sistema invariável das necessidades que se encontram por assim dizer, no limite entre o orgânico e o mental".[3] Para ele, o caráter não constitui a totalidade do homem, mas é um dos elementos de sua personalidade, a qual inclui também elementos livremente adquiridos, que podem concorrer para especificar o próprio caráter em relação à necessidade ou à liberdade.

Já o psicólogo e psiquiatra austríaco, Alfred Adler (1870-1937), entende o caráter como manifestação objetiva, verificável por meio da experiência social e da própria personalidade humana. Pode-se falar de caráter apenas na referência da conexão de um homem com o meio ambiente, quando seus traços ou suas disposições são verificáveis socialmente. Acrescenta Adler que essas manifestações não são nenhuma força inata, mas, sim, adquirida. O caráter é o modo como o homem toma posição diante do mundo natural e social, levado pela vontade de potência e pelo sentimento social.

Por fim, cita-se Max Scheler (1874-1928), que distingue pessoa e caráter, sendo a pessoa o sujeito dos atos intencionais, o correlato de um mundo, ou seja, do mundo em que ela vive, e o caráter, a constante hipotética x que se toma para explicar as ações particulares de uma pessoa. Para Scheler, a pessoa não pode mudar, mas pode ser afetada pelas mudanças do caráter. Comenta Abbagnano[4] que essa separação entre pessoa e caráter se deve ao primado metafísico que Scheler atribui à pessoa, ideia que não parece ter acolhida na antropologia contemporânea, para a qual se determinam os seguintes traços do caráter:

a) O caráter é a manifestação objetiva da personalidade humana, como se pode constatar pela experiência humana comum e pelas técnicas de investigação da personalidade.

b) O caráter se diferencia do temperamento, porque não é um dado puramente orgânico, nem é um elemento imutável e necessitante, resultando de opções realizadas pelo indivíduo e consistindo nas constantes observáveis dessas opções.

c) Tais opções são absolutamente livres, não determinadas, mas condicionadas por elementos orgânicos, ambientais etc., opções cujas constantes observáveis delineiam um projeto de comportamento, no qual coincidem o caráter e a personalidade do homem.

---

[3] Apud ABBAGNANO, 1962, p. 110.
[4] ABBAGNANO, 1962, p. 110-111.

As ideias de Abbagnano podem ser complementadas por aquelas de A. Barahona,[5] citado anteriormente, quando trata dos fatores geradores do caráter. Para esse autor, o caráter é fruto de uma interação dialética entre o herdado, o vivido, o acreditado, o imposto e as experiências existenciais. Usa a expressão "forjar o caráter" para significar que o caráter implica tanto o molde de partida como o sofrimento, e o cadinho posterior, no qual são refinadas as vivências, os sofrimentos, as injustiças (tanto as que o indivíduo causa, como as que sofre), o amor ou o desamor que sinta ou exercite, a esperança ou o desassossego desesperado, o trabalho e o desemprego, e outros fatores a que a pessoa é submetida.

Em poucas palavras, há um conjunto das condições dadas ao indivíduo, mais ou menos impostas, e uma força maior ou menor com a qual tais dados são dominados. Tal força denota liberdade, mas não é o único aspecto da moralidade do caráter, uma vez que o dado do indivíduo participa ativamente da constituição da estrutura da pessoa. O autor se posiciona seguindo Emanuel Mounier: "o caráter é mais um ato do que um fato".[6]

Na sequência de sua exposição, Barahona transcreve, também do *Tratado do caráter* de Mounier, três regras de formação do caráter:[7]

1. Conhece-te e aceita-te a ti mesmo, porque nada pode ter eficácia para ti fora dos caminhos e dos limites que te foram destinados. Em outras palavras: não tentes saltar sobre tua própria sombra.
2. Compreende e aceita o caráter do outro, porque é o único caminho para te conduzir ao teu mistério, para romper teu egocentrismo, e para estabelecer entre vós os fundamentos duradouros de uma vida em comum.
3. Cuidaremos de atribuir um coeficiente moral laudativo ou pejorativo para uma ou outra estrutura de caráter [...] pois em geral tendemos a erigir espontaneamente nosso caráter como norma de moralidade.

Percebe-se que essas regras demandam o tratamento educativo em um projeto de humanidade em que esteja presente a vontade de que todos os homens possam desfrutar da liberdade e dos valores da convivência na paz, do comunitarismo e

---

[5] BARAHONA, 2000, p. 96.

[6] BARAHONA, 2000, p. 96. Emanuel Mounier, um pensador francês (1905-1950), escreveu, entre outras obras, *O personalismo* e o *Tratado do caráter*, textos muito apreciados no século XX, de interesse para se conhecer uma das vertentes do personalismo cristão.

[7] BARAHONA, 2000, p. 97.

da justiça. Já foi dito que o caráter é a manifestação objetiva da personalidade humana. Ao falar em personalidade, fala-se logicamente em pessoa, fundamento, como se viu, de todas as manifestações, especialmente as éticas, desse ser no mundo e ser para o outro que é o homem.

Por instantes, o foco pousará sobre o conceito e a realidade da pessoa. De início, é importante fornecer uma definição que possa englobar ao menos os traços essenciais da pessoa, de modo que, para o pensamento, o problema esteja resolvido. Definir é uma operação lógica, destinada a encerrar em contornos claros e firmes o objeto, a fim de fixá-lo, se é de natureza móvel, e purificá-lo de toda ambiguidade. Entretanto, se a pessoa humana, em razão de sua abertura essencial ao outro e ao mundo, está em dinamismo contínuo, alterando-se para melhor (ou pior), não se sujeita ao enquadramento mencionado e é indefinível.

Ao longo da história do pensamento no Ocidente, desde pelo menos a emergência do cristianismo, houve tentativas, se não de definir, ao menos de descrever o fenômeno. É sabido que os gregos antigos não tinham sequer uma palavra para designar a pessoa com os atributos que veio a ter. Para eles, nem todos os seres humanos podiam ser chamados de "pessoas", pois não podiam fruir dos direitos e deveres cidadãos – como mulheres, crianças, escravos e estrangeiros. Mais tarde, com o cristianismo, a mensagem de que todos os homens eram criaturas de Deus, tornados irmãos e iguais no Cristo salvador, serviu de base à especulação sobre o que constituía a pessoa – tendo como pano de fundo uma discussão teológica sobre o estatuto das três pessoas divinas e da própria pessoa de Cristo, considerado homem e Deus ao mesmo tempo.

No âmbito dessa discussão, surgiu uma famosa palavra, atribuída a Boécio (480-524 d.C.), para o qual devia se entender como pessoa uma "substância indivídua, de natureza racional".[8] Essa definição veio a ser reformulada pelos próprios autores cristãos, como Ricardo de São Vitor e São Tomás de Aquino, na Idade Média, para os quais a palavra "substância" não se prestava para indicar as três pessoas divinas, uma vez que não eram três substâncias distintas, mas uma só, a divina, manifestando-se em três "relações". De qualquer forma, no interior do pensamento cristão chamou-se pessoa aquela dignidade que, sem qualquer diferença, abrange todo homem, não importando o sexo, a cultura, a condição social e física, a idade, incluindo-se também o nascituro.

---

[8] BOÉCIO, A. M. S. Contra Êutiques e Nestório, III. In: *Escritos (opuscula sacra)*. Trad. Juvenal Savian Filho. São Paulo: Martins Fontes, 2005. p. 165.

Na idade moderna e contemporânea, os filósofos, desde Descartes até Martin Buber, E. Levinas, Mounier e muitos outros, repropuseram o tema da pessoa a partir de diferentes abordagens, entendendo-a como indivíduo, como sujeito e como "eu", características que são complementares, e não exclusivas. A individualidade necessita ser entendida como singularidade única, insubstituível, ou seja, como unicidade, mas não no sentido de individualismo, como uma "ilha" separada das outras "ilhas", de outros "eus". Pessoa é sujeito, isto é, ela se possui, subsiste em si e se sabe subsistindo, mas não em uma subjetividade fechada, pura e isolada: é sujeito no encontro com o outro, na relação de outros sujeitos, com uma subjetividade interpelada por outras subjetividades. Entendida como um "eu", a pessoa humana é autoconsciente e possui sua própria identidade radical, mas é um "eu" que se descobre no encontro com um "tu" e com o mundo.

Ressalta-se que essa autodescoberta vai-se fazendo desde a primeira infância, "quando a criança, antes de saber que é, o quê é ou quem é, é convocada à comunhão de rostos, que a olham, de mãos que a acariciam e de vozes que a interpelam e a amam, as mesmas que a trouxeram à existência".[9] O "encontro" é o ambiente em que a pessoa se constitui, onde se projeta no diálogo e contempla outros rostos, transcendendo a si mesma.

Merece destaque especial a citação de E. Mounier:[10]

> A pessoa é um ser espiritual constituído como tal por uma forma de subsistência e de independência no seu ser; mantém esta subsistência com a sua adesão a uma hierarquia de valores livremente adotados, assimilados e vividos em compromisso responsável e em constante conversão; unifica assim toda a sua atividade na liberdade e desenvolve por acréscimo impulsos de atos criadores, a singularidade de sua vocação.

Por todas essas características, a pessoa humana não é um simples conceito, é uma realidade viva, em construção, que tem direito natural ao respeito da

---

[9] M. Moreno Villa, comentando o artigo de BUBER, M.; LÉVINAS, E. Pessoa. In: VILLA, M. M. *Dicionário de pensamento contemporâneo*. São Paulo: Paulus, 2000.

[10] MOUNIER, E. Manifiesto al servicio del personalismo. In: *Obras completas*, I. Salamanca: Sígueme, 1992, p. 625. Comentando essa passagem de Mounier, M. Moreno Villa, embora reconhecendo seu desdobramento das teorias medievais de subsistência e independência no ser, observa que lhe faltam elementos importantes, como a corporeidade, a condição sexuada, a historicidade, a sociabilidade, a comunitaridade, a mortalidade. Cf. artigo "Pessoa". Ver: BUBER, LÉVINAS, 2000, p. 598.

comunidade humana – considerada tal somente porque constituída de pessoas. Esse respeito não só impede a pessoa de ser tratada como objeto, coisa ou instrumento, mas significa que o Estado e a sociedade devem proporcionar as condições básicas, culturais, econômicas e políticas para seu desenvolvimento pleno e livre, que são fim em si mesmas, e não meio para o exercício do poder.

7.2 ÉTICA E PAZ NO CONVÍVIO HUMANO

É habitual pensar que cabe à ética resolver os conflitos entre as pessoas e no meio social e, se possível, preveni-los, desativando, por assim dizer, os mecanismos que podem levar à violência e à guerra "de todos contra todos". Em poucas palavras, cabe à ética induzir as pessoas e a sociedade à paz. É bastante aceitável tal maneira de pensar, mas é importante passar por uma reflexão mais profunda, pois a tranquilidade, a calma, a paz de espírito e a harmonia civil de uma nação – que evita a guerra, mas está preparada para ela –, costumeiramente chamada de estado de paz, supõe uma virtude moral indispensável, a justiça, sem a qual é supérfluo, senão ingênuo, falar e desejar a paz.

A antiga definição de Cícero, orador e pensador romano (106 a.C.-43 a.C.), *"pax est tranquilla libertas"*[11] (paz é tranquila liberdade), aparentemente nada diz em tempos conturbados incompatíveis com a experiência da paz. Séculos depois, Thomas Hobbes, partindo da ideia de que a guerra seria o estado natural dos homens, chega à conclusão de que a paz é também uma "lei da natureza", cujo cumprimento apenas será realizado quando feito o pacto constitutivo do poder soberano, dono das forças necessárias para a tutela e a efetivação da paz. Portanto, desde muito cedo, na cultura ocidental, a paz está relacionada à cessação da violência. Mais perto dos tempos atuais, a paz está associada também à tolerância. Assim, o fim da violência e a tolerância são dois importantes aspectos éticos que se associam à experiência da paz.

Sustenta-se que a vontade de paz resolve conflitos e previne a violência que deles provêm. Não se pode esquecer, porém, de que o conflito é natural à vida. O pensador grego Heráclito de Éfeso deixou-nos um pensamento muitas vezes

---

[11] *Filípicas*, 2, 44, 113. Apud ABBAGNANO, 1982, p. 715. Entre muitas obras, Cícero compôs, contra o cônsul Marco Antônio, as *Filípicas*, à imitação do orador grego Demóstenes, que escrevera obra homônima contra o rei Filipe da Macedônia.

lembrado no campo da Filosofia: "O combate (*pólemos*) é de todas as coisas pai, de todas rei, e uns ele revelou deuses, outros, homens, de uns fez escravos, de outros livres".[12] Tal afirmação é uma crítica a Homero que desejara "pudesse a discórdia se apagar entre os deuses e os homens"[13] e afirmara que "é preciso saber que o combate é o que-é-com, e justiça é discórdia, e que todas as coisas vêm a ser segundo discórdia e necessidade".[14] Para ele, é da tensão dos opostos que a realidade se constitui, se mantém e evolui, como uma lei que sustenta todas as leis e preside a vida.

Os antropólogos, ao abordarem a vivência do sagrado nas religiões, também aludem a uma violência fundadora, diretamente relacionada ao sacrifício, e que tem seu outro lado na violência destruidora. Também os psicólogos, seguindo Freud, entendem que a libido, instinto vital, tem sua "carga" de violência que, reprimida e censurada em um objeto, volta-se para outro por mecanismos complexos do inconsciente. Em Ética, a própria vida virtuosa supõe força,[15] luta e certa violência aplicada ao domínio e regramento das paixões.

A violência, entretanto, tem a ver com o mal, e não é gratuito que se reprove a atitude de quem agride, fere e machuca outra pessoa, procedendo intencionalmente, quer por violência física, quer verbal ou política. Se a ética pode encaminhar os conflitos, em vista ao entendimento e diálogo, certamente se opõe à violência, propondo o que tem chamado da cultura da paz. De certo modo, isso significa um esforço de superação da própria natureza humana por meio da educação, a começar pela família e expandindo-se para a sociedade, chegando até a políticas que possam frear, no ambiente democrático, o exercício excessivo da violência institucionalizada do Estado.

É o que a professora Leila Dupret expõe com bastante clareza quando afirma:

> Uma cultura de paz implica no esforço para modificar o pensamento e a ação das pessoas no sentido de promover a paz. Falar de violência e de como ela nos assola, deixa de ser a temática principal. Não que ela vá ser esquecida ou abafada; ela pertence ao nosso dia a dia e temos consciência disto. Porém, o

---

[12] HERÁCLITO DE ÉFESO. Fragmento 53. In: *Os pré-socráticos*. Trad. José Cavalcante de Souza e outros. São Paulo: Abril Cultural, 1973. (Coleção Os Pensadores), p. 90.

[13] HOMERO. *Ilíada*. Trad. Carlos Alberto Nunes. 5. ed. Rio de Janeiro: Ediouro, 1996. p. 288.

[14] HERÁCLITO DE ÉFESO. Fragmento 80. In: *Os pré-socráticos*. Trad. José Cavalcante de Souza e outros. São Paulo: Abril Cultural, 1973. (Coleção Os Pensadores), p. 93.

[15] A virtude está ligada à *vis*, em latim, força.

sentido do discurso, a ideologia que o alimenta, precisa impregná-lo de palavras e conceitos que anunciem os valores humanos que decantam a paz, que lhe proclamam e promovem. A violência já está bastante denunciada, e quanto mais falamos dela, mais lembramos sua existência em nosso meio social e ambiental. É hora de começarmos a convocar a presença da paz em nós, entre nós, entre nações, entre povos.[16]

A autora sugere que alguns passos sejam dados para se construir a cultura da paz. Um deles é a gestão dos conflitos, que vai desde prevenir os conflitos potencialmente violentos, até promover a paz e a confiança entre as pessoas emergentes de situação de guerra, estendendo-se aos lares, às escolas, às instituições e aos locais de trabalho. Outro passo é tentar erradicar a pobreza e reduzir as desigualdades para atingir um desenvolvimento sustentado e o respeito pelos direitos humanos, reforçando as instituições democráticas, promovendo a liberdade de expressão e preservando a diversidade cultural e o ambiente. Não sem razão, Leila Dupret refere-se à cultura e ao desenvolvimento dos valores humanos, entre os quais se sobressai o amor, a mais profunda necessidade humana, a ser cultivado não só na família, mas na sociedade e nas relações interpessoais. Desse modo, escreve com propriedade:

> O amor, em seus diversos modos, vem sendo relegado a um segundo plano, pelas pessoas que acabam priorizando a necessidade de obter êxito em seu trabalho ou de resolver as dificuldades da vida diária. O que tem provocado, por um lado, ignorar o próprio potencial que temos para amar, e por outro, minimizar sua importância. Mostrar, livre e sem inibição, nossa capacidade de amar tem sido uma tarefa das mais difíceis, atualmente.[17]

Tais reflexões levam à compreensão de que, se o conflito pode e faz parte da existência humana, a violência o exacerba, a ponto de tornar essa existência insuportável, como pode-se constatar nas pequenas e grandes cidades. Vê-se também que a violência se enraíza nas injustiças e desigualdades sociais, no desemprego e na falta de oportunidades de trabalho, e em muitas outras situações que

---

[16] DUPRET, L. Cultura de paz e ações socioeducativas: desafios para a escola contemporânea. *Psicologia Escolar e Educacional*. Campinas, v. 6, n. 1, p. 91-96, jun. 2002. Disponível em: http://www.scielo.br/scielo.php?script=sci_arttext&pid=S1413-85572002000100013. Acesso em: 12 fev. 2020.

[17] DUPRET, 2002.

concorrem para a dissolução da família e da escola. Isso é do conhecimento geral e das lideranças políticas e sociais. Para obter a paz, parece ser indispensável, entre outras iniciativas, desenvolver atitudes de solidariedade em relação ao "outro", identificar as "justificativas" para atentados à liberdade individual e contribuir para a conscientização do papel de cada um e de todos no combate às diferentes formas de discriminação.

Referiu-se anteriormente à questão da tolerância, fator de importância semelhante ao combate à violência, para se obter a paz. A tolerância é primordial para evitar o esgarçamento do tecido social e está relacionada à aceitação da diferença, ou seja, do outro enquanto outro, com pleno direito às suas características de cor, sexo, religião e cultura. Isso não significa que a tolerância seja uma virtude passiva, limitada a não se opor às diferenças, mas consciente, no fundo, de que é superior. Com isso, não se afasta a crença de superioridade etnocêntrica ou dos eugenismos que fizeram, como se sabe, a desgraça dos tempos modernos. A tolerância autêntica possibilita a convivência da paz, enquanto abertura para os outros, pessoas e povos, com suas referências e possibilidades de realização próprias. O valor ético em jogo é o respeito e a convicção de igualdade, senão da fraternidade universal, postos em evidência na cultura ocidental, a partir do Iluminismo do século XVIII.

Com essa base, a tolerância é a aceitação tanto das especificidades culturais como das chamadas culturas "invisíveis", encontradas no interior das famílias e das comunidades, nas quais, com frequência, viceja a discriminação quanto às opções sexuais, religiosas etc. Como se falou em educação para a paz, aqui também é indispensável uma educação para a tolerância que leve as pessoas a abordar e superar os conflitos, visualizando os espaços de exercício da solidariedade, da amizade, e não do exercício do poder. Trata-se de um processo permanente que começa na família e na escola e evolui para a construção de plataformas sociais, organizacionais e até políticas que promovam o convívio humano e civilizado.

7.3 ÉTICA E PERFEIÇÃO DA VIDA

Aristóteles, o primeiro expositor sistemático da ética no Ocidente, escreveu, no início de sua obra, que não basta viver, mas é preciso bem viver, ou seja, viver é um fato geral, compartilhado com plantas e animais, mas bem viver é específico do homem que pode, por meio de suas escolhas, suas decisões e suas operações, alcançar uma existência perfeita, com a plenitude de ser e agir. A realização desse ideal é o fim mesmo, o objetivo final da vida moral.

Se é objetivo final da vida moral, deve ser procurado em cada ato e no conjunto dos atos que o agente moral vai realizando ao longo da vida. Assim entendido, esse dever não parece nada fácil de ser cumprido, ao considerar que, na prática, é difícil, senão impossível, ter o controle consciente de todos os atos, dado que muitos são carregados de instinto. Os moralistas falam em formação de "bons instintos" ou em atos instintivos que se tornam bons. Na realidade, não é possível tornar o ato instintivo bom sem a formação das virtudes e a simultânea redução dos vícios. Tende-se assim à perfeição, sabendo-se, porém, que é impossível tender à perfeição apenas evitando o mal.

Jacques Leclercq, em sua obra já clássica, *As grandes linhas da Filosofia Moral*, afirma que tender à perfeição é o dever fundamental. São suas palavras:

> O ato particular é secundário; o que importa é a vida, a vida e toda a corrente vital que me arrasta de tal modo que só lhe posso controlar a parte mais fraca. É certo que eu devo fazer o bem e evitar o mal nos atos que domino diretamente; estes, porém, constituem a menor parte, e o bem, neles, é sempre, em certa medida, função de toda a minha vida: às vezes, esses atos, como nos casos de mortificação acima citados, só tiram sua significação do lugar que ocupam no conjunto.[18]

Mais adiante, explicando melhor a diferença entre ato particular e o conjunto da vida, o autor insiste que o valor essencial é o valor da vida e que é essencial à vida estar em perpétua evolução. Não se pode permanecer o que se é: a moral não é estática, mas dinâmica, tornando-se melhor à medida que se faz o bem sempre mais, ou pior, quando se faz o mal sempre mais.

Esse posicionamento tem uma base metafísica pois trata, na realidade, do ser do homem, coisa com a qual os pensadores gregos antigos já haviam atinado. A perfeição é aquele ponto de plenificação do ser do homem, a que se costuma dar o nome de felicidade: é um fim já inscrito nesse ser, como necessário, ou seja, que deve ser atingido. Se não o é, o homem fica aquém de si mesmo. O que parece ser um paradoxo é o fato de que o homem atinge seu fim necessário pelo conjunto de ações deliberadas e livres, a partir da compreensão que se tem do ajuste da ação com o objeto concreto, percebendo que corresponde à noção geral de bem.

---

[18] LECLERCQ, J. *As grandes linhas da filosofia moral*. Trad. Cônego Luiz de Campos. São Paulo: Herder-Edusp, 1967. p. 355.

Essas ideias podem levar a crer em uma perfeição teórica, abstrata, própria de um homem também abstrato que não existe. Na realidade, porém, está-se falando da vida, do cotidiano de seres humanos reais, concretos, envolvidos na tarefa de viver. É o terreno da ética, que é muito mais que códigos profissionais e normas estabelecidas no meio social. É preciso, pois, diferenciar o dever e os deveres. Do ponto de vista de pessoas que se dão à reflexão, esses são fracos caso não se inscrevam no dever maior, isto é, na busca da perfeição e da beleza do viver. Os deveres são relativos, mas o dever do qual se fala aqui é absoluto.

Parece oportuno terminar esse tópico com as palavras do apreciado filósofo da moral Leclercq:

> Se se desconhece tantas vezes esta tendência para a perfeição, como fato e como dever, é devido à extrema confusão que reina na maioria dos espíritos a respeito da vida moral. Não se dá conta nem da unidade da vida, nem da relação dos atos entre si; confunde-se o bem geral com os bens particulares; não se percebe que o bem em si não existe, para cada um, senão como seu bem próprio. Ficam muitos fascinados pelo momento presente e incapazes de se elevar a um bem que os ultrapassa; veem muitos, na regra moral, apenas preceitos arbitrários, sem conexão com o que se lhes parece seu bem e este lhes aparece sob a forma de uma sucessão de bens particulares sem unidade. Conceber que devem sacrificar certos bens particulares para atingir seu bem geral, noção elementar de moral e que se impõe a todo moralista a ponto de não haver nenhum que o não tenha percebido, está acima da capacidade de apreciação comum. Pelo que concerne ao problema moral, é desconcertante a ausência de reflexão do homem "médio". É preciso levar em conta tudo isso, para compreender como pode acontecer que princípios tão evidentes sejam tão desconhecidos.[19]

---

[19] LECLERCQ, 1967, p. 358.

RESUMO

Este capítulo aborda os objetivos últimos da ética como um atributo da vida, um modo humano de ser. Ora, o ser ético coincide com o ser pessoa. A partir daí, aprofunda-se o que visa à ética: desenvolver a pessoa humana, manifestada, sobretudo, pelo caráter.

A análise do conceito de caráter passa por diversos pensadores, como Kant, Jung, Le Senne, Adler e Max Scheler, para se chegar a algumas afirmações da antropologia contemporânea, que aponta três traços fundamentais do caráter:

i) manifestação objetiva da personalidade humana;
ii) resultado de opções livres do indivíduo; e
iii) condicionado por elementos orgânicos, ambientais etc.

Apontam-se também, em seguimento às ideias de Mounier, algumas regras para a formação do caráter, como o autoconhecimento e o conhecimento do próprio limite, a aceitação do caráter do outro para romper o egocentrismo e, por fim, saber avaliar o caráter dos outros, sem erigir espontaneamente o próprio como norma de moralidade.

Passa-se depois a refletir sobre a noção de pessoa que veio a ser entendida, ao longo dos séculos, como aquela dignidade que, sem qualquer diferença, abrange todo homem, não importando o sexo, a cultura, a condição social e física e a idade, incluindo o nascituro. Vários pensadores entenderam a pessoa ora como indivíduo, ora como sujeito, ora como "eu", mas são aspectos que se complementam. A pessoa humana é autoconsciência em sua identidade radical, mas é um "eu" que se descobre no encontro com um "tu" e com o mundo. Esse encontro é o ambiente em que a pessoa se constitui, projeta-se no diálogo, contempla outros rostos e transcende a si mesma. Por todas essas características, a pessoa humana não é um simples conceito, mas uma realidade viva, em construção, com direito natural ao respeito da comunidade humana.

Em seguida, aborda-se a relação entre ética e paz no convívio humano. É um pensamento comum que cabe à ética, por meio da solução dos conflitos, induzir as pessoas e a sociedade à paz. Embora seja de conhecimento geral que o conflito faz parte da vida e que pensadores antigos e modernos o tenham assim entendido, ressalta-se que a violência, atrelada muitas vezes aos conflitos, tem a ver com o mal e que é preciso desenvolver a cultura da paz. Isso significa, de certo modo, um esforço de superação da própria natureza humana, por meio da educação, a começar pela família e expandindo-se na sociedade, chegando até a políticas que possam frear, no ambiente democrático, o exercício excessivo da violência institucionalizada do Estado.

Alguns passos para construir a cultura da paz são mencionados, indo desde a gestão dos conflitos potencialmente violentos até a erradicação da pobreza e a redução das desigualdades, além do cultivo dos valores humanos, entre os quais se sobressai o amor na família, na sociedade e nas relações interpessoais. Acresce-se a isso o desenvolvimento da educação para a tolerância, supondo a aceitação do outro enquanto outro e de suas diferenças (cor, sexo, religião, cultura). A educação para a tolerância levará as pessoas a abordar e a superar os conflitos, visualizando os espaços de exercício da solidariedade e da amizade em vez do exercício da dominação e do poder.

Por fim, o capítulo propõe que a ética se ordena para a perfeição da existência humana. Entre todos os deveres que a vida moral busca observar e cumprir, está o dever maior de realização do próprio ser do homem. É o bem último ao qual todos os bens se ordenam. Toda ética, para além dos códigos profissionais e das normas estabelecidas no meio social, e valendo-se deles, mostra-se como o caminho que o homem traça, usando sua liberdade para transcender a si mesmo e atingir seu fim absoluto.

ATIVIDADES

1. A pessoa humana passou, sob influência do cristianismo e com a reflexão de filósofos modernos, a ser considerada o fundamento último de toda a vida moral, detentora de uma dignidade absoluta, base dos chamados direitos humanos. Em vista disso, é válido afirmar que não há razões de Estado que passem por cima das razões da pessoa humana? Discuta com amigos e colegas essa questão, se possível levantando situações concretas de aplicação na sociedade.

CAPÍTULO 7 ■ OS OBJETIVOS ÚLTIMOS DA ÉTICA

2. Como você e seus amigos veem o problema da violência? Levante os fatores que julga mais importantes para explicar esse fenômeno social e que medidas propõe para a educação da não violência.

3. Pesquise na internet filmes, exposições de trabalhos artísticos e outras manifestações culturais que têm por tema a tolerância. A intolerância a ideias, crenças, credos políticos, e a pessoas de outro sexo, cor etc. pode ser vista como uma doença incurável na convivência humana? O que, a seu modo de ver, poderia concorrer efetivamente para a educação da tolerância?

4. Responda:
   a) Como é possível definir uma "pessoa de caráter"?
   b) É possível mudar o caráter sem mudar a pessoa?
   c) Enumere as três regras de formação do caráter, segundo o filósofo Mounier.
   d) A noção de pessoa inclui a individualidade, a subjetividade e a autoconsciência. Quais outros elementos você acrescentaria?
   e) A ética destina-se a promover a paz social, o que significa que a ética pode e deve acabar com os conflitos. Esta afirmação está certa ou errada?
   f) O que é e o que significa a tolerância na dimensão ética?
   g) O fim último do comportamento ético é a perfeição da vida. Em que buscá-lo se diferencia de outros deveres éticos?

PARTE II

Ética aplicada

8

MÉTODOS E ÂMBITOS DA ÉTICA APLICADA

8.1 EXIGÊNCIAS PARA AS APLICAÇÕES ÉTICAS

Falar de ética aplicada talvez seja redundante, pois o objeto da ética é a ação. O estudo dos princípios que fundamentam a ética deve levar necessariamente à aplicação nos diversos âmbitos da vida social, não de um modo mecânico, mas levando-se em conta os métodos apropriados e as circunstâncias concretas em que se realizam as ações morais. Entre essas circunstâncias está, certamente, a moral social ou, como alguns preferem intitular, a moral cívica, que rege, de certo modo, o tipo de sociedade em que ocorre tal aplicação.

Colocado isso, a aplicação da ética pode ser feita mediante métodos mais ou menos aceitos por determinadas áreas. Fala-se, por exemplo, em método dedutivo, quando se tem um princípio geral ou universal, que se pensa poder aplicar aos casos concretos. É o chamado silogismo prático, cujo uso remete a Platão, Aristóteles e mais modernamente a Espinosa. Por exemplo, ao considerar o princípio universal de respeito à vida, de modo absoluto, não se pode, concretamente, defender a pena de morte. Tais princípios já estariam previamente estabelecidos, seriam, *a priori*, originados da razão pura ou da lei natural (ou de uma lei divina). Como não se pode garantir que todas as culturas aceitem tais princípios, e nem mesmo que sejam aceitos unanimemente em uma cultura plural, por consequência, eles não seriam nem universais nem absolutos.

Em troca, apresenta-se o método indutivo, segundo o qual, a partir das experiências vivenciadas na sociedade, poder-se-iam formular máximas (não propriamente princípios), com as quais todos, ou ao menos os mais prudentes e especialistas, concordam. Tais máximas seriam expressões da sabedoria prática dos homens, que convergiriam em aceitá-las, resultando daí não certezas, mas juízos prováveis sobre a bondade da atuação. Assim acontece, por exemplo, e com bons resultados, na bioética, terreno em que, mesmo que não haja acordo entre os especialistas sobre princípios éticos, a necessidade de tomar decisões leva-os a concordar sobre algumas máximas para se orientar nos casos concretos. Pode-se objetar a essa posição metodológica, dizendo que a existência de algum princípio ético é indispensável como elemento legitimador de máximas e valores dos diversos campos de aplicação ética.

Se há necessidade de um princípio, qual seria ele e onde poderia ser formulado? Proposta aceitável, mas a ser abordada criticamente, é a da chamada ética do discurso, cujo método não é nem dedutivo, nem indutivo, mas procedimental. Eis como se expressa um dos fundadores dessa categoria ética, K. O. Apel:

> Todos os seres capazes de comunicação linguística devem ser reconhecidos como pessoas, pois em todas as suas ações e expressões são interlocutores virtuais, e a justificação ilimitada do pensamento não pode renunciar a nenhum interlocutor e a nenhuma de suas contribuições virtuais para a discussão.[1]

Levando-se em conta que todos são pessoas e iguais, a aplicação se desenvolverá em uma racionalidade estratégica, a fim de colocar em prática o seguinte imperativo ético dialógico: "Age sempre de tal modo que tua ação se encaminhe para assentar as bases (na medida do possível) de uma comunidade ideal de comunicação".[2] É preciso observar, contudo, que esse modelo, aplicável em muitos campos, em uns mais do que em outros, não esclarece quais estratégias são próprias e nem quais valores servirão de rumo para orientar determinada comunidade, por exemplo, uma empresa na consecução de seus fins sociais.

A aplicação da ética deve supor, primeiro, que a atividade em determinada comunidade ou sociedade deve apresentar uma estrutura moral, sem a qual não tem sentido. Isso significa que a consecução dos bens internos se legitima à medida que se direciona para a consecução dos bens públicos ou comuns. Isso pode não ocorrer quando, por exemplo, os fins meios são convertidos em fins últimos,

---

[1] APEL, K. O. La transformación de la filosofia. In: CORTINA, A.; MARTÍNEZ, E. *Ética*. 3. ed. São Paulo: Loyola, 2012. p. 152.
[2] CORTINA; MARTÍNEZ, 2012, p. 153.

tornando a atividade imoral ou desmoralizada. Além disso, a atividade social não pode descartar ou ir de encontro à legislação vigente, constitucional e complementar. Não pode ser ilegal: no estado democrático de direito, é a legislação que tutela e ampara a moralidade social. Entretanto, podem ocorrer lacunas na legislação (não há como a lei cobrir todos os casos concretos), como se sabe também que a legislação necessita de interpretação (por sua vez condicionada por fatores históricos). Se assim é, é preciso complementar recorrendo a outras instâncias morais.

Em todos os campos em que a ética pode ser aplicada – como a saúde, a pesquisa biotecnológica, a economia, a empresa, a ecologia, os meios de comunicação e as organizações e as instituições, bem como nas atividades profissionais –, não se deixa de prestar atenção à ética social ou cívica, que inclui o conjunto de valores compartilhados em uma sociedade pluralista, com suas diversas concepções de vida boa.

Entre esses valores, nomeiam-se a liberdade, a igualdade e a solidariedade, a tolerância ativa e a predisposição ao diálogo. Cortina e Martínez afirmam que:

> [...] atender aos valores da ética cívica supõe, por exemplo, que uma empresa é obrigada a respeitar os direitos de seus membros e os dos consumidores e fornecedores, e não pode atropelá-los alegando que sua meta consiste em obter um lucro econômico, expresso no balancete. Certamente, para satisfazer com qualidade necessidades humanas (que é sua meta), tem que obter benefício econômico, mas não pode fazê-lo à custa dos direitos dos empregados, dos consumidores ou dos fornecedores. Para obter legitimidade social, uma atividade tem que conseguir, ao mesmo tempo, produzir os bens que se esperam dela e respeitar os direitos reconhecidos por essa sociedade e os valores que ela já compartilha.[3]

Os autores apontam também, com clareza e precisão, os passos que se devem percorrer para definir a ética aplicada de cada atividade. São eles:

1. Determinar claramente o fim específico, o bem interno pelo qual adquire seu sentido e sua legitimidade social.

---

[3] CORTINA; MARTÍNEZ, 2012, p. 157-158.

2. Averiguar quais são os meios adequados para produzir esse bem em uma sociedade moderna.
3. Indagar quais virtudes e valores é preciso incorporar para alcançar o bem interno.
4. Descobrir quais são os valores da moral cívica da sociedade na qual se inscreve e quais direitos essa sociedade reconhece às pessoas.
5. Averiguar quais valores de justiça exige realizar nesse âmbito o princípio da ética do discurso, próprio de uma moral crítica universal, que permite pôr em questão normas vigentes.
6. Deixar as tomadas de decisão a cargo dos que são afetados por esse processo que, com a ajuda de instrumentos de assessoria, ponderarão as consequências, servindo-se de critérios tomados de diferentes tradições éticas.

8.2 ÉTICA E ECONOMIA

Supondo que a atividade econômica, assim como a atividade política, se inscreve no âmbito da ação humana que, por sua vez, é ética em sua origem, desenvolvimento e fim, é de se concluir que não se pode, de princípio, excluir a qualidade ética daquelas atividades. Em especial, entendendo-se a economia como o conjunto de processos de produção de bens ou de riqueza para a satisfação dos objetivos mais básicos dos indivíduos e da sociedade, é intuitivo que tal conjunto venha a ter como finalidade última a realização do homem como um ser racional que "produz" perante a natureza e, ao fazê-lo, se realiza, isto é, "se humaniza". Não se sustenta, portanto, a opinião de que a esfera econômica adquire autonomia ao manter, por valor próprio, a eficiência, e que seus cálculos devem prescindir de objetivos morais. Trata-se, na realidade, de um preconceito, pois não há um conflito irreconciliável entre a eficiência e a equidade ou a justiça, valor central da moral. Pelo contrário, esse valor pertence à lógica interna da atividade econômica, nela concretizando-se a própria moral compartilhada como moral cívica.

A expectativa hoje generalizada é de que sejam condenadas e afastadas das atividades econômicas as imoralidades e as corrupções, em seu lugar impondo-se a equidade, a eficiência, a qualidade, a competitividade e a solidariedade, assistidas por princípios morais. A economia, ao produzir condições materiais de vida, inscreve-se no âmbito das tarefas da cooperação produtora e da distribuição. Dessa maneira, a economia não pode ser julgada eticamente neutra. Isso fica ainda mais claro ao considerar as sociedades como sistemas de cooperação, e não de conflito, nos quais se compartilhe a justiça distributiva para união dos indivíduos. Ao preservar o fim social e a equidade como condição, a verdadeira eficácia econômica está garantida.

8.3 ÉTICA EMPRESARIAL

A economia moderna tem como pilar fundamental as atividades empresariais. É preciso perguntar se as empresas podem adotar uma racionalidade moral em seus comportamentos ou se, ao contrário, devem se ater à sua dinâmica própria, alheia aos valores morais. Em outras palavras, para gerir seus negócios, cabe à empresa deixar de lado a ética comum, concentrando-se "na consecução dos benefícios com todos os meios ao seu alcance, tendo como únicos limites os do cumprimento da lei e da submissão às leis de mercado".[4]

Tadeu Viapiana expôs com apreciável clareza didática essas duas compreensões bastante antagônicas. Escreve ele:

> Em uma visão que poderíamos denominar de excessivamente restrita do objetivo da organização empresarial, o economista norte-americano Milton Friedman afirmava que a principal tarefa das empresas é ganhar dinheiro para remunerar os seus acionistas. As relações entre a empresa e a sociedade devem ocorrer por meio dos mecanismos do livre mercado: a) quanto mais riqueza for produzida para os acionistas, mais eles terão para realizar novos investimentos (correr riscos); e b) quanto mais riqueza for produzida, maior será o benefício para toda a sociedade e mais e melhores produtos estarão à disposição dos consumidores. As empresas precisam ser eficientes e não preocupar-se com valores morais ou éticos; esta é a forma como podem contribuir para o bem-estar social.[5]

---

[4] CORTINA; MARTÍNEZ, 2012, p. 166.
[5] VIAPIANA, T. Ética, economia e negócios. In: TORRES, J. C. B. (Org.). *Manual de ética*: questões de ética teórica e aplicada. Petrópolis: Vozes, 2014. p. 465.

Prossegue o mencionado autor:

> No outro extremo, temos a posição que argumenta que a função da empresa vai além de gerar lucros. Como parte integrante da sociedade, além disso, cabe às empresas a responsabilidade por assumir boas práticas nas relações com a sociedade (consumidores, colaboradores internos e externos) e com o meio ambiente. Por trás da nova visão sobre o papel da empresa não está apenas o desejo de melhorar o bem-estar social, mas também a crítica de que o modelo de desenvolvimento adotado pelos países desenvolvidos no pós-guerra não é ambientalmente sustentável.[6]

Na realidade, tem-se observado, sobretudo a partir dos anos de 1970, que uma "ética dos negócios" tornou-se extremamente importante para o desenvolvimento e a continuidade da confiança na empresa – por parte da sociedade, dos consumidores e dos fornecedores – no "longo prazo". Entretanto, por outro lado, tal confiança pode ser perdida com certa facilidade, às vezes por um lapso apenas no controle moral de suas práticas. Confiança é mais que um simples sentimento ou atitude psicológica conquistada com uma propaganda adequada e eficiente. Confiar é, de fato, um sentimento moral que traduz o sentido de pertença, primeiro por parte dos membros da própria empresa, e depois pelas pessoas que se relacionam com ela.

Já se observou, além disso, que valores morais podem guiar a política interna e externa da empresa, reforçando sua vontade de sobrevivência, como sua expectativa de progresso, e também de maior aceitação social. Em poucas palavras, é melhor ser ético do que não se importar com esse diferencial. Pode parecer que com isso a ética é transformada e usada como instrumento de lucro, adotando-se o utilitarismo moral. É uma questão de perspectiva, pois, como se viu, a legitimação social da empresa passa por sua integração aos fins últimos da sociedade e do ser humano. Vale dizer: isso não acontece sem uma "virada ética". É uma questão de cultura empresarial em que a presença dos valores passa a ser obrigatória, humanizando a seu modo o competitivo mundo empresarial.

Alguns elementos característicos dessa cultura podem ser apontados:

i) a responsabilidade pelo futuro, implicando uma relação a longo prazo do benefício e do tempo;
ii) a comunicação permite à organização respeitar as normas morais que constituem o imperativo da relação pública;

---

[6] VIAPIANA, 2014, p. 466.

iii) o processo de identificação de indivíduos e das empresas com o objetivo de um tratamento personalizado, em lugar do individualismo que já fracassou ao longo da história;

iv) a criatividade da comunicação, impulsionada por padrões morais, como a inovação; e, por fim,

v) a substituição da eficiência pela confiança entre a empresa e o público, tomando-se por base, por exemplo, a responsabilidade social e ecológica da empresa.

Tudo isso pode parecer utópico diante de uma realidade muitas vezes sombria de exploração da mão de obra, de propagandas enganosas, de mecanismos para fraudar o fisco e as leis de proteção do consumidor ou de empresas concorrentes, de desrespeito às normas de proteção e promoção do bem ambiental. Entretanto, o que está em jogo é a humanização das atividades empresariais. A promoção e o entendimento da ética como "rentável" não se opõem aos valores básicos da ética cívica, em que os membros da empresa e os consumidores são interlocutores válidos, no contexto de uma democracia radical, em que os interesses de ambas as partes devem ser encaminhados, por meio de mecanismos de participação efetiva e corresponsabilidade, para salvaguardar o valor mais fundamental das relações humanas: a justiça.

8.4 ÉTICA PROFISSIONAL

A ética profissional ou das profissões deve ser situada, antes de mais nada, nos fundamentos da ética do trabalho, pois a profissão é uma forma reconhecida de trabalho, com todo o valor e obrigações, agregando-se alguns aspectos específicos de cada modalidade.

De modo geral, pode-se entender o trabalho como a atividade própria do homem. Apenas o homem trabalha, desenvolvendo um dinamismo em que se insere na natureza e exercita sua liberdade. Isso se deu por meio de uma evolução ao longo de milhares de anos, em que a atividade foi se organizando como humana, isto é, consciente, livre, imaginada, tendo como consequência o fato de que o homem não pode deixar de fazê-la sem deixar de ser homem. Em outras palavras, trabalhar é essencial ao homem, pois se constitui enquanto tal na medida em que trabalha.

A palavra "trabalho" adveio do latim *tripalium*, cujo significado nos tempos antigos remetia a um instrumento de tortura, em que o algoz "trabalhava" o réu para obter a confissão de seu crime. Nessa perspectiva, o trabalho era tido como uma necessidade, um sacrifício para a sobrevivência do trabalhador, de sua família e, o mais das vezes, para sustento de uma classe de nobres e privilegiados, aos quais se reservava o prazer de viver. Em razão disso, os gregos antigos não valorizavam o trabalho, deixando-o para escravos ou para aqueles que estavam muito próximos de o ser. Aponta-se que o advento do cristianismo modificou essa concepção, entendendo o trabalho como o modo pelo qual o homem continuava a atividade do Criador no mundo e nele mesmo. Assim, o trabalho passava a ter dignidade, sendo honrado e visto como direito e dever do homem.

Entretanto, a história do trabalho no Ocidente não seguiu a mesma linha. A exploração agravou-se, sobretudo com a Revolução Industrial, expandindo-se, para além dos escravos, assim juridicamente classificados, para os "servos" e trabalhadores em geral. Ocorreu, então, uma cisão entre o homem e a vida, em que o trabalho passa a ser o fator mais importante da socialização, portanto, dessacralizado, pelo qual o homem é reconhecido como cidadão, sujeito de deveres e direitos, e o trabalho passa a ser concebido como dever moral, obrigação social e via de acesso ao êxito pessoal. Implanta-se, assim, a ideologia segundo a qual quanto mais a pessoa trabalha, melhor para todos; quem menos trabalha, prejudica a sociedade e não a merece; quem muito trabalha vence; e fracassa quem trabalha pouco e mal.

No capitalismo industrial, a racionalidade econômica impôs que, para calcular o custo do trabalho, era preciso calcular seu rendimento, medi-lo em si mesmo como coisa independente do trabalhador. Desligou-se assim o tempo do trabalho e o tempo de viver e monetarizou-se a vida. Armou-se a equação: quanto mais trabalho, maior produção de riqueza; quanto maior a riqueza, mais felicidade para todos. Assiste-se hoje ao desmentido doloroso dessa ideologia. A concentração de renda acarretou a desintegração social, as desigualdades, as injustiças e a fome. Esse quadro pode ser visto tanto no Brasil como em muitos outros dos vários continentes. Em vista disso, poder-se-ia propor alguns elementos para fundamentar uma ética do trabalho e, em consequência, uma ética das profissões. Calvo Orcal enunciou os seguintes:

1. Um objeto tem valor quando é produto do trabalho humano. O valor de uso de um objeto produzido nada mais é que vida humana objetivada;
2. A acumulação, como dominação do outro, do pobre, é homicida;

3. O sujeito do trabalho, a pessoa humana, é a única fonte criadora de valor. O valor é tão sagrado quanto a própria vida humana. Por isso, como afirma a Bíblia, roubar alguém do valor de seu produto é matá-lo;

4. O homem, por ser pessoa e livre, tem, com respeito à própria vida, uma relação de domínio. A vida objetivada do sujeito no produto do trabalho é sua, é própria. Nisso se estriba o direito absoluto da pessoa sobre o produto do seu trabalho;

5. Acumular dinheiro é acumular vida humana. O capital pretende criar lucro a partir de seu próprio seio. Para isso, é necessário antes reduzir o trabalhador a nada;

6. Pretender-se único, só, de si mesmo, sem dever nada a ninguém, é o caráter idolátrico do capital, dos prometeus e dos neodarwinistas atuais.[7] Separar o capital, como algo consistente em si, que merece obter lucro, do trabalho, como algo consistente em si, que merece ganhar salário, é esquecer que todo capital é trabalho objetivado e, portanto, somente trabalho. Há autêntica libertação somente quando, simultaneamente, há libertação da relação social capital-trabalho pela promoção de um mundo mais humano para todos, em direção à plena perfeição humana;

7. A irracionalidade instrumental e econômica, dominante desde a industrialização, constituiu um mundo no qual três quartas partes dos homens são pobres.[8]

Tendo presentes esses fundamentos, o que seria ou como se constituiria uma ética profissional?

O que especifica, na multiplicidade de formas de trabalho hoje existentes, aquelas que são ditas profissões, para as quais se poderia estabelecer uma "ética profissional", é algo bastante difícil. De princípio, realizar a atividade que cabe aos seres humanos no interior de uma sociedade significa mirar a própria realização e a da sociedade, em que pesem os objetivos secundários, concretos e particularizados. Em consequência, pode ser enunciado como primeiro princípio

---

[7] "Prometeus" são os que – a modo do deus grego Prometeu, que entregou o segredo das técnicas aos homens – acham que o homem, criando a técnica, cria-se a si mesmo e cria o mundo. "Neodarwinistas sociais", tendo como ponto de referência mais remoto a Charles Darwin (1809-1882), o cientista da evolução das espécies (luta pela vida e seleção natural), acham que a concorrência econômica se faz por uma espécie de concorrência vital, assim que a exploração de uma classe por outra também é natural e necessária ao bom funcionamento da sociedade.

[8] ORCAL, A. C. Trabalho. In: VILLA, M. M. *Dicionário de pensamento contemporâneo*. São Paulo: Paulus, 2000. p. 743.

ético profissional, de caráter geral, realizar a atividade com perfeição, observando as normas técnicas previstas. Entretanto, pode-se reduzir o foco àquelas atividades profissionais que se realizam em organizações, em um contexto de colaboração e fidelidade aos objetivos comuns. Desse modo, muita literatura foi produzida nos vários campos, desde os de administração de empresas, privadas ou públicas, até os da saúde e outros serviços, prestados por profissionais individualizados ou reunidos em grupo.[9]

É usual estabelecer como primeiro princípio ou virtude de qualquer ética profissional a honestidade. Certamente, é uma palavra de significado comum, mas guarda certa complexidade ao ser questionada quanto a sua natureza. Ela lembra o *bonum honestum* (bem honesto) dos antigos filósofos estoicos, que se contrapunha ao *bonum utile* (bem de que se usa ou se usufrui), e a *honestas* – termo derivado de *honor*, indicando dignidade, decoro, conveniência, civilidade, isto é, um valor social que, como tal, podia ser levado em consideração pelo direito, como pensavam Cícero e jurisconsultos romanos – que se contrapunha à *turpitudo*,[10] termo que significa tudo o que é inconveniente, indecoroso, contrário aos princípios da ordem social. Não é despropositado recorrer ao mencionado Cícero, para o qual

> [...] tudo que é honesto provém de uma destas quatro partes: pois que está fundado ou no claro conhecimento da verdade; ou na conservação da sociedade, dando a cada um o que for seu, e mantendo a boa-fé nos contratos; ou na grandeza e intrepidez de um ânimo sublime e invencível; ou na ordem e medida em que tudo o que se diz e faz, que é próprio da modéstia e temperança.[11]

Ao seguir, assim, as palavras do famoso orador romano, entende-se que a honestidade inclui quatro componentes.

1. A verdade e seu claro conhecimento, ou seja, ser verdadeiro.
2. A conservação da sociedade, que se traduz na justiça, tanto a que dá a cada um o que é seu, como a que mantém a boa-fé nos contratos, ou seja, ser justo.

---

[9] Vejam alguns títulos nas Referências ao final deste livro.

[10] Seja-nos permitido citar nosso trabalho: CAMELLO, M. Honestum: relações entre a ordem moral e a jurídica, dos gregos ao direito romano. In: RAMPAZZO, L.; SILVA P. C. (Orgs.). *Questões atuais de direito, ética e ecologia*. Campinas: Alínea, 2007. p. 163-196.

[11] Um deles, por exemplo, Quinto Múcio enunciou: "é mais verdadeiro e honesto presumir que as aquisições da mulher provenham do marido" (*esse verius et honestius*) – Digesto 24, 1, 51. CAMELLO, M. 2007, p. 179.

3. A grandeza e o destemor de um ânimo que não se dobra, ou seja, a coragem.
4. A ordem e a medida, portanto, o equilíbrio em todas as ações, o que é possível com a modéstia e a temperança.

Ser um profissional ético, verdadeiro, justo, corajoso, modesto e moderado não é tão fácil. É possível que muitas das características que modernamente apontam para a ética profissional estejam incluídas, mas é importante citar algumas.

A competência consiste em conhecer satisfatoriamente a tarefa a ser executada e executá-la bem, obedecendo com rigor às normas técnicas, aos padrões de qualidade e ao tempo, esperados pela sociedade e pelo mercado, é atributo indispensável do profissional responsável. Isso significa que se exclui a cultura do improviso, tantas e tantas vezes confundido com criatividade. Não advindo fatores e causas inesperadas, independentes da possibilidade de previsão do profissional, os resultados devem ser assumidos sem restrição e subterfúgios. Por outro lado, com todas as alterações da tecnologia, do âmbito jurídico e social, é possível que a competência exija reciclagem de conhecimento e das habilidades específicas em cada profissão.

Outra exigência da ética profissional é a capacidade da colaboração para aprimoramento da convivência, ou seja, a solidariedade. Ser solidário é ter presente na vivência do grupo a convicção de que há um interesse comum, que todos devem procurar atingir. Para tanto, são necessárias a ajuda mútua e a disponibilidade para entender o outro em seus pontos de vista, em seus valores e suas possíveis limitações. Em poucas palavras, a solidariedade pressupõe o respeito pelo outro e a modéstia em aceitar os próprios limites e rever comportamentos.

A solidariedade com a organização e com os companheiros pode implicar também a norma do sigilo. Em algumas profissões, como a medicina, a advocacia e em alguns níveis da administração empresarial, o sigilo é essencial e sua quebra pode ser encarada como crime, tamanho o malefício social que pode causar. Informações confidenciais são protegidas por sigilo, que pode variar de grau segundo a natureza de seu conteúdo e sua destinação. Nessas questões, o limite é a lei, que pode prever não só a obrigação de manter o sigilo, mas também os casos específicos em que o profissional pode (e, às vezes, deve) abrir o segredo a autoridades competentes. É uma questão complexa, dirimida já pelos códigos de ética, por decisões de organismos superiores, quer públicos (tribunais), quer próprios (conselhos) de cada profissão.

Muitas profissões têm seus códigos de ética, instrumentos que orientam, dirigem ou vetam ações dos respectivos profissionais. De início, os códigos de ética expõem os princípios e a missão de uma profissão ou uma empresa, abrangendo as necessidades da respectiva categoria e enfatizando os valores que devem caracterizar as práticas dos profissionais ou das instituições. Algumas profissões falam de códigos deontológicos, confundindo a ciência dos deveres, a deontologia, com as normas da prática moral. De qualquer modo, os códigos de ética se submetem, como a seus fundamentos, à Constituição Federal, à Declaração dos Direitos Humanos e à legislação infraconstitucional, aí incluídas as leis trabalhistas. Acrescem a isso as determinações ou as resoluções dos conselhos das diversas categorias, regionais ou nacionais, que interpretam as normas do código, atualizam-nas ou reformulam-nas, sempre de acordo com as disposições gerais, que são apostas às normas capituladas no código. Tais conselhos assemelham-se aos tribunais, com funções legais sobre registros e julgamentos, segundo as regulamentações dos códigos.

A par dos códigos de ética profissionais, há os códigos de ética empresariais, que cuidam da missão, da visão e dos princípios da empresa, e a eles submetem os funcionários, no que tange suas responsabilidades no interior da instituição, promoções e punições em caso de irregularidades. A obrigatoriedade é do caráter do código enquanto tal. Entretanto, como toda lei, o código não pode atingir todos os casos possíveis, solucionando dúvidas e prevendo todas as circunstâncias da prática profissional. Cabe lembrar aqui não só as competências dos mencionados conselhos mas, sobretudo, a consciência moral do profissional, para guardar o limite do certo e do lícito e ater-se ao dever de justiça e do bem comum.

RESUMO

A ética visa à ação. Por sua natureza, é aplicada ou aplicável. A aplicação da ética não se fará a esmo, mas segundo o método mais apropriado. São apontados três: o dedutivo, o indutivo e o procedimental ou da ética do discurso. De modo geral, a aplicação deve supor que a atividade em determinada comunidade ou sociedade tenha uma estrutura moral, sem a qual a aplicação não fará sentido. Isso significa que os bens internos da sociedade se direcionam para a consecução dos bens públicos, respeitando a legislação vigente. Também deve-se prestar atenção à ética social ou cívica, que inclui o conjunto de valores compartilhados em uma sociedade pluralista: liberdade, igualdade, solidariedade, tolerância ativa e predisposição ao diálogo. Em seguida, são indicados alguns passos que a ética aplicada deve percorrer em cada atividade.

Passa-se depois ao exame das relações entre ética e economia. De princípio, a economia não é eticamente neutra e não há por que estabelecer um conflito irreconciliável entre a eficiência da economia e a equidade ou a justiça, valor central da moral. A economia, ao produzir as condições materiais da vida, se inscreve no âmbito das tarefas da cooperação produtora e da distribuição, solicitando que se compartilhe a justiça distributiva, preservando-se o fim social. É o que legitima a economia e a garante como atividade humana.

Especificando um pouco mais a aplicação da ética, passa-se à ética empresarial. Expõem-se duas compreensões contrárias: a que sustenta que não cabe à empresa se preocupar com questões morais, mas em otimizar o lucro para bem dos acionistas, e outra para a qual a função da empresa vai além de gerar lucros. Cabe às empresas a responsabilidade por assumir boas práticas nas relações com a sociedade (consumidores, colaboradores internos e externos) e com o meio ambiente. Na realidade, a partir dos anos de 1970, sabe-se que uma ética dos negócios se tornou importante para o desenvolvimento e a continuidade da confiança na empresa, o que pode resultar em bons negócios. Os valores morais podem guiar a política interna e externa da empresa em relação a sua sobrevivência, seu progresso e sua aceitação social. Pensa-se em uma cultura empresarial ética, em que se insere a responsabilidade pelo futuro; um tipo de comunicação criativa em que se respeitem as normas morais; um processo de identificação de indivíduos e empresa, com o objetivo de um tratamento personalizado; a "inovação" de padrões morais, ao lado da "inovação" de produtos; e, por fim, a responsabilidade social e ecológica. O que está em jogo é a humanização das atividades empresariais.

Em seguida, o capítulo aborda o conceito de ética profissional, formulada na referência a uma ética do trabalho. Dessa forma, entendendo-se o trabalho como atividade-vida do homem, portanto, algo que lhe é essencial, defende-se o princípio de que o trabalho é um direito fundamental do homem, acima de toda racionalidade econômica moderna. A relação social capital-trabalho deve evoluir em relação à promoção de um mundo mais humano para todos. Com esse fundamento, a ética profissional terá como primeiro princípio ético, de caráter geral, realizar a atividade com perfeição, observando as normas técnicas previstas. Dessa maneira, algumas virtudes básicas deverão compor a ética profissional: a honestidade, a competência, a solidariedade e o sigilo.

Por fim, o estudo chega aos códigos de ética, profissionais e empresariais, de que trata sucintamente. São peças normativas que não podem cobrir todos os casos e circunstâncias possíveis, mas podem passar, e passam, por complementações e interpretações a cargo dos conselhos de cada categoria. É claro que, em toda aplicação da ética, a consciência moral do profissional ocupa o lugar central, para conhecer e guardar o limite do certo e do lícito e ater-se ao dever de justiça e do bem comum.

ATIVIDADES

1. Em uma excelente página crítica, Michael J. Sandel escreve:

   > À sua maneira, o pensamento mercadológico também priva a vida pública de fundo moral. O interesse do mercado decorre em parte do fato de não julgar as preferências a que atende. Ele não quer saber se determinadas maneiras de avaliar os bens são preferíveis a outras ou mais condignas. Se alguém estiver disposto a pagar por sexo ou por um rim e um adulto se dispuser a vendê-lo, a única pergunta que o economista faz é: "quanto?". Os mercados não apontam o polegar para cima ou para baixo. Não discriminam entre preferências louváveis ou condenáveis. Cada parte envolvida num trato decide por si mesma que valor atribuir aos objetos trocados. Essa oposição isenta de julgamento em relação aos valores está no cerne do pensamento mercadológico e explica boa parte do seu interesse.[12]

   De início, recomenda-se a leitura dessa obra, a fim de conhecer os aspectos morais e éticos da economia e do capitalismo. A seguir, discuta com os colegas a passagem acima, para aprofundar as razões pró e contra a presença da ética na economia.

---

[12] SANDEL, M. J. *O que o dinheiro não compra*: os limites morais do mercado. Trad. Clóvis Marques. 8. ed. Rio de Janeiro: Civilização Brasileira, 2017. p. 19.

CAPÍTULO 8 ■ MÉTODOS E ÂMBITOS DA ÉTICA APLICADA | 159

2. Você poderá refletir sobre aspectos dramáticos do trabalho, como o desemprego, vendo filmes que se tornaram famosos. Há muitos, mas os seguintes são especialmente recomendáveis: *Tempos modernos*, clássico de Charlie Chaplin (1936), que tematiza a instrumentalização e a mecanização do trabalhador e os efeitos da tecnologia que levam à obsessão; *Um dia de fúria*, com direção de Joel Schumacher (1993), sobre o estresse e o desespero causados pelo desemprego; *O informante*, diretor Michael Mann (1999), sobre os dilemas éticos de profissionais ao lidarem com os interesses privados de seus patrões. Promova debates e mesas-redondas sobre a ética do trabalho.

3. Em 1º de janeiro de 2018, o jornal *Folha de S.Paulo* publicou editorial que levava por título Os macacos do diesel, sobre montadoras alemãs que patrocinaram experimentos controversos em que macacos foram expostos a poluentes gerados por motor a diesel, justamente para comprovar que a decisão de 2012 da Organização Mundial da Saúde (OMS), que considerara o diesel carcinogênico, não tinha fundamento. Segundo o mencionado editorial, a queima do diesel é uma das principais fontes de óxidos de nitrogênio e material particulado fino que atacam os pulmões. O que você julga dos experimentos citados? Posicione-se sobre os limites do direito e da ética ambientais para as atividades industriais.

4. Responda:
    a) O texto descreve três métodos para aplicações éticas: dedutivo, indutivo e procedimental. Exponha as diferenças entre eles.
    b) A atividade econômica é uma esfera própria, autônoma, cujo valor fundamental é a eficiência. Por isso, é eticamente neutra. Explique por que essa opinião não se sustenta.
    c) Na ética dos negócios não se exclui a rentabilidade. Mostre como isso é possível.
    d) A ética profissional supõe a ética do trabalho. Em que fundamentos essa afirmação se baseia?
    e) Honestidade, competência, solidariedade e sigilo são virtudes básicas da ética profissional. Defina cada uma delas.
    f) O Código de Ética Profissional vai além de proteger os interesses das categorias. Que outra(s) finalidade(s) ele teria?

9

CÓDIGO DE ÉTICA PROFISSIONAL DO CONTADOR (CEPC)

9.1 ASPECTOS GERAIS

Não é exagero afirmar que a profissão do contador é uma das mais relevantes na sociedade quando se considera a importância das organizações comerciais na produção e na distribuição dos bens necessários à sobrevivência e ao aperfeiçoamento cultural dos homens. A escrituração empresarial data de muitos séculos e pode ter sido a primeira fonte da invenção da escrita, tal como se incorporou à civilização ocidental. A atuação na contabilidade, dada sua importância, não poderia deixar de ser assistida por um conjunto de normas que previssem, da melhor maneira possível, a forma e as circunstâncias do exercício profissional.

O Código de Ética Profissional do Contador (CEPC), aprovado em 1970, teve vigência por 26 anos, com os benefícios esperados por ocasião de sua aprovação. No entanto, com o processo de evolução das relações do profissional da contabilidade com a sociedade e o próprio grupo profissional, após cinco anos de consultas da comunidade contábil, o Conselho Federal de Contabilidade (CFC), por meio da Resolução n. 803, de 1993, promulgou, em 20 de novembro de 1996, no *Diário Oficial da União* (DOU), um novo Código, brevemente comentado na primeira edição desse compêndio. Julgando agora necessário atualizar o referido diploma legal, o CFC editou a Norma Brasileira de Contabilidade, NBC PG 01, em 7 de fevereiro de 2019. Em suas "Disposições gerais", declara que as demais normas profissionais a complementam, que deve prevalecer onde houver conflito com aquelas, e, por fim, como é de praxe nos diplomas legais, revoga as Resoluções ns. 803, de 1996; 819, de 1997; 942, de 2002; 950, de 2002; e 1.307, de 2010, do mesmo Conselho Federal.[1]

A princípio, passa-se a olhar a estrutura formal da NBC PG 01 – Código de Ética Profissional do Contador, constituída de seis tópicos ou itens (evitou-se a terminologia de "capítulos" do Código anterior), que versam sobre o objetivo, os deveres, as vedações e permissibilidades, o valor e a publicidade dos serviços profissionais, os deveres em relação aos colegas e à classe, as penalidades e disposições gerais.

Nota-se que a Norma NBC PG 01 é exarada em linguagem sóbria, clara e pragmática, como devem ser as peças legais, sem a pretensão de abranger todas as circunstâncias possíveis de aplicação, pois, para tanto, há os Conselhos (Federal e Regionais) com seus respectivos comitês de ética. Entretanto, se o seu objetivo, estritamente falando, é "fixar a conduta do contador, quando no exercício da sua atividade e nos assuntos relacionados à profissão e à classe",[2] sua finalidade maior parece ser a perfeita inserção do profissional da contabilidade na sociedade, a serviço da qual está como agente social, que, por sua conduta correta, do ponto de vista moral, colabora no aperfeiçoamento humano de si e de sua categoria e, por extensão, de toda a comunidade.

9.2 ASPECTOS ESPECÍFICOS

É o que se pode comprovar, lendo com toda a atenção requerida, os cinco tópicos ou itens da Norma NBC PG 01, de 7 de fevereiro de 2019. Estabelecido, no item 1, o objetivo acima referido, e esclarecido que a conduta ética do contador deve seguir a presente disposição normativa e aplicar-se também ao técnico em contabilidade no exercício de suas prerrogativas profissionais, passa-se a expor o que é dever do contador, o que lhe é vedado e o que lhe é permitido.

O elenco dos deveres do contador é assaz longo, estipulando dezoito prescrições. Não se há aqui de expor todos, mas os que parecem mais relevantes. É bem o caso do primeiro dos deveres: "exercer a profissão com zelo, diligência,

---

[1] A NBC PG 01, datada de Brasília, 7 de fevereiro de 2019, foi assinada pelo contador Zulmir Ivânio Breda e inserida na Ata CFC n. 1.048.

[2] CONSELHO FEDERAL DE CONTABILIDADE. *NBC PG 01, de 7 de fevereiro de 2019*. Aprova a NBC PG 01 – Código de Ética Profissional do Contador, p. 1. Disponível em: http://www2.cfc.org.br/sisweb/sre/detalhes_sre.aspx?Codigo=2019/NBCPG01&arquivo=NBCPG01.doc. Acesso em: 12 fev. 2020.

honestidade e capacidade técnica, observando as Normas Brasileiras de Contabilidade (NBCs) e a legislação vigente, resguardando o interesse público, os interesses de seus clientes ou empregadores, sem prejuízo da dignidade e independência profissionais".[3] Tais dizeres dispensam explicações: sob a tutela da legislação vigente, em todas as suas esferas, o profissional cuidará da correção de sua ação e das relações com seus clientes ou empregadores, cuidando de seus interesses e do interesse público. Estão em jogo a dignidade e a independência profissionais, das quais o contabilista não poderá abrir mão, dado ser uma questão de identidade pessoal e profissional. Justamente em razão disso, o profissional há de recusar indicação para trabalhos específicos que não se enquadram em sua competência.

Logo a seguir, trata-se de uma condição essencial: a questão do sigilo "sobre o que souber em razão do exercício profissional, inclusive no âmbito do serviço público".[4] A norma é geral, mas o legislador incluiu a atuação no âmbito do serviço público, com exceção dos casos previstos pela lei ou em que se deve prestar contas a autoridades competentes, entre as quais os Conselhos Federal e Regionais de Contabilidade. O sigilo é tão importante que se faz referência explícita a ele em duas vedações (n. 5, letras "o" e "v"). O profissional tem acesso a dados, informações e acordos vitais para as organizações com as quais colabora, e o sucesso de seu trabalho depende da confiança nele depositada, da qual deve cuidar para manter e reforçar.

Seguem-se outros deveres, que se depreendem, de certo modo, desses dois primeiros. Vale ressaltar que zelo, diligência, honestidade e capacidade técnica, tratados no primeiro dever, aplicam-se, em especial, ao "zelo pela competência exclusiva na orientação técnica dos serviços a seu cargo".[5] É óbvio que, se o profissional se estabelece na função, deve ter as condições cognitivas e as habilidades para exercê-la. Essa competência "exclusiva" levará o profissional a diversas atitudes claramente morais, como abster-se de expressar argumentos subjetivos

---

[3] CONSELHO FEDERAL DE CONTABILIDADE. *NBC PG 01, de 7 de fevereiro de 2019*. Deveres, vedações e permissibilidades, n. 4, letra a, p. 1. Disponível em: http://www2.cfc.org.br/sisweb/sre/detalhes_sre.aspx?Codigo=2019/NBCPG01&arquivo=NBCPG01.doc. Acesso em: 12 fev. 2020.

[4] CONSELHO FEDERAL DE CONTABILIDADE. *NBC PG 01, de 7 de fevereiro de 2019*. Deveres, vedações e permissibilidades, n. 4, letra c, p. 1. Disponível em: http://www2.cfc.org.br/sisweb/sre/detalhes_sre.aspx?Codigo=2019/NBCPG01&arquivo=NBCPG01.doc. Acesso em: 12 fev. 2020. Note-se que o texto suprimiu, e fez bem, por supérflua, a palavra "lícito" para qualificar o exercício profissional, como se via no Código de 1996.

[5] CONSELHO FEDERAL DE CONTABILIDADE. *NBC PG 01, de 7 de fevereiro de 2019*. Deveres, vedações e permissibilidades, n. 4, letra h, p. 2. Disponível em: http://www2.cfc.org.br/sisweb/sre/detalhes_sre.aspx?Codigo=2019/NBCPG01&arquivo=NBCPG01.doc. Acesso em: 12 fev. 2020.

sobre direitos das partes interessadas, emitir interpretações tendenciosas sobre o que constitui objeto de seu trabalho, mas, positivamente, munir-se de toda documentação necessária para estar a par das circunstâncias, antes de expressar sua opinião sobre qualquer caso.

Por outro lado, se está consciente de que não tem a competência esperada para determinado caso, é sua obrigação recusar a indicação para tratá-lo. É uma questão de honestidade, valor que induzirá o profissional a esclarecer, por exemplo, ao cliente ou ao empregado, "em documento reservado, eventual circunstância adversa que possa gerar riscos e ameaças ou influir na decisão daqueles que são usuários dos relatórios e serviços contábeis".[6] Ainda, sob esse aspecto, renunciará às funções, por instrumento hábil, caso o cliente ou o empregador perca a confiança nele, ou vice-versa. Entende-se que a confiança mútua é indispensável, pois se está em um plano não apenas técnico, mas moral, no qual se sobreleva o compromisso estrito com a verdade, princípio ético absoluto.

Outros deveres enunciados pela Norma não exigem elaboradas explicações. Entretanto, o legislador enfatiza a necessidade de o profissional ser solidário com os movimentos de defesa da dignidade profissional, o que implica a defesa da remuneração condigna e das condições de trabalho "compatíveis com o exercício ético-profissional da Contabilidade e seu aprimoramento técnico".[7] Nessa linha, aponta-se o interesse em cumprir os Programas de Educação Continuada, segundo o estabelecido pelo CFC, como atender à fiscalização do exercício profissional disponibilizando os documentos e os relatórios solicitados e, finalmente, indicar os dados referentes ao registro, endereços físico e eletrônico após a assinatura em trabalho de contabilidade.

Assim, são enunciados dezoito deveres para o perfeito exercício da atividade profissional do contador. A lista não parece exagerada. O leitor pode não achar o mesmo a respeito das 23 vedações, declaradas no n. 5 da Norma NBC PG 01. Essas proibições ou vedações são difíceis de ser agrupadas. Na realidade, são bastante particularizadas, tendendo à preservação da honorabilidade da classe, ao respeito aos colegas de profissão e, é claro, a coibir práticas ilícitas no exercício

---

[6] CONSELHO FEDERAL DE CONTABILIDADE. *NBC PG 01, de 7 de fevereiro de 2019*. Deveres, vedações e permissibilidades, n. 4, letra i, p. 2. Disponível em: http://www2.cfc.org.br/sisweb/sre/detalhes_sre.aspx?Codigo=2019/NBCPG01&arquivo=NBCPG01.doc. Acesso em: 12 fev. 2020.

[7] CONSELHO FEDERAL DE CONTABILIDADE. *NBC PG 01, de 7 de fevereiro de 2019*. Deveres, vedações e permissibilidades, n. 4, letra n, p. 2. Disponível em: http://www2.cfc.org.br/sisweb/sre/detalhes_sre.aspx?Codigo=2019/NBCPG01&arquivo=NBCPG01.doc. Acesso em: 12 fev. 2020.

contábil e na obtenção de ganhos não justificáveis ou não declarados segundo a lei. Não se permite, por exemplo, assumir serviços de qualquer natureza que venham a prejudicar moralmente a classe ou causar desprestígio, da mesma forma como não é permitido que o contador assine peças contábeis de terceiros, que exerça a profissão quando impedido e que mantenha organização contábil clandestina, sem registro regular no Conselho Regional de Contabilidade (CRC).

Ao seguir o princípio de que o detalhamento das proibições não se dá por acaso ou por imaginação do legislador, é de se pensar que contempla circunstâncias reais, com o objetivo de reformar, inibir ou simplesmente reprovar, para salvaguardar a ética do exercício profissional. É bem o que se pode supor quando se proíbe com a seguinte norma:

> reter abusivamente livros, papéis ou documentos, inclusive arquivos eletrônicos, comprovadamente confiados à sua guarda, inclusive com a finalidade de forçar o contratante a cumprir suas obrigações contratuais com o profissional da contabilidade, ou pelo não atendimento de notificação do contratante.[8]

Ou esta proibição: "iludir ou tentar iludir a boa-fé de cliente, empregador ou de terceiros, alterando ou deturpando o exato teor de documentos, inclusive eletrônicos, e fornecer falsas informações ou elaborar peças contábeis inidôneas".[9] E, para encerrar as 23 vedações: "exercer a profissão contábil com negligência, imperícia ou imprudência, tendo violado direitos ou causado prejuízos a outrem".[10] É supérfluo concluir que o oposto é que se recomenda: o zelo, a competência e a prudência, qualidades ou valores que constituem os pilares de sustentação ética da profissão.

Seguem-se quatro ações permitidas ao contador. Na primeira delas, ele pode publicar trabalho, científico ou técnico, desde que assinado e sob sua responsabilidade. No item anterior das proibições, vedava-se justamente "publicar

---

[8] CONSELHO FEDERAL DE CONTABILIDADE. *NBC PG 01, de 7 de fevereiro de 2019*. Deveres, vedações e permissibilidades, n. 5, letra l, p. 3. Disponível em: http://www2.cfc.org.br/sisweb/sre/detalhes_sre.aspx?Codigo=2019/NBCPG01&arquivo=NBCPG01.doc. Acesso em: 12 fev. 2020.

[9] CONSELHO FEDERAL DE CONTABILIDADE. *NBC PG 01, de 7 de fevereiro de 2019*. Deveres, vedações e permissibilidades, n. 5, letra p, p. 3. Disponível em: http://www2.cfc.org.br/sisweb/sre/detalhes_sre.aspx?Codigo=2019/NBCPG01&arquivo=NBCPG01.doc. Acesso em: 12 fev. 2020.

[10] CONSELHO FEDERAL DE CONTABILIDADE. *NBC PG 01, de 7 de fevereiro de 2019*. Deveres, vedações e permissibilidades, n. 5, letra w, p. 3. Disponível em: http://www2.cfc.org.br/sisweb/sre/detalhes_sre.aspx?Codigo=2019/NBCPG01&arquivo=NBCPG01.doc. Acesso em: 12 fev. 2020.

ou distribuir, em seu nome, trabalho científico ou técnico do qual não tenha participado".[11] O legislador está certamente atento à possibilidade daquilo que é conhecido nos meios acadêmicos sob o nome de plágio, um furto intelectual, ato ilícito, porque se opõe à observância dos direitos autorais e ao dever da ética intelectual. A segunda e a terceira permissões dizem respeito à transferência do contrato de serviço, no todo ou em parte. Se no todo, a transferência a outro profissional deve ser feita sob anuência do cliente, sempre por escrito. Se em parte, permanece sua responsabilidade técnica integral. Por fim, o profissional pode dar publicidade, em qualquer veículo de comunicação, de seus "títulos, especializações, serviços oferecidos, trabalhos realizados e a relação de clientes, esta quando autorizada por estes".[12] A permissão para essas ações é bem explícita, fato estranho para os que entendem que é da natureza da lei obrigar ou proibir, não permitir, ou seja, ficaria subentendido como permitido tudo aquilo que não é expressamente obrigado ou proibido. Aqui, porém, poder-se-ia entender não como uma permissão, mas como um reconhecimento do direito, diante das proibições tão detalhadas do n. 5 da Norma.

A seguir, o dispositivo legal contempla uma questão relevante: o valor e a publicidade dos serviços profissionais, matéria distribuída em nove números (7-15). Logo de início são apresentados seis critérios para que o contador possa fixar, por escrito, o valor de seus serviços profissionais. Entre tais critérios estão a importância, a complexidade, os custos e as dificuldades que o serviço pode apresentar, incluindo o tempo, o local e a impossibilidade de executar outros serviços. Menciona-se também o alcance do resultado lícito favorável para o contratante, que pode ser um cliente eventual, habitual ou permanente. No que se refere às propostas para a prestação dos serviços profissionais, o contador deve considerar o valor de cada serviço, a periodicidade e a forma de reajuste, sendo o contrato resultante celebrado por escrito, segundo a legislação do CFC. A publicidade dos serviços contábeis, por sua vez, em qualquer veículo de comunicação, deve primar por sua natureza técnica e científica, ter caráter meramente informativo, ser moderada e discreta, vedando-se a prática da mercantilização. Cabe ainda ao

---

[11] CONSELHO FEDERAL DE CONTABILIDADE. *NBC PG 01, de 7 de fevereiro de 2019*. Deveres, vedações e permissibilidades, n. 5, letra u, p. 3. Disponível em: http://www2.cfc.org.br/sisweb/sre/detalhes_sre.aspx?Codigo=2019/NBCPG01&arquivo=NBCPG01.doc. Acesso em: 12 fev. 2020.

[12] CONSELHO FEDERAL DE CONTABILIDADE. *NBC PG 01, de 7 de fevereiro de 2019*. Deveres, vedações e permissibilidades, n. 6, letra d, p. 3. Disponível em: http://www2.cfc.org.br/sisweb/sre/detalhes_sre.aspx?Codigo=2019/NBCPG01&arquivo=NBCPG01.doc. Acesso em: 12 fev. 2020.

legislador vedar, nas ações publicitárias, o que denigre a reputação da ciência contábil, da profissão e dos colegas. É o caso, por exemplo, quando se fazem afirmações desproporcionais sobre os serviços oferecidos, a capacitação e a experiência do profissional, ou comparações depreciativas entre seu trabalho e o dos outros, e, por fim, quando se desenvolvem ações comerciais que iludam a boa-fé de terceiros[13] – procedimentos esses, como se pode ver, muito possíveis, infelizmente, no ambiente de intensa concorrência, mercantilização e competitividade do mundo atual.

O dispositivo legal passa a contemplar os deveres em relação aos colegas e à classe. Pelo exposto até aqui, entende-se que alguns deveres, a esse respeito, já foram antecipados, mas trata-se agora de detalhar, com mais clareza, o que se espera do profissional da contabilidade.

A consideração, o respeito, o apreço e a solidariedade devem informar a conduta do contador para com os colegas, em razão da harmonia da classe. Entretanto, fica explícito que a solidariedade não significa participação ou conivência com o erro, falhas técnicas, éticas ou legais. Citam-se quatro normas a serem observadas na relação com os colegas:

a) abster-se de referências prejudiciais ou desabonadoras;
b) não aceitar encargo profissional em substituição a colega que tenha desistido para preservar a dignidade ou os interesses da profissão ou da classe, se as condições permanecerem as mesmas quando houve a desistência;
c) não se apropriar de trabalhos, iniciativas ou soluções de colegas, como se fossem próprias;
d) evitar desentendimento com colega a que vier a substituir no exercício profissional.[14]

Com relação à classe, são definidas sete normas de conduta, que vão desde prestar concurso moral, intelectual e material, quando possível, zelar pelo prestígio da classe, aceitar o cargo de dirigente nas entidades de classes, acatar as resoluções por elas votadas e não formular juízos depreciativos a seu respeito, até a obrigação de zelar pelo cumprimento da Norma (NBC PG 01), informar os

---

[13] CONSELHO FEDERAL DE CONTABILIDADE. *NBC PG 01, de 7 de fevereiro de 2019*. Valor e publicidade dos serviços profissionais, n. 7-15, p. 3-4. Disponível em: http://www2.cfc.org.br/sisweb/sre/detalhes_sre.aspx?Codigo=2019/NBCPG01&arquivo=NBCPG01.doc. Acesso em: 12 fev. 2020.

[14] CONSELHO FEDERAL DE CONTABILIDADE. *NBC PG 01, de 7 de fevereiro de 2019*. Deveres em relação aos colegas e à classe, n. 18, p. 4. Disponível em: http://www2.cfc.org.br/sisweb/sre/detalhes_sre.aspx?Codigo=2019/NBCPG01&arquivo=NBCPG01.doc. Acesso em: 12 fev. 2020.

órgãos competentes sobre irregularidades comprovadas na administração de entidade da classe contábil e, finalmente, jamais se utilizar de posição ocupada na direção de entidades de classe para auferir benefício ou proveito pessoal.[15]

O ponto mais delicado dessas normas talvez seja a questão da informação encaminhada aos órgãos de classe sobre irregularidades comprovadas. Sabe-se que não é vista com bons olhos a denúncia, nem por parte dos colegas de profissão, nem por parte de empregadores. Ficaram, entretanto, conhecidos no âmbito da investigação policial e judiciária, nos anos recentes, centenas de casos da chamada "delação premiada", que possibilitaram a descoberta e a condenação de crimes de "colarinho branco". É possível que esses fatos provoquem uma consciência maior de recusa da corrupção, seja em que esfera for. A Norma ou o Código, que ora se examina, tem mais de uma norma preventiva de tal distorção ética, dosando, com sabedoria, a obrigação do sigilo com a de ser verdadeiro e não admitir fraude de qualquer natureza. Nesses termos, o contador aqui também tem uma importante função social.

A NBC PG 01 trata ultimamente das penalidades à transgressão de seus preceitos (ns. 20, 21, 22 e 23). Dependendo da gravidade, a transgressão é punida por advertência reservada, por censura reservada ou por censura pública. Entretanto, a aplicação das sanções há de levar em consideração as circunstâncias atenuantes, também enumeradas: se a falta foi cometida em defesa de prerrogativa profissional, se não houve punição ética anterior e se o transgressor prestou relevantes serviços à contabilidade. Por outro lado, devem ser consideradas também as circunstâncias agravantes, ou seja, se a transgressão maculou publicamente a imagem do contador, se houve punição ética anterior transitada em julgado e, por fim, qual foi a gravidade da infração. Prevê-se, finalmente, que o contador "pode requerer desagravo público ao Conselho Regional de Contabilidade, quando atingido, pública e injustamente no exercício de sua profissão".[16] É uma cláusula importante, como protetiva da honra e da dignidade do profissional que, em mais de uma passagem da Norma PG 01, foi chamado a contribuir para o prestígio da profissão e da categoria.

---

[15] CONSELHO FEDERAL DE CONTABILIDADE. *NBC PG 01, de 7 de fevereiro de 2019*. Deveres em relação aos colegas e à classe, n. 18, p. 4. Disponível em: http://www2.cfc.org.br/sisweb/sre/detalhes_sre.aspx?Codigo=2019/NBCPG01&arquivo=NBCPG01.doc. Acesso em: 12 fev. 2020.

[16] CONSELHO FEDERAL DE CONTABILIDADE. *NBC PG 01, de 7 de fevereiro de 2019*. Penalidades, n. 23, p. 5. Disponível em: http://www2.cfc.org.br/sisweb/sre/detalhes_sre.aspx?Codigo=2019/NBCPG01&arquivo=NBCPG01.doc. Acesso em: 12 fev. 2020.

Observa-se que, em linhas gerais, a presente Norma, que substitui e revoga o Código de 1996, em várias passagens simplifica e reduz diversas disposições daquele diploma legal, alterando, inclusive, a forma ou o estilo jurídico, como a divisão em capítulos e artigos. No que tange, por exemplo, às denúncias e ao julgamento das infrações e dos recursos, já não se mencionam mais os Tribunais Regionais de Ética, nem o Tribunal Superior de Ética, não se explicitando os trâmites do devido processo legal, de previsão jurídica comum nesses casos.

9.3 CEPC NA ÍNTEGRA

9.3.1 INTRODUÇÃO

Nos capítulos 1 a 7 deste livro, estudaram-se aspectos relacionados com a ética teórica, como a sociedade e a ética; o conceito de ética do ponto de vista da Filosofia; espécies de ética; ética e moral; princípios e fontes das regras éticas; e dilemas éticos e princípios de solução.

No capítulo 8 e nas seções 9.1 e 9.2, estudou-se a ética aplicada, conhecendo as exigências para as aplicações éticas, as relações entre a ética e a economia, além de aspectos gerais e específicos do CEPC. Nos capítulos 10 a 13, estudar-se-á aspectos relacionados com a legislação profissional e de organização dos Conselhos de Contabilidade.

Portanto, ao estudar os treze capítulos, torna-se possível adquirir os conhecimentos necessários para o bom exercício da profissão contábil. É importante destacar, mais uma vez, que, preocupado, também, em assegurar que os contabilistas exerçam a profissão com zelo, diligência, honestidade e capacidade técnica, o CFC, a quem compete o registro, a fiscalização e a normatização da profissão contábil, conforme comentado, aprovou em seu Plenário de 7 de fevereiro de 2019 a Norma Brasileira de Contabilidade NBC PG 01 – Código de Ética Profissional do Contador, devidamente comentado na seção 9.2.

Desse modo, para exercer a profissão com ética, segundo o CFC, basta que o profissional da contabilidade não transgrida o CEPC, realizando suas atividades profissionais em observância às regras fixadas no referido Código.

Assim, julga-se imprescindível apresentar, na seção a seguir, o CEPC na íntegra, para seu conhecimento.

9.3.2 NBC PG 01 – CÓDIGO DE ÉTICA PROFISSIONAL DO CONTADOR

O Conselho Federal de Contabilidade, aprovou, em seu Plenário de 7 de fevereiro de 2019, a seguinte Norma Brasileira de Contabilidade:

NORMA BRASILEIRA DE CONTABILIDADE NBC PG 01
CÓDIGO DE ÉTICA PROFISSIONAL DO CONTADOR (CEPC)

NORMA BRASILEIRA DE CONTABILIDADE, NBC PG 01, DE 7 DE FEVEREIRO DE 2019

Aprova a NBC PG 01 – Código de Ética Profissional do Contador.

O **CONSELHO FEDERAL DE CONTABILIDADE**, no exercício de suas atribuições legais e regimentais e com fundamento no disposto na alínea "f" do art. 6º do Decreto-Lei n. 9.295/1946, alterado pela Lei n. 12.249/2010, faz saber que foi aprovada em seu Plenário a seguinte Norma Brasileira de Contabilidade (NBC):

NBC PG 01 – CÓDIGO DE ÉTICA PROFISSIONAL DO CONTADOR

Sumário	Item
Objetivo	1 – 3
Deveres, vedações e permissibilidades	4 – 6
Valor e publicidade dos serviços profissionais	7 – 15
Deveres em relação aos colegas e à classe	16 – 19
Penalidades	20 – 23
Disposições gerais	24 – 26

Objetivo

1. Esta Norma tem por objetivo fixar a conduta do contador, quando no exercício da sua atividade e nos assuntos relacionados à profissão e à classe.
2. A conduta ética do contador deve seguir os preceitos estabelecidos nesta Norma, nas demais Normas Brasileiras de Contabilidade e na legislação vigente.
3. Este Código de Ética Profissional do Contador se aplica também ao técnico em contabilidade, no exercício de suas prerrogativas profissionais.

Deveres, vedações e permissibilidades

1. São deveres do contador:

    a) exercer a profissão com zelo, diligência, honestidade e capacidade técnica, observando as Normas Brasileiras de Contabilidade e a legislação vigente, resguardando o interesse público, os interesses de seus clientes ou empregadores, sem prejuízo da dignidade e independência profissionais;

    b) recusar sua indicação em trabalho quando reconheça não se achar capacitado para a especialização requerida;

    c) guardar sigilo sobre o que souber em razão do exercício profissional, inclusive no âmbito do serviço público, ressalvados os casos previstos em lei ou quando solicitado por autoridades competentes, entre estas os Conselhos Federal e Regionais de Contabilidade;

    d) informar a quem de direito, obrigatoriamente, fatos que conheça e que considere em condições de exercer efeito sobre o objeto do trabalho, respeitado o disposto na alínea (c) deste item;

    e) aplicar as salvaguardas previstas pela profissão, pela legislação, por regulamento ou por organização empregadora toda vez que identificar ou for alertado da existência de ameaças mencionadas nas normas de exercício da profissão contábil, observando o seguinte:

    (i) tomar medidas razoáveis para evitar ou minimizar conflito de interesses; e

    (ii) quando não puder eliminar ou minimizar a nível aceitável o conflito de interesses, adotar medidas de modo a não perder a independência profissional;

    f) abster-se de expressar argumentos ou dar conhecimento de sua convicção pessoal sobre os direitos de quaisquer das partes interessadas, ou da justiça da causa em que estiver servindo, mantendo seu trabalho no âmbito técnico e limitando-se ao seu alcance;

    g) abster-se de interpretações tendenciosas sobre a matéria que constitui objeto do trabalho, mantendo a independência profissional;

    h) zelar pela sua competência exclusiva na orientação técnica dos serviços a seu cargo, abstendo-se de emitir qualquer opinião em trabalho de outro contador, sem que tenha sido contratado para tal;

    i) comunicar, desde logo, ao cliente ou ao empregador, em documento reservado, eventual circunstância adversa que possa gerar riscos e ameaças ou influir na decisão daqueles que são usuários dos relatórios e serviços contábeis como um todo;

j) despender os esforços necessários e se munir de documentos e informações para inteirar-se de todas as circunstâncias, antes de emitir opinião sobre qualquer caso;

k) renunciar às funções que exerce, logo que se positive falta de confiança por parte do cliente ou empregador e vice-versa, a quem deve notificar por escrito, respeitando os prazos estabelecidos em contrato;

l) quando substituído em suas funções, informar ao substituto sobre fatos que devam chegar ao conhecimento desse, a fim de contribuir para o bom desempenho das funções a serem exercidas;

m) manifestar, imediatamente, em qualquer tempo, a existência de impedimento para o exercício da profissão;

n) ser solidário com os movimentos de defesa da dignidade profissional, seja defendendo remuneração condigna, seja zelando por condições de trabalho compatíveis com o exercício ético-profissional da Contabilidade e seu aprimoramento técnico;

o) cumprir os Programas de Educação Profissional Continuada de acordo com o estabelecido pelo Conselho Federal de Contabilidade (CFC);

p) comunicar imediatamente ao CRC a mudança de seu domicílio ou endereço, inclusive eletrônico, e da organização contábil de sua responsabilidade, bem como informar a ocorrência de outros fatos necessários ao controle e fiscalização profissional;

q) atender à fiscalização do exercício profissional e disponibilizar papéis de trabalho, relatórios e outros documentos solicitados; e

r) informar o número de registro, o nome e a categoria profissional após a assinatura em trabalho de contabilidade, propostas comerciais, contratos de prestação de serviços e em todo e qualquer anúncio, placas, cartões comerciais e outros.

2. No desempenho de suas funções, é vedado ao contador:

a) assumir, direta ou indiretamente, serviços de qualquer natureza, com prejuízo moral ou desprestígio para a classe;

b) auferir qualquer provento em função do exercício profissional que não decorra exclusivamente de sua prática lícita;

c) assinar documentos ou peças contábeis elaborados por outrem alheio à sua orientação, supervisão ou revisão;

d) exercer a profissão, quando impedido, inclusive quando for procurador de seu cliente, mesmo que com poderes específicos, dentro das prerrogativas profissionais;

e) facilitar, por qualquer meio, o exercício da profissão aos não habilitados ou impedidos;

f) explorar serviços contábeis, por si ou em organização contábil, sem registro regular em Conselho Regional de Contabilidade;

g) concorrer, no exercício da profissão, para a realização de ato contrário à legislação ou destinado a fraudá-la, quando da execução dos serviços para os quais foi expressamente contratado;

h) solicitar ou receber de cliente ou empregador qualquer vantagem para aplicação ilícita;

i) prejudicar, culposa ou dolosamente, interesse confiado a sua responsabilidade profissional;

j) recusar-se a prestar contas de quantias que lhe forem comprovadamente confiadas;

k) apropriar-se indevidamente de valores, bens e qualquer tipo de crédito confiados a sua guarda;

l) reter abusivamente livros, papéis ou documentos, inclusive arquivos eletrônicos, comprovadamente confiados à sua guarda, inclusive com a finalidade de forçar o contratante a cumprir suas obrigações contratuais com o profissional da contabilidade, ou pelo não atendimento de notificação do contratante;

m) orientar o cliente ou o empregador contra Normas Brasileiras de Contabilidade e contra disposições expressas em lei;

n) exercer atividade ou ligar o seu nome a empreendimentos com finalidades ilícitas;

o) emitir referência que identifique o cliente ou o empregador, com quebra de sigilo profissional, em publicação em que haja menção a trabalho que tenha realizado ou orientado, salvo quando autorizado por eles;

p) iludir ou tentar iludir a boa-fé de cliente, empregador ou de terceiros, alterando ou deturpando o exato teor de documentos, inclusive eletrônicos, e fornecer falsas informações ou elaborar peças contábeis inidôneas;

q) não atender, no prazo estabelecido, à notificação dos Conselhos Federal e Regionais de Contabilidade;

r) intitular-se com categoria profissional que não possua na profissão contábil;

s) executar trabalhos técnicos contábeis sem observância das Normas Brasileiras de Contabilidade editadas pelo CFC;

t) renunciar à liberdade profissional, devendo evitar quaisquer restrições ou imposições que possam prejudicar a eficácia e a correção de seu trabalho;

u) publicar ou distribuir, em seu nome, trabalho científico ou técnico do qual não tenha participado;

v) revelar negociação confidenciada pelo cliente ou empregador para acordo ou transação que, comprovadamente, tenha tido conhecimento, ressalvados os casos previstos em lei ou quando solicitado por autoridades competentes, entre estas os Conselhos Federal e Regionais de Contabilidade; e

w) exercer a profissão contábil com negligência, imperícia ou imprudência, tendo violado direitos ou causado prejuízos a outrem.

3. O contador pode:

   a) publicar trabalho, científico ou técnico, assinado e sob sua responsabilidade;

   b) transferir o contrato de serviços a seu cargo a outro profissional, com a anuência do cliente, sempre por escrito;

   c) transferir, parcialmente, a execução dos serviços a seu cargo a outro profissional, mantendo sempre como sua a responsabilidade técnica; e

   d) indicar, em qualquer modalidade ou veículo de comunicação, títulos, especializações, serviços oferecidos, trabalhos realizados e a relação de clientes, esta quando autorizada por estes.

Valor e publicidade dos serviços profissionais

1. O contador deve estabelecer, por escrito, o valor dos serviços em suas propostas de prestação de serviços profissionais, considerando os seguintes elementos:

   a) a relevância, o vulto, a complexidade, os custos e a dificuldade do serviço a executar;

   b) o tempo que será consumido para a realização do trabalho;

   c) a possibilidade de ficar impedido da realização de outros serviços;

   d) o resultado lícito favorável que, para o contratante, advirá com o serviço prestado;

   e) a peculiaridade de tratar-se de cliente eventual, habitual ou permanente; e

   f) o local em que o serviço será prestado.

2. Nas propostas para a prestação de serviços profissionais, devem constar, explicitamente, todos os serviços cobrados individualmente, o valor de cada serviço, a periodicidade e a forma de reajuste.

3. Aceita a proposta apresentada, deve ser celebrado, por escrito, contrato de prestação de serviços, respeitando o disposto em legislação específica do CFC.

4. Caso parte dos serviços tenha que ser executada pelo próprio tomador dos serviços, isso deve estar explicitado na proposta e no contrato.

5. A publicidade, em qualquer modalidade ou veículo de comunicação, dos serviços contábeis, deve primar pela sua natureza técnica e científica, sendo vedada a prática da mercantilização.

6. A publicidade dos serviços contábeis deve ter caráter meramente informativo, ser moderada e discreta.

7. Cabe ao profissional da contabilidade manter em seu poder os dados fáticos, técnicos e científicos que dão sustentação à mensagem da publicidade realizada dos seus serviços.

8. O profissional deve observar, no que couber, o Código de Defesa do Consumidor, especialmente no que concerne à informação adequada e clara sobre os serviços a serem prestados, e a Lei de Propriedade Industrial que dispõe sobre crimes de concorrência desleal.

9. É vedado efetuar ações publicitárias ou manifestações que denigram a reputação da ciência contábil, da profissão ou dos colegas, entre as quais:

    a) fazer afirmações desproporcionais sobre os serviços que oferece, sua capacitação ou sobre a experiência que possui;

    b) fazer comparações depreciativas entre o seu trabalho e o de outros; e

    c) desenvolver ações comerciais que iludam a boa-fé de terceiros.

Deveres em relação aos colegas e à classe

1. A conduta do contador com relação aos colegas deve ser pautada nos princípios de consideração, respeito, apreço, solidariedade e harmonia da classe.

2. O espírito de solidariedade, mesmo na condição de empregado, não induz nem justifica a participação, ou a conivência com erro ou com atos infringentes de normas técnicas, éticas ou legais que regem o exercício da profissão.

3. O contador deve, em relação aos colegas, observar as seguintes normas de conduta:

   a) abster-se de fazer referências prejudiciais ou de qualquer modo desabonadoras;

   b) abster-se da aceitação de encargo profissional em substituição a colega que dele tenha desistido para preservar a dignidade ou os interesses da profissão ou da classe, desde que permaneçam as mesmas condições que ditaram o referido procedimento;

   c) jamais se apropriar de trabalhos, iniciativas ou de soluções encontradas por colegas, que deles não tenha participado, apresentando-os como próprios; e

   d) evitar desentendimentos com o colega que substituir ou com o seu substituto no exercício profissional.

4. O contador deve, com relação à classe, observar as seguintes normas de conduta:

   a) prestar sua cooperação moral, intelectual e material, salvo circunstâncias especiais que justifiquem a sua recusa;

   b) zelar pelo cumprimento desta Norma, pelo prestígio da classe, pela dignidade profissional e pelo aperfeiçoamento de suas instituições;

   c) aceitar o desempenho de cargo de dirigente nas entidades de classe, admitindo-se a justa recusa;

   d) acatar as decisões aprovadas pela classe contábil;

   e) não formular juízos depreciativos sobre a classe contábil;

   f) informar aos órgãos competentes sobre irregularidades comprovadamente ocorridas na administração de entidade da classe contábil; e

   g) jamais se utilizar de posição ocupada em entidades de classe para benefício próprio ou para proveito pessoal.

Penalidades

1. A transgressão de preceito desta Norma constitui infração ética, sancionada, segundo a gravidade, com a aplicação de uma das seguintes penalidades:

   a) advertência reservada;

   b) censura reservada; ou

   c) censura pública.

2. Na aplicação das sanções éticas, podem ser consideradas como atenuantes:

    a) ação desenvolvida em defesa de prerrogativa profissional;

    b) ausência de punição ética anterior;

    c) prestação de serviços relevantes à Contabilidade; e

    d) aplicação de salvaguardas.

3. Na aplicação das sanções éticas, podem ser consideradas como agravantes:

    a) ação ou omissão que macule publicamente a imagem do contador;

    b) punição ética anterior transitada em julgado; e

    c) gravidade da infração.

4. O contador pode requerer desagravo público ao Conselho Regional de Contabilidade, quando atingido, pública e injustamente, no exercício de sua profissão.

Disposições gerais

1. As demais normas profissionais complementam esta Norma.

2. Na existência de conflito entre esta Norma e as demais normas profissionais, prevalecem as disposições desta Norma.

3. Esta Norma entra em vigor no dia 1º/06/2019 e revoga, nessa mesma data, as Resoluções CFC n. 803/1996, 819/1997, 942/2002, 950/2002 e 1.307/2010, publicadas no DOU, Seção 1, de 20/11/1996, 13/1/1997, 4/9/2002, 16/12/2002 e 14/12/2010, respectivamente.

Brasília, 7 de fevereiro de 2019.

Contador Zulmir Ivânio Breda
Presidente
Ata CFC n. 1.048.

RESUMO

Este capítulo aborda brevemente alguns aspectos da NBC PG 01, do CFC. De início, trata da relevância da profissão do contador no âmbito da sociedade e, em especial, da escrituração comercial. Para regular a profissão, a NBC PG 01, que substitui e revoga disposições legais anteriores, foi promulgada pelo CFC, em 7 de fevereiro de 2019.

A NBC PG 01 é constituída de seis itens que versam sobre o objetivo, os deveres, as proibições e permissividades, o valor e a publicidade dos serviços profissionais, os deveres em relação aos colegas e à classe, e, por fim, as penalidades das infrações éticas. Sua linguagem é sóbria, clara e pragmática, como devem ser as peças legais.

Seguindo as normas estipuladas, bem como as que provêm das resoluções dos Conselhos (Federal e Regionais), o profissional cuidará da correção de sua ação e das relações com seus clientes ou empregadores. Estão em jogo a dignidade e a independência profissionais, das quais o contador não pode abrir mão.

Além dos deveres, a NBC PG 01 enumera as vedações ou proibições, bastante particularizadas, com o objetivo de coibir práticas ilícitas no exercício contábil. Tais proibições visam também à preservação da dignidade profissional e humana nas diversas áreas de atuação do contador.

Pode-se dizer que a NBC PG 01 é um importante instrumento de orientação e aperfeiçoamento profissional, não apenas quanto à competência técnica, mas também quanto à existência moral do contador, dada sua inserção relevante, como agente social, na comunidade.

ATIVIDADES

1. Responda:
    a) Qual é o objetivo do Código de Ética Profissional do Contador (CEPC)?
    b) O contador de uma empresa de grande porte orientou o proprietário a deixar de recolher parte dos tributos devidos ao governo federal, na expectativa de que no

próximo ano, por ser ano eleitoral, o governo ofereça anistia para tais débitos e, assim, a empresa deixe de desembolsar quantia expressiva de seu capital de giro. O procedimento do contador está correto? Caso esteja incorreto, indique qual dispositivo do Código de Ética Profissional do Contador (CEPC) foi infringido.

c) Um contador recém-formado, com o objetivo de atrair clientes, ofereceu seus serviços cobrando 50% do valor exigido por outros contabilistas. Agindo dessa maneira, em pouco tempo precisou contratar dez trabalhadores para auxiliar nos serviços contábeis e mais dois contadores para dar conta da demanda. A atitude do contabilista recém-formado está correta? Caso esteja incorreta, indique qual(ou quais) dispositivo(s) do Código de Ética Profissional do Contador (CEPC) foi(foram) infringido(s).

d) O profissional da contabilidade pode transferir o contrato de serviços a seu cargo a outro profissional?

e) Em que consiste a infração ética?

f) Quais são os tipos de penalidades aplicáveis ao contador que comete infração ao CEPC?

g) Em que circunstância o profissional da contabilidade poderá requerer desagravo público ao Conselho Regional de Contabilidade (CRC)?

2. Julgue se a afirmativa é falsa (F) ou verdadeira (V):

a) ( ) Cumprir os Programas Obrigatórios de Educação Continuada estabelecidos pelo Conselho Federal de Contabilidade (CFC) é um dos deveres do contador.

b) ( ) É vedado ao contador revelar negociação confidenciada pelo cliente ou empregador para acordo ou transação que, comprovadamente, tenha tido conhecimento.

c) ( ) É vedado ao profissional da contabilidade publicar ou distribuir, em seu nome, trabalho científico ou técnico do qual não tenha participado.

d) ( ) Segundo estabelece o item 3 do Código de Ética Profissional do Contador (CEPC), não há necessidade de que o profissional da contabilidade fixe previamente o valor dos serviços, uma vez que só poderá avaliá-lo depois de prestados.

e) ( ) O profissional da contabilidade não poderá transferir o contrato de serviços a seu cargo a outro profissional, ainda que haja a anuência do cliente, pois, uma vez assumido, o compromisso deverá ser cumprido.

f) ( ) O profissional da contabilidade poderá transferir parcialmente a execução dos serviços a seu cargo a outro profissional.

g) ( ) Segundo a disciplina contida no item 17 do Código de Ética Profissional do Contador (CEPC), o espírito de solidariedade, mesmo na condição de empregado, não induz nem justifica a participação ou a conivência com erro ou com atos infringentes de normas técnicas, éticas ou legais que regem o exercício da profissão.

h) ( ) Ao contador não é permitido informação aos órgãos competentes sobre irregularidades comprovadamente ocorridas na administração de entidade da classe contábil, porque essa tarefa é prerrogativa do diretor administrativo da organização.

3. Escolha a afirmativa correta:

   3.1 São deveres do profissional da contabilidade:
   a) exercer a profissão com zelo, diligência, honestidade e capacidade técnica, observada toda a legislação vigente, em especial as Normas Brasileiras de Contabilidade (NBCs).
   b) guardar sigilo sobre o que souber em razão do exercício profissional, inclusive no âmbito do serviço público, ressalvados os casos previstos em lei ou quando solicitado por autoridades competentes, entre estas os Conselhos Federal e Regionais de Contabilidade.
   c) zelar pela competência exclusiva na orientação técnica dos serviços a seu cargo.
   d) Todas estão corretas.

   3.2 Ser solidário com os movimentos de defesa da dignidade profissional, seja defendendo remuneração condigna, seja zelando por condições de trabalho compatíveis com o exercício ético-profissional da contabilidade e seu aprimoramento técnico.
   A exigência supra integra o grupo:
   a) dos direitos do contador.
   b) dos deveres do contador.
   c) dos poderes do contador.
   d) Todas estão corretas.

   3.3 No desempenho de suas funções, é vedado ao profissional da contabilidade:
   a) anunciar, em qualquer modalidade ou veículo de comunicação, conteúdo que resulte na diminuição do colega, da organização contábil ou da classe, em detrimento dos demais.

b) assumir, direta ou indiretamente, serviços de qualquer natureza, com prejuízo moral ou desprestígio para a classe.
c) auferir qualquer provento em função do exercício profissional que não decorra exclusivamente de sua prática lícita.
d) Todas estão corretas.

3.4 São deveres do profissional da contabilidade:
a) exercer a profissão com zelo, diligência, honestidade e capacidade técnica, observando as Normas Brasileiras de Contabilidade (NBCs) e a legislação vigente, resguardando o interesse público, os interesses de seus clientes e/ou empregadores, sem prejuízo da dignidade e independência profissionais.
b) recusar sua indicação em trabalho quando reconheça não se achar capacitado para a especialização requerida.
c) informar a quem de direito, obrigatoriamente, fatos que conheça e que considere em condições de exercer efeito sobre o objeto do trabalho, respeitado o disposto na alínea "c" deste item.
d) Todas estão corretas.

3.5 No desempenho de suas funções, é vedado ao contador:
a) exercer a profissão com zelo, diligência, honestidade e capacidade técnica, observando as Normas Brasileiras de Contabilidade (NBCs) e a legislação vigente, resguardando o interesse público, os interesses de seus clientes e/ou empregadores, sem prejuízo da dignidade e independência profissionais.
b) recusar sua indicação em trabalho quando reconheça não se achar capacitado para a especialização requerida.
c) guardar sigilo sobre o que souber em razão do exercício profissional, inclusive no âmbito do serviço público, ressalvados os casos previstos em lei ou quando solicitado por autoridades competentes, entre estas os Conselhos Federal e Regionais de Contabilidade.
d) assumir, direta ou indiretamente, serviços de qualquer natureza, com prejuízo moral ou desprestígio para a classe.

3.6 São deveres do contador:
a) exercer a profissão com zelo, diligência, honestidade e capacidade técnica, observando as Normas Brasileiras de Contabilidade (NBCs) e a legislação vigente, resguardando o interesse público, os interesses de seus clientes e/ou empregadores, sem prejuízo da dignidade e independência profissionais.

b) recusar sua indicação em trabalho quando reconheça não se achar capacitado para a especialização requerida.
c) facilitar, por qualquer meio, o exercício da profissão aos não habilitados ou impedidos.
d) As alternativas "a" e "b" estão corretas.

3.7 No desempenho de suas funções, é vedado ao profissional da contabilidade:
a) facilitar, por qualquer meio, o exercício da profissão aos não habilitados ou impedidos.
b) explorar serviços contábeis, por si ou em organização contábil, sem registro regular em Conselho Regional de Contabilidade (CRC).
c) concorrer, no exercício da profissão, para a realização de ato contrário à legislação ou destinado a fraudá-la, por ocasião da execução dos serviços para os quais foi expressamente contratado.
d) Todas estão corretas.

3.8 O contador deve, em relação aos colegas, observar algumas normas de conduta como:
a) fazer referências prejudiciais ou de qualquer modo desabonadoras.
b) aceitar encargo profissional em substituição a colega que dele tenha desistido para preservar a dignidade ou os interesses da profissão ou da classe, desde que permaneçam as mesmas condições que ditaram o referido procedimento.
c) jamais se apropriar de trabalhos, iniciativas ou soluções encontradas por colegas, dos quais não tenha participado, apresentando-os como próprios.
d) Todas estão erradas.

3.9 O contador deve, em relação aos colegas, observar as seguintes normas de conduta:
a) abster-se de fazer referências prejudiciais ou de qualquer modo desabonadoras.
b) abster-se da aceitação de encargo profissional em substituição a colega que dele tenha desistido para preservar a dignidade ou os interesses da profissão ou da classe, desde que permaneçam as mesmas condições que ditaram o referido procedimento.
c) jamais se apropriar de trabalhos, iniciativas ou soluções encontradas por colegas, dos quais não tenha participado, apresentando-os como próprios.
d) Todas estão corretas.

3.10 O contador deve, com relação à classe, observar as seguintes normas de conduta:
a) prestar sua cooperação moral, intelectual e material, salvo circunstâncias especiais que justifiquem a sua recusa.
b) revelar negociação confidenciada pelo cliente ou empregador para acordo ou transação que, comprovadamente, tenha tido conhecimento.
c) zelar pelo cumprimento dessa norma, pelo prestígio da classe, pela dignidade profissional e pelo aperfeiçoamento de suas instituições.
d) As alternativas "a" e "c" estão corretas.

3.11 Na aplicação das sanções éticas, alguns atos são considerados atenuantes e outros agravantes. Examine os seguintes atos:
I) Ação ou omissão que macule publicamente a imagem do contador.
II) Punição ética anterior transitada em julgado.
III) Ação desenvolvida em defesa de prerrogativa profissional.
IV) Ausência de punição ética anterior.
V) Prestação de serviços relevantes à contabilidade.

Indique a alternativa que contém a ordem correta:
a) Agravante, agravante, agravante, atenuante e atenuante.
b) Atenuante, atenuante, agravante, agravante e atenuante.
c) Atenuante, agravante, atenuante, agravante e atenuante.
d) Agravante, agravante, adequante, adequante e adequante.

3.12 O Código de Ética Profissional do Contador (CEPC) se aplica:
a) aos contadores somente.
b) aos contadores e aos técnicos em contabilidade.
c) aos contadores, aos técnicos em contabilidade e aos gestores da organização, sendo irrelevante a sua profissão.
d) aos contadores, aos técnicos em contabilidade e aos administradores de empresas, bem como aos advogados gestores.

3.13 Após concluir a leitura do Código de Ética Profissional do Contador (CEPC) em uma sala de aula, o professor de Ética foi surpreendido com a seguinte colocação de uma aluna:
– Professor, sabemos que, na vida real, tudo é diferente do que foi lido. Estudar essas regras é perda de tempo; no escritório de contabilidade onde trabalho não são aplicadas essas regras.

Diante da argumentação da aluna, o professor deverá:

a) concordar com a aluna.

b) concordar com a aluna, porém, dizer que mesmo assim se deve observar o contido no Código de Ética Profissional do Contador (CEPC).

c) discordar da aluna e aproveitar para enfatizar que o profissional da contabilidade deve exercer a profissão com zelo, diligência, honestidade e capacidade técnica, observada toda a legislação vigente, em especial às Normas Brasileiras de Contabilidade (NBCs).

d) ignorar a argumentação da aluna.

3.14 Um renomado tratadista de contabilidade, em certa ocasião, recebeu em sua residência a visita de um comerciante, proprietário de uma empresa de grande porte. O comerciante expressou-se como segue:

– Sei que o senhor é profundo conhecedor das práticas contábeis e por isso vim buscar uma orientação: trabalho no mercado há mais de 40 anos, sempre com honestidade, sem sonegar tributo algum; contudo, vejo colegas que têm crescido espantosamente, ampliando suas instalações e abrindo muitas filiais. Eu continuo com meu único ponto de vendas. Estou cansado de trabalhar honestamente enquanto os concorrentes crescem sonegando. Sabendo de seus conhecimentos em contabilidade, gostaria de receber orientação com o intuito de sonegar com segurança para crescer como meus concorrentes.

O tratadista de contabilidade deverá:

a) orientar o comerciante a sonegar com segurança.

b) denunciar o comerciante para o fisco.

c) orientar o comerciante para continuar o exercício de suas atividades como sempre exerceu.

d) ler o Código de Ética Profissional do Contador (CEPC) e sugerir que o comerciante o consulte frequentemente.

3.15 Determinado comerciante recebeu a visita de um agente fiscal de tributos estaduais que ia multá-lo por vários lotes de mercadorias que acabara de receber desacompanhados de documentação fiscal. Imediatamente o comerciante telefonou para seu contador e, na presença dele, propôs ao agente fiscal um acerto para que não lavrasse o auto de infração, alegando que aquele dinheiro iria para os cofres do Governo do Estado, e, como o governo é corrupto, na opinião do comerciante, o dinheiro seria desviado de seu destino normal e, por isso, seria melhor que ele e o agente fiscal lucrassem mantendo a sonegação.

O contador deverá:

a) permanecer calado e deixar que o comerciante e o agente fiscal se entendam.
b) sugerir ao agente fiscal que lavre multa branda, sem prejudicar o comerciante.
c) orientar o comerciante a deixar que o auto de infração seja lavrado e entrar com recurso junto à Secretaria da Fazenda para cancelar a multa.
d) lamentar o ocorrido e orientar o comerciante a evitar a sonegação de tributos.

PARTE III

Legislação profissional e de organização dos conselhos de contabilidade

10
O PROFISSIONAL DA CONTABILIDADE

10.1 INTRODUÇÃO

Conforme disciplina contida no art. 12 do Decreto-Lei n. 9.295, de 1946, com alterações introduzidas pelo art. 76 da Lei n. 12.249, de 2010, o profissional da contabilidade, também denominado de contabilista, é o contador e o técnico em contabilidade. O contador é diplomado em curso superior de Ciências Contábeis, bem como aquele que, por força de lei, lhe é equiparado, com registro nessa categoria no Conselho Regional de Contabilidade (CRC), conforme §4º do art. 1º do Regulamento Geral dos Conselhos de Contabilidade, aprovado pela Resolução CFC n. 1.370, de 2011. O técnico em contabilidade é diplomado em curso de nível médio na área contábil, em conformidade com o estabelecido na Lei de Diretrizes e Bases da Educação, e com registro em CRC nessa categoria, nos termos do art. 12, §2º do Decreto-Lei n. 9.295, de 1946 (§5º do art. 1º do Regulamento Geral dos Conselhos de Contabilidade, aprovado pela Resolução CFC n. 1.370, de 2011).

10.2 HABILIDADES REQUERIDAS PARA O EXERCÍCIO PROFISSIONAL

Toda profissão requer de seu executor determinadas habilidades. Na contabilidade não é diferente. As principais habilidades requeridas do profissional da contabilidade são: habilidade numérica, raciocínio abstrato, atenção concentrada, meticulosidade, precisão, iniciativa e sociabilidade.

1. **Habilidade numérica:** facilidade na manipulação de números, embora a contabilidade não deva ser confundida com a matemática. Não há exigência de que o contabilista seja um exímio calculador e não é necessário gostar de cálculos na mesma intensidade que um matemático. Contudo, para se dar bem com a ciência contábil, é necessário ter certa familiaridade com os números.
2. **Raciocínio abstrato:** capacidade de pensar sobre coisas imateriais, existentes apenas no domínio das ideias. Algumas pessoas têm mais facilidade para pensar em coisas reais (concretas, existentes) que em coisas irreais (abstratas, fictícias) no campo imaginário das suposições. A principal característica do profissional que possui raciocínio abstrato é a criatividade. Osvaldo, excelente aluno do segundo ano do curso de bacharel em Ciências Contábeis, precisava fazer um trabalho extraclasse envolvendo fluxogramas. O professor sugeriu que realizassem a tarefa envolvendo o caminho percorrido por um documento dentro da empresa – uma nota fiscal, um pedido de compras, uma requisição de materiais ou outro documento qualquer – quer fosse em uma empresa da região, quer fosse naquela em que já trabalhavam. Osvaldo estava diante de um dilema: como conhecer o caminho de tramitação de um documento em uma empresa, se estava desempregado e, por ser muito tímido, não se encorajava a contatar alguém em alguma empesa que lhe autorizasse estudar a tramitação de um papel e fazer o respectivo fluxograma? A saída foi usar a criatividade. Então, em sua própria casa, aproveitando as explicações que sempre anotava do professor, com o exemplo que ouviu em sala de aula, decidiu imaginar uma empresa fictícia e criar a rotina de determinado documento. Assim, realizou seu trabalho. No dia da entrega, após a chamada de praxe, o professor saiu para um cafezinho enquanto alguns alunos concluíam suas tarefas. Dois colegas de Osvaldo pediram ajuda. Osvaldo pegou duas folhas de papel ofício e criou duas novas rotinas de documentos diferentes uma da outra e também da dele. Na semana seguinte, no momento do *feedback*, o professor disse que tinha selecionado três dos trabalhos nota dez, os quais gostaria de guardar porque eram muito didáticos (simples, claros e objetivos) e serviriam de modelos para suas futuras turmas. Eram os três trabalhos criados por Osvaldo.
3. **Atenção concentrada:** capacidade de manter-se constantemente alerta em uma tarefa, sem dispersar. Você é daqueles que, quando está assistindo

a um filme na televisão, pode "cair a casa" que nem se mexe? Ou é daqueles que quando está concentrado na leitura de um livro, o cantar de um pássaro ao longe ou o barulho de um veículo nas proximidades são suficientes para desligar o seu pensamento, levando-o à desconcentração?

4. **Meticulosidade:** qualidade de quem é meticuloso, minucioso, detalhista, cauteloso e organizado. A pessoa meticulosa se caracteriza pelo senso de organização presente no seu dia a dia: costuma separar os objetos de uso pessoal como roupas, calçados etc., organizando-os adequadamente em guarda-roupas ou em armários apropriados para melhor conservação e facilidade de localização de cada um; costuma guardar os documentos pessoais, bem como os comprovantes dos gastos da casa, segregando-os por natureza e por ordem cronológica; não costuma guardar todos os documentos, comprovantes e demais papéis em uma única gaveta porque isso dificulta a conservação, bem como a localização.

5. **Precisão:** qualidade daquilo que é exato, correto, preciso. Você gosta das coisas exatas ou centavos não fazem a diferença para você? Em certa ocasião, durante uma prova de matemática financeira, o professor Francisco elaborou duas questões. O aluno José Luiz acertou apenas uma e alcançou nota 5. Inconformado por ter errado a segunda questão apenas na colocação da vírgula, foi reivindicar seus direitos junto ao professor, dizendo:

— Professor, eu desenvolvi todo o raciocínio corretamente, como o senhor pôde constatar, e enganei-me somente no momento da colocação da vírgula que, em vez de 10,50, na minha resposta foi de 105,00.

O professor retrucou:

— Pois bem, vamos assumir que você trabalha em um estabelecimento bancário. Ao calcular juros, erra na colocação da vírgula. Poderá pagar ou deixar de pagar milhões ao seu cliente.

6. **Iniciativa:** qualidade de quem é o primeiro a propor ou empreender alguma coisa; ação, empreendimento. Você é daqueles que chega e já vai resolvendo o que precisa ser resolvido ou aguarda até que alguém o mande executar? O senhor Jorge tinha uma empresa cuja atividade principal era recrutar e selecionar pessoas para colocar no mercado de trabalho. Em determinado momento, recebeu um pedido para colocação de dez faxineiras em uma empresa de grande porte. A primeira

etapa do recrutamento consistia em breve entrevista com o próprio senhor Jorge. No primeiro dia de entrevistas, as quatro candidatas foram reprovadas antes mesmo de entrar em sua sala. Para seleções dessa natureza, ele costumava ocupar uma sala estrategicamente situada no final de um longo corredor. As candidatas, depois de apresentadas na recepção, tinham de percorrer o corredor até chegar na sala do senhor Jorge. Propositalmente, ele mantinha uma vassoura caída no meio do corredor. As quatro candidatas do primeiro dia pularam a vassoura e, por isso, foram desclassificadas antes mesmo da entrevista.

7. **Sociabilidade:** qualidade de sociável; tendência para viver em sociedade. Você gosta de resolver tudo sozinho ou prefere delegar tarefas compartilhando-as com seus colegas de trabalho? Antigamente, a ideia que se tinha do contabilista é que se tratava de alguém sentado em uma cadeira atrás de uma mesa quase que totalmente encoberto por um montão de papéis. Hoje, a função do contabilista não se limita em registrar os fatos, mas, sim, por ser conhecedor da intimidade da empresa, proporciona ao empresário, além do controle, o planejamento, a análise e as sugestões que poderão influenciar no destino da organização. O contabilista não precisa ser um exímio comunicador, contudo, é indispensável que seja uma pessoa sociável e que saiba expressar com clareza suas opiniões para que possa traduzir em informações inteligíveis aos proprietários e administradores, quase sempre leigos em contabilidade, os dados constantes das demonstrações contábeis, produtos finais da contabilidade. O contabilista de hoje não é mais aquele simples e acanhado guardador dos livros da empresa. Com o desenvolvimento tecnológico e o advento da era da informática, que se iniciou no final do século XX e se expandiu até o início do século XXI, a função da contabilidade deixou de se concentrar na simples função histórica (registro da vida da empresa), ampliando-se em muitas outras funções para atender aos incessantes reclamos dos seus usuários cujo número e interesses não param de crescer. Não se pode descaracterizar a função histórica da contabilidade que continua fundamentando todas as informações derivadas dos registros contábeis. Contudo, o contabilista do século XXI exerce com mais profundidade a função de gerenciamento do que propriamente de simples controlador do patrimônio.

10.3 O MERCADO DE TRABALHO DO CONTABILISTA

O mercado de trabalho do contabilista, correspondente ao campo de aplicação da contabilidade, abrange todas as entidades econômico-administrativas, incluindo as pessoas de direito público, como a União, os estados, os municípios, as autarquias etc. As entidades econômico-administrativas são organizações que reúnem os seguintes elementos: titular, capital, patrimônio, pessoas, ações administrativas e fim determinado. Considerando-se o fim a que se destinam, podem ser classificadas em instituições e empresas.

1. **Instituições:** entidades econômico-administrativas com finalidades sociais, cuja administração tem por objetivo o bem-estar social da coletividade, como as associações recreativas e esportivas, os hospitais beneficentes, os asilos etc.; e com finalidades socioeconômicas, cuja administração tem interesse no aspecto econômico da entidade, mas reverte em benefício da coletividade a que pertencem, como os institutos de aposentadoria, pensões, previdência etc.

2. **Empresas:** entidades econômico-administrativas que têm finalidade econômica, isto é, visam ao lucro. Desenvolvem os mais variados ramos de atividades, como comércio, indústria, agricultura, pecuária, transporte, telecomunicações, turismo e uma infinidade de serviços. Quanto à natureza do capital com que são constituídas, podem ser públicas, privadas ou mistas. São públicas aquelas constituídas com capital do governo; privadas aquelas constituídas com capital de particulares; e mistas aquelas constituídas com capital do governo e de particulares ao mesmo tempo.

Portanto, o mercado de trabalho dos profissionais da contabilidade abrange milhões de entidades constituídas sob a forma de empresas ou de instituições públicas ou particulares, nas quais o contabilista pode trabalhar como empregado ou prestar serviços a uma ou a mais de uma dessas organizações, como pessoa física (autônomo) ou por meio de uma empresa de serviços contábeis da qual seja titular ou sócio.

Dessa forma, conforme consta do art. 2º da Resolução CFC n. 560, de 28 de outubro de 1983, que dispõe sobre as prerrogativas profissionais do contabilista, esse profissional pode exercer as atividades, na condição de profissional liberal ou autônomo, de empregado regido pela CLT, de servidor público, de militar, de sócio de qualquer tipo de sociedade, de diretor ou de conselheiro de quaisquer entidades, ou em qualquer outra situação jurídica definida pela legislação, exercendo qualquer tipo de função.

Tais funções podem ser de analista, assessor, assistente, auditor interno e externo, conselheiro, consultor, controlador de arrecadação, *controller*, educador, escritor ou articulista técnico, escriturador contábil ou fiscal, executor subordinado, fiscal de tributos, legislador, organizador, perito, pesquisador, planejador, professor ou conferencista, redator, revisor e muitas outras. Além disso, podem exercer cargos como os de: chefe, subchefe, diretor, responsável, encarregado, supervisor, superintendente, gerente, subgerente de todas as unidades administrativas onde se processem serviços contábeis.

Quanto à titulação, pode ser de: contador, contador de custos, contador departamental, contador de filial, contador fazendário, contador fiscal, contador geral, contador industrial, contador patrimonial, contador público, contador revisor, contador seccional ou setorial, técnico em contabilidade ou outras semelhantes, expressando o trabalho por meio de aulas, balancetes, balanços, cálculos e suas memórias, certificados, conferências, demonstrações, laudos periciais, judiciais e extrajudiciais, levantamentos, livros ou teses científicas, livros, folhas ou fichas escriturados, mapas ou planilhas preenchidas, papéis de trabalho, pareceres, planos de organização ou reorganização, com textos, organogramas, fluxogramas, cronogramas e outros recursos técnicos semelhantes, prestação de contas, projetos, relatórios e todas as demais formas de expressão, de acordo com as circunstâncias de momento.

Certamente você já ouviu falar em empresas, firmas, lojas, casas comerciais, clubes de futebol, indústrias, escolas, cinemas, teatros, lanchonetes etc. Há uma infinidade de entidades econômico-administrativas que o ser humano constitui para atingir determinado objetivo, seja de ordem econômica, seja social.

É possível imaginar vários tipos de organizações, sejam instituições governamentais, como empresas públicas, particulares e mistas, sejam instituições com finalidades sociais ou socioeconômicas. Todas devem ser adequadamente organizadas e bem controladas para que possam atingir seus objetivos da melhor maneira possível. São os contabilistas que, aplicando as técnicas contábeis, registram e controlam a movimentação do patrimônio das organizações com a finalidade de fornecer informações que sejam úteis aos seus diversos usuários. As informações derivadas dos registros contábeis, que podem ser de natureza patrimonial, econômica e financeira, são apresentadas por meio das demonstrações contábeis como produto final da contabilidade.

10.4 QUEM UTILIZA AS INFORMAÇÕES CONTÁBEIS?

Os usuários das informações contábeis são pessoas físicas e jurídicas que as utilizam para registrar e controlar a movimentação de seus patrimônios, bem como aqueles que, direta ou indiretamente, tenham interesse no controle, na apuração de resultados, na avaliação da situação patrimonial, econômica e financeira, na análise do desempenho e do desenvolvimento da entidade, como titulares (empresas individuais), sócios, acionistas (empresas societárias), gerentes, administradores, governo (fisco), fornecedores, clientes, bancos etc.

10.5 AUDITORIA

10.5.1 DEFINIÇÃO

A auditoria é uma técnica contábil que surgiu da necessidade de garantir a veracidade das informações derivadas dos registros contábeis. Sempre que se fala em auditoria, logo vem à mente seu conceito tradicional, ou seja, aquele que a contempla tendo por objeto as demonstrações contábeis.

Eis o conceito tradicional de auditoria: é uma técnica contábil que consiste na verificação da exatidão e da fidedignidade dos dados contidos nas demonstrações contábeis, por meio do exame minucioso dos registros de contabilidade e dos documentos que deram origem a eles. A auditoria é uma das funções atribuídas ao contabilista, conforme art. 2º da Resolução CFC n. 560, de 1983.

10.5.2 AUDITOR

O auditor é o contabilista experiente que tem competência para exercer a auditoria, podendo ser classificado em três categorias: auditor externo, auditor interno e auditor fiscal.

1. **Auditor externo ou independente:** contador legalmente habilitado por registro no CRC para exercer as funções de auditoria nas organizações que o contratam para esse fim. A principal responsabilidade do auditor independente é expressar uma opinião que possibilite aumentar o grau de confiança dos usuários em relação às demonstrações contábeis. Para isso, verifica a exatidão e a fidedignidade dos dados contidos nas

demonstrações contábeis, por meio de exame minucioso dos registros de contabilidade e dos documentos que deram origem a eles, em conformidade com as normas de auditoria e as exigências éticas relevantes. Mais adiante serão apresentados outros detalhes acerca do auditor independente.

2. **Auditor interno:** profissional que exerce as funções de auditoria interna na própria empresa da qual é empregado. Sua principal função é auxiliar a organização a alcançar seus objetivos. No Brasil, não há exigência de formação específica em Ciências Contábeis para exercer as funções de auditor interno. Assim, para ingressar em uma organização como auditor interno, o profissional, normalmente contador, administrador de empresas ou economista, submete-se a uma prova de seleção realizada na própria entidade em que será admitido. Os trabalhos do auditor interno de empresas privadas compreendem o exame, a avaliação e o monitoramento da adequação e da efetividade do controle interno, com o propósito de adicionar valor e melhorar as operações da organização.

3. **Auditor fiscal:** auditor do setor público, funcionário público integrante do quadro de funcionários municipal, estadual ou federal nomeado estatutariamente, com finalidade específica de fiscalizar os contribuintes (pessoas físicas e jurídicas), para garantir ao governo da respectiva esfera (municipal, estadual ou federal) a arrecadação de seus tributos. Esse auditor pode receber várias denominações: auditor fiscal do Tesouro Nacional (AFTN), agente fiscal de rendas (AFR), fiscal de tributos estaduais (FTE) etc. Para ingressar no funcionalismo público como auditor fiscal, o candidato submete-se a um concurso público. Normalmente exige-se do candidato apenas formação superior em qualquer área. A principal função do auditor fiscal é examinar a escrita contábil e fiscal do contribuinte ou as declarações de rendimentos elaboradas por pessoas físicas para verificar a exatidão das informações que o próprio contribuinte oferece ao governo. Como os tributos são recolhidos por autolançamento, o governo, por meio dos seus auditores fiscais, verifica a exatidão e, em caso de não conformidade, decorrente de erros propositais ou não, esses auditores fiscais autuam os contribuintes aplicando multas e exigindo o recolhimento dos tributos devidos.

10.5.3 AUDITOR INDEPENDENTE

10.5.3.1 Definição

O auditor independente é o contador devidamente habilitado a exercer atividades de auditoria nas organizações que o contratam para esse fim. Conforme dito anteriormente, o exercício da atividade de auditoria independente é uma prerrogativa profissional dos contadores legalmente habilitados por registro no CRC. O auditor independente, portanto, trabalha para seus clientes, que são, principalmente, as companhias (sociedades anônimas) e as empresas de grande porte, obrigadas a contratar os serviços dos auditores independentes por força de determinações legais.

Dispõe o §3º do art. 177 da Lei n. 6.404, de 1976:

> As demonstrações financeiras das companhias abertas observarão, ainda, as normas expedidas pela Comissão de Valores Mobiliários e serão obrigatoriamente submetidas a auditoria por auditores independentes nela registrados.

Para atuar como auditor independente, o interessado, bacharel em Ciências Contábeis, além de estar devidamente registrado como contador no CRC de sua localidade, precisa estar registrado no Cadastro Nacional de Auditores Independentes (CNAI) e no órgão em que a organização que o contratar estiver subordinada – Comissão de Valores Mobiliários (CVM), Banco Central do Brasil (Bacen), ou Superintendência de Seguros Privados (Susep). Para obter o registro nesses órgãos, o contador necessita ser aprovado em exame de qualificação técnica.

10.5.3.2 Normatização da profissão de auditor independente

Para exercer adequadamente suas atividades profissionais, o auditor independente deve cumprir exigências contidas em normas derivadas de vários órgãos nacionais e internacionais, os quais têm por responsabilidade fiscalizar e regulamentar a profissão do contabilista.

Os principais órgãos internacionais são:
- **International Accounting Standards Board (Iasb):** estabelecido em Londres, na Inglaterra, é responsável pela publicação e revisão dos pronunciamentos de contabilidade internacionais identificados pelo International Financial Reporting Standards (IFRS).
- **Federação Internacional de Contadores (Ifac):** estabelecida na cidade de Nova York, nos Estados Unidos, foi criada com o intuito de fortalecer a

profissão de contabilidade em todo o mundo e tem como principal objetivo a elaboração e a divulgação de normas internacionais de auditoria.

No Brasil, os principais órgãos emissores de atos que regulamentam a profissão do auditor independente são:
- Conselho Federal de Contabilidade (CFC);
- Instituto dos Auditores Independentes do Brasil (Ibracon);
- Comissão de Valores Mobiliários (CVM);
- Banco Central do Brasil (Bacen);
- Superintendência de Seguros Privados (Susep).

Tais órgãos, em especial o CFC, elaboram regras e procedimentos de conduta que devem ser observados como requisitos para o exercício da profissão contábil.

Os principais documentos que regem a atividade de auditoria no Brasil são:
- **NBC PA 12**: educação profissional continuada;
- **NBC PA 13**: norma sobre o exame de qualificação técnica para registro no CNAI do CFC;
- **NBC TA Estrutura Conceitual**: estrutura conceitual para trabalhos de asseguração;
- **NBC TA 240**: responsabilidade do auditor em relação à fraude, no contexto da auditoria de demonstrações contábeis.
- **NBC PG 01**: Código de Ética Profissional do Contador, aprovada pelo CFC em seu Plenário de 7 de fevereiro de 2019.
- **Instrução CVM n. 308, de 1999**: dispõe sobre o registro e o exercício da atividade de auditoria independente no âmbito do mercado de valores mobiliários.

10.5.3.3 Qualificação técnica

Registro no CNAI

Um dos requisitos exigidos para registro no CNAI é a aprovação em exame de qualificação técnica, realizado pelo CFC para esse fim. Tal exame tem por objetivo aferir o nível de conhecimento e a competência técnico-profissional necessários para a atuação na área da auditoria independente.

É importante salientar que o auditor independente pode atuar em organizações que estejam subordinadas à CVM, como as companhias de capital aberto, ao Bacen, como as instituições financeiras e bancos em geral, e à Susep, como as instituições que atuam no ramo de seguros.

CAPÍTULO 10 ■ O PROFISSIONAL DA CONTABILIDADE

Dessa forma, além do cadastro no CNAI, de acordo com a área de atuação que o auditor independente escolher, deve se submeter à prova de qualificação específica, também aplicada pelo CFC, para se cadastrar nesses órgãos.

Por fim, é importante destacar que o cadastramento do auditor nesses órgãos citados requer o cumprimento de exigências estabelecidas em cada um deles.

RESUMO

Este capítulo, fundamentado no art. 12 do Decreto-Lei n. 9.295, de 1946, esclarece que o profissional da contabilidade, também denominado contabilista, é o contador e o técnico em contabilidade devidamente registrado no CRC.

O técnico em contabilidade é diplomado em curso de nível médio na área contábil e o contador, em curso de nível superior.

Este capítulo apresenta, também, habilidades requeridas para o exercício da profissão, a habilidade numérica, o raciocínio abstrato, a atenção concentrada, a meticulosidade, a precisão, a iniciativa e a sociabilidade.

Evidencia, ainda, que a função da contabilidade deixou de se concentrar somente na função histórica (registro da vida da empresa), ampliando-se em muitas outras funções para atender aos incessantes reclamos dos seus usuários cujo número e interesses não param de crescer, sem, no entanto, descaracterizar sua mencionada função histórica que continua fundamentando todas as informações derivadas dos registros contábeis e que, contudo, o contabilista do século XXI exerce com mais profundidade a função de gerenciamento do que propriamente de simples controlador do patrimônio.

O mercado de trabalho, os usuários das informações contábeis, bem como os inúmeros cargos e funções que os contabilistas podem exercer trabalhando em entidades públicas ou privadas que tenham ou não finalidade econômica, também são tratados neste capítulo.

A auditoria – uma técnica contábil importantíssima que surgiu da necessidade de garantir a veracidade das informações derivadas dos registros contábeis – é tratada com os detalhes requeridos.

Este capítulo evidencia que o auditor é o contabilista experiente que tem competência para exercer a auditoria, podendo ser classificado em três categorias: auditor externo, auditor interno e auditor fiscal.

Ressalta a figura do auditor externo ou independente, dedicando uma ampla seção à inclusão de informações sobre a normatização dessa importante profissão, evidenciando a necessidade de o profissional obter seu registro no CNAI, uma vez que um dos requisitos exigidos para registro nesse órgão é a aprovação em exame de qualificação técnica, realizado pelo CFC para esse fim.

ATIVIDADES

1. Responda:
    a) O que é contador?
    b) O que é técnico em contabilidade?
    c) Cite três das principais habilidades requeridas do profissional da contabilidade.
    d) O que significa habilidade numérica?
    e) Em que consiste o raciocínio abstrato?
    f) Em que consiste a atenção concentrada?
    g) Em que consiste a meticulosidade?
    h) O que significa precisão?
    i) Em que consiste a iniciativa?
    j) Em que consiste a sociabilidade?
    k) Em que consiste o mercado de trabalho do contabilista?
    l) O que é auditor?
    m) Qual é a principal responsabilidade do auditor independente?
    n) Qual é a principal responsabilidade do auditor interno?
    o) Qual é a principal função do auditor fiscal?
    p) O que é necessário para que o auditor independente possa exercer adequadamente suas atividades profissionais?
    q) Quais são os principais órgãos brasileiros emissores de atos que regulam a profissão do auditor independente?

2. Julgue as afirmativas em falsas (F) ou verdadeiras (V):
   a) ( ) O profissional da contabilidade, também denominado contabilista, é o contador e o técnico em contabilidade.
   b) ( ) O contador é exclusivamente diplomado em curso superior de Ciências Contábeis.
   c) ( ) Para receber o título de contador, é necessário que o técnico em contabilidade seja aprovado em exame de suficiência elaborado pelo Conselho Regional de Contabilidade (CRC) de sua localidade.
   d) ( ) Para receber o título de contador, é necessário que o bacharel em Ciências Contábeis seja aprovado em exame de suficiência elaborado pelo Conselho Regional de Contabilidade (CRC) de sua localidade.
   e) ( ) O mercado de trabalho do contabilista corresponde ao campo de aplicação da contabilidade.
   f) ( ) Entidades públicas são aquelas constituídas com capitais de particulares.
   g) ( ) Entidades particulares são aquelas constituídas com capitais do governo.
   h) ( ) Entidades mistas são aquelas constituídas com capitais do governo e de particulares ao mesmo tempo.
   i) ( ) O profissional da contabilidade pode expressar o seu trabalho por meio de aulas, balancetes, balanços, conferências etc.
   j) ( ) Os usuários das informações contábeis são pessoas físicas e jurídicas que a utilizam para registrar e controlar a movimentação de seus patrimônios.
   k) ( ) Os auditores podem ser classificados em três categorias: auditor externo, auditor interno e auditor fiscal.
   l) ( ) O exercício da atividade de auditoria interna é uma prerrogativa profissional dos contadores legalmente habilitados por registro no Conselho Regional de Contabilidade (CRC).
   m) ( ) As demonstrações financeiras de todas as entidades estabelecidas no território brasileiro serão obrigatoriamente submetidas à auditoria por auditores independentes registrados na Comissão de Valores Mobiliários (CVM), por determinação da Lei n. 6.404, de 1976.
   n) ( ) As demonstrações financeiras das companhias abertas estabelecidas em todo o território brasileiro serão obrigatoriamente submetidas à auditoria por auditores independentes registrados na Comissão de Valores Mobiliários (CVM), por determinação da Lei n. 6.404, de 1976.
   o) ( ) Um dos requisitos exigidos para registro do contador no Cadastro Nacional de Auditores Independentes (CNAI), como auditor independente, é a aprovação em Exame de Qualificação Técnica, realizado pelo CFC para esse fim.

3. O profissional da contabilidade é o:
   a) contabilista.
   b) contador.
   c) técnico em contabilidade.
   d) todas estão corretas.

4. O profissional da contabilidade formado em curso superior de Ciências Contábeis é o:
   a) bacharel em Ciências Contábeis.
   b) contador registrado no Conselho Regional de Contabilidade (CRC).
   c) técnico em contabilidade.
   d) Somente a alternativa "c" está errada.

5. As entidades econômico-administrativas, considerando-se o fim a que se destinam, podem ser classificadas em:
   a) instituições e entidades.
   b) instituições e empresas.
   c) empresas e entidades.
   d) Todas estão erradas.

6. Empresas são:
   a) entidades econômicas.
   b) instituições que não visam ao lucro.
   c) entidades sem fins lucrativos.
   d) As alternativas "a" e "c" estão corretas.

7. O profissional da contabilidade pode prestar seus serviços como:
   a) pessoa física (autônomo).
   b) pessoa jurídica (empresa de prestação de serviços).
   c) As alternativas "a" e "b" estão erradas.
   d) As alternativas "a" e "b" estão corretas.

8. As funções que podem ser exercidas pelos contabilistas são:
   a) analista, assessor, assistente e auditor interno e externo.
   b) conselheiro, consultor, controlador de arrecadação, *controller* e educador.
   c) escritor ou articulista técnico, escriturador contábil ou fiscal e fiscal de tributos.
   d) Todas estão corretas.

CAPÍTULO 10 ■ O PROFISSIONAL DA CONTABILIDADE

9. Auditor interno, professor, redator, chefe, diretor e supervisor. Esta lista, em relação à profissão do contabilista, contém:
   a) seis funções.
   b) seis cargos.
   c) três cargos e três funções, respectivamente.
   d) três funções e três cargos, respectivamente.

10. As informações derivadas dos registros contábeis podem ter a seguinte natureza:
    a) patrimonial.
    b) econômica.
    c) financeira.
    d) Todas estão corretas.

11. O produto final da contabilidade:
    a) são as demonstrações contábeis.
    b) é a função de auditoria interna.
    c) é o cargo de supervisão.
    d) Todas estão corretas.

12. A técnica contábil que consiste na verificação da exatidão e da fidedignidade dos dados contidos nas demonstrações contábeis, por meio do exame minucioso dos registros de contabilidade e dos documentos que deram origem a eles, denomina-se:
    a) contabilidade.
    b) auditoria.
    c) perícia contábil.
    d) Exame de Suficiência.

13. O contador legalmente habilitado por registro no Conselho Regional de Contabilidade (CRC), para exercer as funções de auditoria nas organizações que o contratam para esse fim, denomina-se:
    a) auditor interno.
    b) auditor independente.
    c) contador especializado em custos.
    d) Todas estão erradas.

14. Auditor fiscal é:
   a) o auditor independente.
   b) o auditor interno.
   c) o técnico em contabilidade que fiscaliza os trabalhos dos auxiliares da contabilidade.
   d) Todas estão erradas.

15. Para atuar como auditor independente, o interessado deve estar:
   a) registrado no Cadastro Nacional de Auditores Independentes (CNAI) e no órgão em que a organização que o contratar estiver subordinada.
   b) registrado como contador no Conselho Regional de Contabilidade (CRC) de qualquer unidade da federação e no Cadastro Nacional de Auditores Independentes (CNAI) e no órgão em que a organização que o contratar estiver subordinada.
   c) registrado como contador no Conselho Regional de Contabilidade (CRC) de sua localidade, no Cadastro Nacional de Auditores Independentes (CNAI) e no órgão em que a organização que o contratar estiver subordinada.
   d) Todas estão erradas.

11

A REGULAMENTAÇÃO DA PROFISSÃO DE CONTABILISTA

11.1 QUEM PODE EXERCER A PROFISSÃO DE CONTABILISTA

Conforme já visto, o profissional da contabilidade é o contador e o técnico em contabilidade. Veja o que dispõe o art. 12 e respectivos parágrafos do Decreto-Lei n. 9.295, de 1946, com alterações introduzidas pelo art. 76 da Lei n. 12.249, de 2010:

> **Art. 12.** Os profissionais a que se refere este Decreto-Lei somente poderão exercer a profissão após a regular conclusão do curso de Bacharelado em Ciências Contábeis, reconhecido pelo Ministério da Educação, aprovação em Exame de Suficiência e registro no Conselho Regional de Contabilidade a que estiverem sujeitos.
>
> § 1º – O exercício da profissão, sem o registro a que alude este artigo, será considerado como infração do presente Decreto-Lei.
>
> § 2º – Os técnicos em contabilidade já registrados em Conselho Regional de Contabilidade e os que venham a fazê-lo até 1º de junho de 2015 têm assegurado o seu direito ao exercício da profissão.[1]

---

[1] Das multas impostas pelos Conselhos Regionais, poderá, no prazo de 60 dias, contados da notificação, ser interposto recurso, sem efeito suspensivo, para o Conselho Federal de Contabilidade (CFC). BRASIL. *Decreto-Lei n. 9.295, de 27 de maio de 1946.* Cria o Conselho Federal de Contabilidade, define as atribuições do Contador e do Guarda-livros e dá outras providências. Disponível em: http://www.planalto.gov.br/CCiViL_03/Decreto-Lei/Del9295.htm. Acesso em: 12 fev. 2020.

Segundo estabelecem os arts. 17 e 18 do mesmo Decreto-Lei, a todo profissional registrado de acordo com esse Decreto-Lei é entregue uma carteira profissional numerada, registrada e visada pelo Conselho Regional de Contabilidade (CRC) respectivo, com dados identificativos do profissional, que serve como carteira de identidade, sob fé pública. O art. 14 do citado Decreto-Lei estabelece que, se o profissional, registrado em qualquer dos CRC, mudar de domicílio, fará visar, no Conselho Regional a que o novo local dos seus trabalhos estiver sujeito, à carteira profissional de que trata o art. 17. Considera-se que há mudança desde que o profissional exerça qualquer das profissões no novo domicílio, por prazo maior de 90 dias.

Os indivíduos, as firmas, as sociedades, as associações, as companhias, as empresas em geral e suas filiais que exerçam ou explorem, sob qualquer forma, serviços técnicos contábeis, ou a seu cargo tiverem alguma seção que a tal se destine, somente poderão executar os respectivos serviços depois de provarem, perante os Conselhos de Contabilidade, que os encarregados da parte técnica são profissionais habilitados e registrados na forma da lei, conforme art. 15 do Decreto-Lei n. 9.295, de 1946.

É importante destacar ainda que todo aquele que, mediante anúncios, placas, cartões comerciais, ou outros meios, se propuser ao exercício da profissão contábil, em qualquer ramo, fica sujeito às penalidades aplicáveis ao exercício ilegal da profissão, se não estiver devidamente registrado, conforme art. 20 do Decreto-Lei n. 9.295, de 1946.

11.2 EXAME DE SUFICIÊNCIA[2]

11.2.1 CONCEITO E OBJETIVO

O Exame de Suficiência é a prova de equalização destinada a comprovar a obtenção de conhecimentos médios, consoante os conteúdos programáticos desenvolvidos no curso de bacharelado em Ciências Contábeis, que visa à obtenção de registro na categoria contador, podendo ser prestado pelos bacharéis e estudantes do último ano letivo do curso de Ciências Contábeis. É importante destacar que

---

[2] Os assuntos tratados nas subseções desta seção, com as adaptações que julgamos convenientes para torná-los de mais fácil entendimento, foram extraídos da Resolução CFC n. 1.486, de 2015, que regulamenta o Exame de Suficiência como requisito para obtenção de Registro Profissional em Conselho Regional de Contabilidade (CRC). Ver: CONSELHO FEDERAL DE CONTABILIDADE. *Resolução CFC n. 1.486, de 15 de maio de 2015*. Regulamenta o Exame de Suficiência como requisito para obtenção de Registro Profissional em Conselho Regional de Contabilidade (CRC). Disponível em: http://www2.cfc.org.br/sisweb/sre/detalhes_sre.aspx?Codigo=2015/001486&arquivo=Res_1486.doc. Acesso em: 12 fev. 2020.

a partir de 1º de junho de 2015, o CFC deixou de realizá-lo na categoria de técnico em contabilidade, conforme disposto no §2º do art. 12 do Decreto-Lei n. 9.295, de 1946, com redação dada pela Lei n. 12.249, de 2010. Conforme consta do art. 2º da Resolução em foco, a aprovação em Exame de Suficiência constitui um dos requisitos para a obtenção de registro profissional em CRC.

11.2.2 QUEM DEVE SE SUBMETER AO EXAME DE SUFICIÊNCIA?

A aprovação em Exame de Suficiência, como um dos requisitos para obtenção de registro em CRC, é exigida do bacharel em Ciências Contábeis.

11.2.3 OUTRAS INFORMAÇÕES IMPORTANTES

- O exame é aplicado duas vezes ao ano, em todo o território nacional, sendo uma edição a cada semestre, em data e hora fixadas em edital, por deliberação do Plenário do CFC, com antecedência mínima de 60 dias da data de sua realização.
- Para ser aprovado, o candidato precisa obter, no mínimo, 50% dos pontos possíveis.
- O Exame de Suficiência é composto de uma prova para os bacharéis em Ciências Contábeis, obedecidas as seguintes condições e áreas de conhecimento:
    I – Contabilidade Geral;
    II – Contabilidade de Custos;
    III – Contabilidade Aplicada ao Setor Público;
    IV – Contabilidade Gerencial;
    V – Controladoria;
    VI – Teoria da Contabilidade;
    VII – Legislação e Ética Profissional;
    VIII – Normas Brasileiras de Contabilidade;
    IX – Auditoria Contábil;
    X – Perícia Contábil;
    XI – Noções de Direito;
    XII – Matemática Financeira e Estatística;
    XIII – Língua Portuguesa.
- Compete ao CFC ou à instituição/empresa contratada elaborar e divulgar, conforme edital, os conteúdos programáticos das respectivas áreas exigidos na prova para bacharéis em Ciências Contábeis.
- A prova é elaborada com questões objetivas de múltipla escolha, podendo, a critério do CFC, ser incluídas questões para respostas dissertativas.

11.3 REGISTRO PROFISSIONAL DOS CONTADORES[3]

11.3.1 INTRODUÇÃO

Viu-se que, para o profissional da contabilidade obter seu registro no CRC como contador, é preciso ter concluído o curso de bacharel em Ciências Contábeis (curso devidamente reconhecido pelo Ministério da Educação) e ser aprovado em Exame de Suficiência aplicado pelo CRC. É importante evidenciar, mais uma vez, que a partir de 1º de junho de 2015, o CFC deixou de realizar o exame para a categoria de técnico em contabilidade.

Ao ser aprovado no Exame de Suficiência, o CRC disponibiliza ao candidato a Certidão de Aprovação para ser apresentada por ocasião da solicitação do registro profissional. Após aprovado no exame, o candidato deve providenciar o registro como contador no CRC de sua localização, no prazo máximo de dois anos, a contar da data da publicação da relação dos aprovados no *Diário Oficial da União*.

11.3.2 ONDE EFETUAR O REGISTRO PROFISSIONAL?

O registro profissional deve ser requerido no CRC com jurisdição no local onde o contabilista tenha seu domicílio profissional, isto é, no local em que exerce ou de onde dirige a totalidade ou a parte principal de suas atividades profissionais, seja como autônomo, seja como empregado, sócio de organização contábil ou servidor público.

Os serviços contábeis dos órgãos e das entidades públicas, das entidades sem fins lucrativos, das empresas e das sociedades em geral somente poderão ser executados por meio de profissionais habilitados, terceirizados ou não, independentemente do grau de responsabilidade técnica assumido, cabendo a essas entidades a comprovação dessa habilitação.

11.3.3 DOMICÍLIO PROFISSIONAL

Domicílio profissional é o local onde o contador ou o técnico em contabilidade exerce ou dirige a totalidade ou a parte principal de suas atividades profissionais,

---

[3] O texto desta seção, feitas as adaptações que julgamos convenientes para torná-lo de mais fácil entendimento, foi extraído da norma aprovada pela Resolução CFC n. 1.554, de 6 de dezembro de 2018. Ver: CONSELHO FEDERAL DE CONTABILIDADE. *Resolução CFC n. 1.554/18, de 6 de dezembro de 2018*. Disponível em: https://cfc.org.br/wp-content/uploads/2018/12/RESOLU%C3%87%C3%83O-N%C2%BA-1-554-pag-232-2.pdf. Acesso em: 8 fev. 2020.

seja como autônomo, seja como empregado, sócio de organização contábil ou servidor público.

11.3.4 MODALIDADES DE REGISTRO PROFISSIONAL

O profissional da contabilidade pode se submeter a duas modalidades de registro:
1. Registro Originário – concedido pelo CRC da jurisdição do domicílio profissional aos bacharéis em Ciências Contábeis, obedecendo aos requisitos estabelecidos na norma em estudo, aprovada pela Resolução CFC n. 1.554, de 2018.[4]
2. Registro Transferido – concedido pelo CRC da jurisdição do novo domicílio profissional ao portador de Registro Originário.[5]

11.3.5 DOCUMENTOS NECESSÁRIOS PARA O REGISTRO ORIGINÁRIO

O pedido de Registro Originário será dirigido ao CRC com jurisdição sobre o domicílio do bacharel em Ciências Contábeis, aprovado em Exame de Suficiência, por meio de requerimento, instruído com:

I – comprovante de recolhimentos das taxas de registro, carteira de identidade profissional e anuidade;

II – duas fotos 3x4 iguais, recentes, de frente, coloridas e com fundo branco; e

III – original e cópia dos seguintes documentos:
   a) diploma de conclusão do curso de bacharel em Ciências Contábeis devidamente registrado por órgão competente;[6]
   b) documento de identidade;

---

[4] O Registro Originário habilita ao exercício da atividade profissional na jurisdição do CRC respectivo e ao exercício eventual ou temporário em qualquer parte do território nacional. Para o CFC, "exercício eventual ou temporário da profissão" é aquele realizado fora da jurisdição do CRC de origem do contador ou do técnico em contabilidade e que não implica alteração do domicílio profissional. A numeração do Registro Originário será única e sequencial em cada CRC.

[5] No caso de Registro Transferido, ao número do Registro Originário será acrescentada a letra "T", acompanhada da sigla designativa da jurisdição do CRC de destino.

[6] O profissional que, sem a posse do diploma, requerer o Registro Originário, deverá apresentar os originais do histórico escolar e da certidão/declaração do estabelecimento de ensino. A certidão/declaração do estabelecimento de ensino deverá conter a indicação do ato normativo do órgão competente que reconheceu o curso, informando que o requerente concluiu o curso, com aprovação. A certidão/declaração deverá apresentar: nome do requerente, data de nascimento, filiação, nome do curso concluído e colação de grau. Caso a certidão não contemple todos os requisitos mencionados, se contidos no histórico escolar, poderá ser considerada para fins de atendimento deste item.

c) comprovante de regularidade com o serviço militar obrigatório para aqueles do sexo masculino e com idade inferior a 46 anos;
d) Cadastro de Pessoa Física (CPF); e
e) comprovante de endereço residencial recente.

Desse modo, ao contador registrado será entregue a carteira de identidade profissional.

11.3.6 ALTERAÇÃO DE CATEGORIA

É comum ao contabilista registrado na categoria de técnico em contabilidade, após concluir o curso de bacharel em Ciências Contábeis, requerer a transferência de seu registro para a categoria de Registro Originário de Contador.[7]

Portanto, para a obtenção do Registro Originário, decorrente de mudança de categoria, o profissional deverá encaminhar requerimento ao CRC, após a comprovação de recolhimentos das taxas de registro profissional e da carteira de identidade profissional, instruído com:

I – original do diploma devidamente registrado por órgão competente, acompanhado de cópia, ou a certidão/declaração e o histórico escolar fornecidos pelo estabelecimento de ensino; e

II – duas fotos 3×4 iguais, recentes, de frente, coloridas e com fundo branco.

11.3.7 ALTERAÇÃO DE NOME OU NACIONALIDADE

Para proceder à alteração de nome ou nacionalidade, é preciso que o profissional, além de regular no CRC, encaminhe requerimento ao Conselho, após a comprovação de recolhimentos das taxas de registro profissional e da carteira de identidade profissional, instruído com:

I – original da certidão de casamento ou de separação judicial ou de divórcio, acompanhada de cópia, que será autenticada pelo CRC, ou certificado de nacionalidade ou certidão de nascimento averbada, conforme a situação;

II – duas fotos 3×4 iguais, recentes, de frente, coloridas e com fundo branco; e

III – comprovante de endereço residencial recente.

---

[7] Para alteração de categoria, quando a alteração for de técnico em contabilidade para contador (bacharéis que concluíram o curso após 14 de junho de 2010), faz-se necessária a aprovação no Exame de Suficiência. Para a alteração de categoria, o profissional contador ou técnico em contabilidade deverá estar regular no CRC.

11.3.8 EXERCÍCIO PROFISSIONAL EM OUTRA JURISDIÇÃO

Para a execução de serviços em jurisdição diversa daquela onde o contador ou o técnico em contabilidade possui seu registro profissional, é obrigatória a comunicação prévia ao CRC de destino, de forma eletrônica, por intermédio do site do CRC de origem.

A comunicação terá validade condicionada à manutenção do registro profissional, ativo e regular, no CRC de origem.

O pedido de Registro Transferido será protocolado no CRC do novo domicílio profissional do contador ou do técnico em contabilidade, mediante requerimento, instruído com:

I – comprovante de recolhimentos das taxas de registro, carteira de identidade profissional e anuidade;
II – Carteira de identidade profissional;
III – duas fotos 3×4 iguais, recentes, de frente, coloridas e com fundo branco; e
IV – comprovante de endereço residencial recente.

A transferência será concedida ao contador ou ao técnico em contabilidade que estiver regular no CRC de origem.

11.3.9 CANCELAMENTO DO REGISTRO PROFISSIONAL

O cancelamento do registro profissional dar-se-á pelo falecimento ou por cassação do exercício profissional do contador ou do técnico em contabilidade, decorrente da aplicação de penalidade transitada em julgado ou por decisão judicial, cuja contagem de prazo dar-se-á nos termos da normatização vigente.

11.3.10 BAIXA DO REGISTRO PROFISSIONAL

A baixa do registro profissional poderá ser solicitada pelo contador ou pelo técnico em contabilidade, em face da interrupção ou da cessação de suas atividades na área contábil.

As baixas de registro profissional deverão ser encaminhadas para o setor de Fiscalização do CRC, para as providências cabíveis.

O pedido de baixa de registro profissional deverá ser instruído com requerimento dirigido ao CRC, contendo o motivo que originou a solicitação.[8]

---

[8] O contador ou o técnico em contabilidade com Registro Profissional baixado não poderá figurar como sócio, titular ou responsável técnico de organização contábil ativa.

11.3.11 SUSPENSÃO E CASSAÇÃO

Suspensão é a cessação temporária da habilitação para o exercício da atividade profissional, decorrente da aplicação de penalidade transitada em julgado ou por decisão judicial, cuja contagem de prazo dar-se-á nos termos da normatização vigente.

Decorrido o prazo da penalidade de suspensão, o Registro Profissional será restabelecido automaticamente, independentemente de solicitação.

Cassação é a perda da habilitação para o exercício da atividade profissional, decorrente de decisão transitada em julgado, por infração prevista na alínea "f" do art. 27 do Decreto-Lei n. 9.295, de 1946.

A cassação do exercício profissional de contador ou de técnico em contabilidade,[9] desde que homologada por 2/3 (dois terços) do Plenário do Tribunal Regional de Ética e Disciplina, bem como por 2/3 (dois terços) do Plenário do Tribunal Superior de Ética e Disciplina, acarretará o cancelamento do Registro Profissional.[10]

11.3.12 RESTABELECIMENTO DE REGISTRO

O registro profissional baixado poderá ser restabelecido mediante requerimento, após a comprovação dos recolhimentos da taxa de registro profissional, da anuidade e da taxa da carteira de identidade profissional, para aquele que não a possui, instruído com duas fotos 3×4 iguais, recentes, de frente, coloridas e com fundo branco.

11.3.13 OUTRAS INFORMAÇÕES IMPORTANTES

A concessão de registro profissional ao contador com formação escolar no exterior ficará condicionada à apresentação de diploma revalidado pelo órgão competente no Brasil e à aprovação no Exame de Suficiência.

---

[9] Decorridos cinco anos da devida cientificação da decisão de cassação do exercício profissional, após o trânsito em julgado, poderá o bacharel em Ciências Contábeis requerer novo registro, nos termos da Lei n. 12.249, de 2010, desde que cumpridos os requisitos previstos no art. 6º da norma em estudo, aprovada pela Resolução CFC n. 1.554, de 2018.

[10] Na hipótese de a cassação do exercício profissional resultar da prática de crime contra a ordem econômica e tributária, o pedido de novo registro dependerá da correspondente reabilitação criminal, comprovada mediante Certidão Negativa, sem prejuízo do disposto no art. 6º da norma em estudo, aprovada pela Resolução CFC n. 1.554, de 2018. Na hipótese de a cassação do exercício profissional resultar da prática de apropriação indébita de valores, o pedido de novo registro dependerá da correspondente comprovação do ressarcimento do valor apropriado, sem prejuízo do disposto no art. 6º desta norma.

No caso de contador de outra nacionalidade portador de visto temporário, o registro profissional terá validade condicionada àquela do visto de permanência.

É vedada a concessão de registro profissional aos portadores de diplomas/certidões de cursos de Gestão com especialização/habilitação em Contabilidade e de cursos de Tecnólogo em Contabilidade.

11.4 ATRIBUIÇÕES DO PROFISSIONAL DA CONTABILIDADE

11.4.1 ATRIBUIÇÕES DETERMINADAS POR DECRETO-LEI

Veja, nesta subseção, as atribuições do profissional da contabilidade, contidas no art. 25 do Decreto-Lei n. 9.295, de 1946.

> **Art. 25.** São considerados trabalhos técnicos de contabilidade:
>
> a) organização e execução de serviços de contabilidade em geral;
>
> b) escrituração dos livros de contabilidade obrigatórios, bem como de todos os necessários no conjunto da organização contábil e levantamento dos respectivos balanços e demonstrações;
>
> c) perícias judiciais ou extrajudiciais, revisão de balanços e de contas em geral, verificação de haveres, revisão permanente ou periódica de escritas, regulações judiciais ou extrajudiciais de avarias grossas ou comuns, assistência aos Conselhos Fiscais das sociedades anônimas e quaisquer outras atribuições de natureza técnica conferidas por lei aos profissionais da contabilidade.
>
> **Art. 26.** Salvo direitos adquiridos ex-vi do disposto no art. 2º do Decreto n. 21.033, de 8 de fevereiro de 1932, as atribuições definidas na alínea c do artigo anterior são privativas dos contadores diplomados.

11.4.2 PRERROGATIVAS (ATRIBUIÇÕES) DISCIPLINADAS PELO CFC

Na presente subseção, tratar-se-á das prerrogativas (atribuições) disciplinadas pelo CFC. É importante informar que o texto desta subseção, com as adaptações julgadas necessárias para torná-lo de mais fácil entendimento, foi extraído da

Resolução CFC n. 560, de 28 de outubro de 1983. Conforme estabelece o art. 1º da Resolução acima mencionada, o exercício das atividades compreendidas na contabilidade, considerada em plena amplitude e condição de ciência aplicada, constitui prerrogativa, sem exceção, dos contadores e dos técnicos em contabilidade legalmente habilitados, ressalvadas as atribuições privativas dos contadores.

O art. 2º da mencionada Resolução determina as condições em que o contabilista pode exercer suas atividades, lista as funções a ele afetadas, os cargos que podem ocupar para desenvolver tais funções e suas respectivas titulações, conforme discorre-se na seção 13.3 do capítulo 13 do presente livro.

O art. 3º da Resolução CFC em foco fixa as seguintes atribuições privativas dos profissionais da contabilidade:[11]

1. avaliação de acervos patrimoniais e verificação de haveres e obrigações, para quaisquer finalidades, inclusive de natureza fiscal;

2. avaliação dos fundos de comércio;

3. apuração do valor patrimonial de participações, quotas ou ações;

4. reavaliações e medição dos efeitos das variações do poder aquisitivo da moeda sobre o patrimônio e o resultado periódico de quaisquer entidades;

5. apuração de haveres e avaliação de direitos e obrigações, do acervo patrimonial de quaisquer entidades, em vista de liquidação, fusão, cisão, expropriação no interesse público, transformação ou incorporação dessas entidades, bem como em razão de entrada, retirada, exclusão ou falecimento de sócios, quotistas ou acionistas;

6. concepção dos planos de determinação das taxas de depreciação e exaustão dos bens materiais e dos de amortização dos valores imateriais, inclusive de valores diferidos;

7. implantação e aplicação dos planos de depreciação, amortização e diferimento, bem como de correções monetárias e reavaliações;

---

[11] O §1º do art. 3º da Resolução CFC n. 560, de 1983, arrola como atribuições privativas dos contadores as anteriormente apresentadas sob os números 1, 2, 3, 4, 5, 6, 8, 19, 20, 21, 22, 23, 24, 25, 26, 29, 32, 33, 34, 35, 36, 42, 43, além dos 44 e 45, quando se referirem a nível superior. O §2º do art. 3º em estudo estabelece que os serviços mencionados sob os números 5, 6, 22, 25 e 30 somente poderão ser executados pelos técnicos em contabilidade da qual sejam titulares. Ver: CONSELHO FEDERAL DE CONTABILIDADE. *Resolução CFC n. 560, de 28 de outubro de 1983*. Dispõe sobre as prerrogativas profissionais de que trata o art. 25 do Decreto-Lei n. 9.295, de 1946. Disponível em: http://www2.cfc.org.br/sisweb/sre/detalhes_sre.aspx?Codigo=1983/000560&arquivo=RES_560.DOC. Acesso em: 12 fev. 2020.

8. regulações judiciais ou extrajudiciais, de avarias grossas ou comuns;

9. escrituração regular, oficial ou não, de todos os fatos relativos aos patrimônios e às variações patrimoniais das entidades, por quaisquer métodos, técnicas ou processos;

10. classificação dos fatos para registros contábeis, por qualquer processo, inclusive computação eletrônica, e respectiva validação dos registros e demonstrações;

11. abertura e encerramento de escritas contábeis;

12. execução dos serviços de escrituração em todas as modalidades específicas, conhecidas por denominações que informam sobre o ramo de atividade, como contabilidade bancária, contabilidade comercial, contabilidade de condomínio, contabilidade industrial, contabilidade imobiliária, contabilidade macroeconômica, contabilidade de seguros, contabilidade de serviços, contabilidade pública, contabilidade hospitalar, contabilidade agrícola, contabilidade pastoril, contabilidade das entidades de fins ideais, contabilidade de transportes, e outras;

13. controle de formalização, guarda, manutenção ou destruição de livros e outros meios de registro contábil, bem como dos documentos relativos à vida patrimonial;

14. elaboração de balancetes e de demonstrações do movimento por contas ou grupos de contas, de forma analítica ou sintética;

15. levantamento de balanços de qualquer tipo ou natureza e para quaisquer finalidades, como balanços patrimoniais, balanços de resultados, balanços de resultados acumulados, balanços de origens e aplicações de recursos, balanços de fundos, balanços financeiros, balanços de capitais, e outros;

16. tradução, em moeda nacional, das demonstrações contábeis originalmente em moeda estrangeira e vice-versa;

17. integração de balanços, inclusive consolidações, também de subsidiárias do exterior;

18. apuração, cálculo e registro de custos, em qualquer sistema ou concepção: custeio por absorção global, total ou parcial; custeio direto, marginal ou variável; custeio por centro de responsabilidade com valores reais, normalizados ou padronizados, históricos ou projetados, com registros

em partidas dobradas ou simples, fichas, mapas, planilhas, folhas simples ou formulários contínuos, com processamento manual, mecânico, computadorizado ou outro qualquer, para todas as finalidades, desde a avaliação de estoques até a tomada de decisão sobre a forma mais econômica sobre como, onde, quando e o que produzir e vender;

19. análise de custos e despesas, em qualquer modalidade, em relação a quaisquer funções como produção, administração, distribuição, transporte, comercialização, exportação, publicidade, e outras, bem como a análise com vistas à racionalização das operações e do uso de equipamentos e materiais, e ainda a otimização do resultado diante do grau de ocupação ou do volume de operações;

20. controle, avaliação e estudo da gestão econômica, financeira e patrimonial das empresas e demais entidades;

21. análise de custos com vistas ao estabelecimento dos preços de venda de mercadorias, produtos ou serviços, bem como de tarifas nos serviços públicos, e a comprovação dos reflexos dos aumentos de custos nos preços de venda, diante de órgãos governamentais;

22. análise de balanços;

23. análise do comportamento das receitas;

24. avaliação do desempenho das entidades e exame das causas de insolvência ou incapacidade de geração de resultado;

25. estudo sobre a destinação do resultado e cálculo do lucro por ação ou outra unidade de capital investido;

26. determinação de capacidade econômico-financeira das entidades, inclusive nos conflitos trabalhistas e de tarifa;

27. elaboração de orçamentos de qualquer tipo, tais como econômicos, financeiros, patrimoniais e de investimentos;

28. programação orçamentária e financeira, e acompanhamento da execução de orçamentos-programa, tanto na parte física quanto na monetária;

29. análise das variações orçamentárias;

30. conciliações de contas;

31. organização dos processos de prestação de contas das entidades e órgãos da administração pública federal, estadual, municipal, dos territórios federais e do Distrito Federal, das autarquias, sociedades de

economia mista, empresas públicas e fundações de direito público, a serem julgadas pelos Tribunais, Conselhos de Contas ou órgãos similares;[12]

32. revisões de balanços, contas ou quaisquer demonstrações ou registros contábeis;

33. auditoria interna e operacional;

34. auditoria externa independente;

35. perícias contábeis, judiciais e extrajudiciais;

36. fiscalização tributária que requeira exame ou interpretação de peças contábeis de qualquer natureza;

37. organização dos serviços contábeis quanto à concepção, planejamento e estrutura material, bem como o estabelecimento de fluxogramas de processamento, cronogramas, organogramas, modelos de formulários e similares;

38. planificação das contas, com a descrição das suas funções e do funcionamento dos serviços contábeis; organização e operação dos sistemas de controle interno;

39. organização e operação dos sistemas de controle patrimonial, inclusive quanto à existência e localização física dos bens;

40. organização e operação dos sistemas de controle de materiais, matérias-primas, mercadorias e produtos semifabricados e prontos, bem como dos serviços em andamento;

41. assistência aos conselhos fiscais das entidades, notadamente das sociedades por ações;

42. assistência aos comissários nas concordatas, aos síndicos nas falências, e aos liquidantes de qualquer massa ou acervo patrimonial;

43. magistério das disciplinas compreendidas na Contabilidade, em qualquer nível de ensino, inclusive no de pós-graduação;

44. participação em bancas de exame e em comissões julgadoras de concursos, onde sejam aferidos conhecimentos relativos à contabilidade;

---

[12] Este item foi revogado por meio da Resolução CFC n. 898, de 2001, deixando de ser, portanto, tarefa privativa dos profissionais da contabilidade. Ver: CONSELHO FEDERAL DE CONTABILIDADE. *Resolução CFC n. 898, de 26 de março de 2001*. Altera o §1º, do art. 3º, da Resolução CFC n. 560, de 1983. Disponível em: http://www2.cfc.org.br/sisweb/sre/detalhes_sre.aspx?codigo=2000/000898. Acesso em: 12 fev. 2020.

45. estabelecimento dos princípios e normas técnicas de contabilidade;
46. declaração de Imposto de Renda, pessoa jurídica;
47. demais atividades inerentes às Ciências Contábeis e suas aplicações.[13]

11.4.3 ATIVIDADES COMPARTILHADAS

O art. 5º da Resolução CFC n. 560, de 1983, estabelece que são consideradas atividades compartilhadas aquelas cujo exercício é prerrogativa também de outras profissões, entre as quais:

1. elaboração de planos técnicos de financiamento e amortização de empréstimos, incluídos no campo da matemática financeira;

2. elaboração de projetos e estudos sobre operações financeiras de qualquer natureza, inclusive de debêntures,[14] *leasing*[15] e *lease-back*;[16]

3. execução de tarefas no setor financeiro, tanto na área pública como privada;

4. elaboração e implantação de planos de organização ou reorganização;

5. organização de escritórios e almoxarifados;

6. organização de quadros administrativos;

7. estudos sobre a natureza e os meios de compra e venda de mercadorias e produtos, bem como o exercício das atividades compreendidas sob os títulos de "mercadologia" e "técnicas comerciais" ou "merceologia";

8. concepção, redação e encaminhamento, ao Registro Público, de contratos, alterações contratuais, atas, estatutos e outros atos das sociedades civis e comerciais;

9. assessoria fiscal;

---

[13] Conforme estabelece o art. 4º da Resolução em estudo, o profissional contábil deverá apor sua assinatura, sua categoria profissional e seu número de registro no CRC respectivo, em todo e qualquer trabalho realizado. CONSELHO FEDERAL DE CONTABILIDADE, 1983.

[14] Debênture é o título de crédito emitido por Sociedade Anônima para obtenção de empréstimo de pessoa física ou jurídica. Rende juros e correção monetária; é garantido pelo ativo da sociedade e oferece preferência para resgate entre os demais débitos da empresa. Pode conter cláusula permitindo a conversão em ações da empresa.

[15] *Leasing* é o arrendamento mercantil.

[16] *Lease-back*, também denominado *leasing* de retorno, ocorre quando a empresa A, proprietária de um bem móvel ou imóvel, vende esse bem para a empresa B, que imediatamente o arrenda para a empresa A, de quem acabou de comprar.

10. planejamento tributário;

11. elaboração de cálculos, análises e interpretação de amostragens aleatórias ou probabilísticas;

12. elaboração e análise de projetos, inclusive quanto à viabilidade econômica;

13. análise de circulação de órgãos de imprensa e aferição das pesquisas de opinião pública;

14. pesquisas operacionais;

15. processamento de dados;

16. análise de sistemas de seguros e de fundos de benefícios;

17. assistência aos órgãos administrativos das entidades;

18. exercício de quaisquer funções administrativas;

19. elaboração de orçamentos macroeconômicos.

11.5 PENALIDADES APLICÁVEIS AOS PROFISSIONAIS DA CONTABILIDADE

Conforme estabelece o art. 27 do Decreto-Lei n. 9.295, de 1946, as penalidades ético-disciplinares aplicáveis por infração ao exercício legal da profissão são:

a) multa de uma a dez vezes o valor da anuidade do exercício em curso aos infratores dos arts. 12 e 26 deste Decreto-Lei;

b) multa de uma a dez vezes aos profissionais e de duas a 20 vezes o valor da anuidade do exercício em curso às empresas ou a quaisquer organizações contábeis, quando se tratar de infração dos arts. 15 e 20 e seus respectivos parágrafos;

c) multa de uma a cinco vezes o valor da anuidade do exercício em curso aos infratores de dispositivos não mencionados nas alíneas a e b ou para os quais não haja indicação de penalidade especial;

d) suspensão do exercício da profissão, pelo período de até dois anos, aos profissionais que, dentro do âmbito de sua atuação e no que se referir à parte técnica, forem responsáveis por qualquer falsidade de documentos que assinarem e pelas irregularidades de escrituração praticadas no sentido de fraudar as rendas públicas;

e) suspensão do exercício da profissão, pelo prazo de seis meses a um ano, ao profissional com comprovada incapacidade técnica no desempenho de suas funções, a critério do Conselho Regional de Contabilidade a que estiver sujeito, facultada, porém, ao interessado a mais ampla defesa;

f) cassação do exercício profissional quando comprovada incapacidade técnica de natureza grave, crime contra a ordem econômica e tributária, produção de falsa prova de qualquer dos requisitos para registro profissional e apropriação indevida de valores de clientes confiados a sua guarda, desde que homologada por dois terços do Plenário do Tribunal Superior de Ética e Disciplina;

g) advertência reservada, censura reservada e censura pública nos casos previstos no Código de Ética Profissional dos Contabilistas elaborado e aprovado pelos Conselhos Federal e Regionais de Contabilidade, conforme previsão do art. 10 do Decreto-Lei n. 1.040, de 21 de outubro de 1969.

É importante destacar que são solidariamente responsáveis pelo pagamento das multas os infratores e os indivíduos, as firmas, as sociedades, as companhias, as associações ou as empresas a cujos serviços se achem, conforme §3º do art. 32 do Decreto-Lei n. 9.295, de 1946. É importante salientar ainda que, segundo estabelece o art. 29 do mencionado Decreto-Lei, o profissional suspenso do exercício da profissão fica obrigado a depositar a carteira profissional no CRC que tiver aplicado a penalidade, até a expiração do prazo de suspensão, sob pena de apreensão desse documento.

RESUMO

Este capítulo trata da regulamentação da profissão de contabilista, evidenciando que somente o contador e o técnico em contabilidade podem exercê-la.

Mostra que o exercício da profissão, sem o registro no CRC, será considerado infração do Decreto-Lei n. 9.295, de 1946, e que os técnicos em contabilidade registrados em CRC até 1º de junho de 2015 têm assegurado o seu direito ao exercício da profissão.

O profissional da contabilidade pode exercer suas atividades profissionais somente no Estado da Federação no qual efetuar o seu registro. Os indivíduos, as firmas, as sociedades, as associações, as companhias, as empresas em geral e suas filiais que exerçam ou explorem, sob qualquer forma, serviços técnicos contábeis, ou a seu cargo tiverem alguma seção que a tal se destine, somente poderão executar os respectivos serviços depois de provarem, perante os Conselhos de Contabilidade, que os encarregados da parte técnica são profissionais habilitados e registrados na forma da lei.

O capítulo ressalta que o Exame de Suficiência é a prova de equalização destinada a comprovar a obtenção de conhecimentos médios, consoante os conteúdos programáticos desenvolvidos no curso de bacharelado em Ciências Contábeis, que visa à obtenção de registro na categoria de contador que pode ser pleiteado pelos bacharéis e estudantes do último ano letivo do curso de Ciências Contábeis.

Para ser aprovado, o candidato precisa obter, no mínimo, 50% dos pontos possíveis em uma prova composta de 50 questões.

A elaboração e a divulgação dos conteúdos programáticos das provas para bacharéis em Ciências Contábeis é de competência do CFC ou da instituição/empresa contratada para esse fim.

Após aprovado no exame, o candidato deve providenciar o registro como contador no CRC de sua localidade, no prazo máximo de dois anos, a contar da data da publicação da relação dos aprovados no Diário Oficial da União.

O capítulo apresenta, também, os documentos exigidos para o registro profissional e detalha as seguintes modalidades de registro: Registro Originário e Registro Transferido.

O contabilista pode solicitar a baixa do registro profissional em decorrência da interrupção ou da cessação das suas atividades na área contábil. Esse pedido de baixa deve ser realizado mediante requerimento dirigido ao CRC, contendo o motivo que originou a solicitação.

Este capítulo trata, ainda, das atribuições do profissional da contabilidade, tanto as determinadas por Decreto-Lei como as disciplinadas pelo CFC.

Para finalizar, são tratadas as penalidades aplicáveis aos profissionais da contabilidade, nos termos do art. 27 do Decreto-Lei n. 9.295, de 1946.

ATIVIDADES

1. Responda:
   a) Que providência deve tomar o profissional da contabilidade devidamente registrado no Conselho Regional de Contabilidade (CRC) de sua localidade, quando passa a exercer suas atividades profissionais em outro estado da federação por mais de 90 dias?
   b) Em que consiste o Exame de Suficiência?
   c) Quem deve se submeter ao Exame de Suficiência para obtenção de registro no Conselho Regional de Contabilidade (CRC)?
   d) Cite pelo menos cinco disciplinas exigidas ao candidato no Exame de Suficiência.
   e) Onde o contabilista deve efetuar seu registro profissional como contador?
   f) Quais são as modalidades de registro profissional do contabilista?
   g) O que é o domicílio profissional do contabilista?
   h) Quais são os documentos a serem apresentados no Conselho Regional de Contabilidade (CRC) para o Registro Originário?
   i) Em que situações pode ocorrer o cancelamento do registro profissional do contabilista?
   j) Em que consiste a suspensão do registro do contabilista?
   k) Cite três exemplos de trabalhos técnicos de contabilidade, contidos no art. 25 do Decreto-Lei n. 9.295, de 1946.
   l) Cite três das atribuições privativas dos profissionais da contabilidade, conforme consta do art. 3º da Resolução CFC n. 560, de 1983.
   m) Em que consistem as atividades compartilhadas tratadas no art. 5º da Resolução CFC n. 560, de 1983? Cite dois exemplos.

n) Cite dois exemplos de penalidades ético-disciplinares aplicáveis aos profissionais da contabilidade, conforme estabelece o art. 27 do Decreto-Lei n. 9.295, de 1946.

2. Julgue se a afirmativa é falsa (F) ou verdadeira (V):
   a) ( ) O profissional da contabilidade é o contador e o técnico em contabilidade.
   b) ( ) A partir de 2015, em decorrência do Conselho Federal de Contabilidade (CFC) não admitir mais o Exame de Suficiência para técnicos em contabilidade, o profissional da contabilidade passou a ser somente o contador.
   c) ( ) A partir de 1º de junho de 2015, embora o Conselho Federal de Contabilidade (CFC) não promova mais o Exame de Suficiência para técnicos em contabilidade, essa categoria de profissionais da contabilidade existirá até que os técnicos em contabilidade registrados até 2015 permaneçam exercendo suas atividades profissionais.
   d) ( ) O exercício da profissão de contabilista, sem o registro no Conselho Regional de Contabilidade (CRC), é considerado infração do Decreto-Lei n. 9.295, de 1946.
   e) ( ) Todo contabilista registrado no Conselho Regional de Contabilidade (CRC) recebe uma carteira profissional numerada, registrada e visada no Conselho Regional respectivo, mas não tem fé pública.
   f) ( ) O Exame de Suficiência é aplicado duas vezes ao ano, em todo o território nacional.
   g) ( ) Domicílio profissional é o local em que o contabilista exerce ou de onde dirige a totalidade ou a parte principal de suas atividades profissionais, seja como autônomo, seja como empregado, sócio de organização contábil ou servidor público.
   h) ( ) O Registro Transferido é concedido pelo Conselho Regional de Contabilidade (CRC) da jurisdição do antigo domicílio profissional ao portador de Registro Originário.
   i) ( ) O contabilista pode solicitar a baixa do registro profissional em decorrência da interrupção ou da cessação de suas atividades na área contábil.
   j) ( ) Uma vez baixado, o registro do contabilista não pode mais ser restabelecido.
   k) ( ) Decorrido o prazo da penalidade de suspensão, o registro profissional do contabilista será restabelecido automaticamente, independentemente de solicitação.

l) ( ) Conforme estabelece o art. 4º da Resolução CFC n. 560, de 1983, o profissional contábil não deve apor sua assinatura, sua categoria profissional e seu número de registro no Conselho Regional de Contabilidade (CRC) respectivo, em todo e qualquer trabalho realizado.

m) ( ) São solidariamente responsáveis pelo pagamento das multas os infratores e os indivíduos, as firmas, as sociedades, as companhias, as associações ou as empresas a cujos serviços se achem.

n) ( ) Das multas impostas pelos Conselhos Regionais não poderá ser interposto recurso, sem efeito suspensivo, para o Conselho Federal de Contabilidade (CFC).

3. Conforme o disposto no §2º do art. 12 do Decreto-Lei n. 9.295, de 1946, com redação dada pela Lei n. 12.249, de 2010, ficou limitado o registro de técnicos em contabilidade até o ano de 2015. A partir dessa data, os profissionais da contabilidade são:
   a) somente bacharéis em Ciências Contábeis devidamente registrados como contadores.
   b) bacharéis em Ciências Contábeis e técnicos em contabilidade, registrados antes e após 2015.
   c) técnicos em contabilidade e contadores registrados nos Conselhos Regionais até 2015.
   d) Todas estão erradas.

4. Segundo o disposto no art. 12 do Decreto-Lei n. 9.295, de 1946, os contadores podem exercer a profissão somente após cumprir as seguintes exigências:
   a) conclusão do curso de técnico em contabilidade e registro no Conselho Regional de Contabilidade (CRC) de sua localidade.
   b) conclusão do curso de bacharel em Ciências Contábeis e aprovação em Exame de Suficiência realizado pelo Conselho Regional de Contabilidade (CRC).
   c) conclusão do curso de bacharel em Ciências Contábeis e registro no Conselho Regional de Contabilidade (CRC) de sua localidade.
   d) conclusão do curso de bacharel em Ciências Contábeis, reconhecido pelo Ministério da Educação, aprovação em Exame de Suficiência e registro no Conselho Regional de Contabilidade (CRC) a que estiverem sujeitos.

5. Em relação aos técnicos em contabilidade, é correto afirmar que:
   a) não podem mais exercer as atividades de contabilista a partir de 2015.
   b) o §2º do art. 12 do Decreto-Lei n. 9.295, de 1946, assegura ao técnico em contabilidade o registro no Conselho Regional de Contabilidade (CRC) após 2015.
   c) segundo dispõe o §2º do art. 12 do Decreto-Lei n. 9.295, de 1946, os técnicos em contabilidade já registrados em Conselho Regional de Contabilidade (CRC) e os que venham a fazê-lo até 1º de junho de 2015 têm assegurado o seu direito ao exercício da profissão.
   d) em decorrência da proibição do registro do técnico em contabilidade no Conselho Regional de Contabilidade (CRC) a partir de 1º de junho de 2015, os que estiverem registrados até 2014 terão seus registros cancelados.

6. Em relação ao Exame de Suficiência, é incorreto afirmar:
   a) visa à obtenção de registro na categoria contador.
   b) pode ser prestado pelos bacharéis e estudantes do último ano letivo do curso de Ciências Contábeis.
   c) é assegurado, a qualquer tempo, aos técnicos em contabilidade diplomados até 2015, o registro no Conselho Regional de Contabilidade (CRC) após aprovação no Exame de Suficiência.
   d) a partir de 1º de junho de 2015, somente o bacharel em Ciências Contábeis e os estudantes do último ano letivo desse curso podem prestar o Exame de Suficiência do Conselho Regional de Contabilidade (CRC).

7. Para ser aprovado no Exame de Suficiência, o candidato precisa obter:
   a) 100% dos pontos possíveis.
   b) 70% dos pontos possíveis.
   c) 50%, dos pontos possíveis.
   d) 50% no mínimo, dos pontos possíveis.

8. O candidato ao Exame de Suficiência encontra os conteúdos programáticos das disciplinas que deve estudar para realizar as provas:
   a) fixadas nas sedes dos Conselhos Regionais de Contabilidade (CRCs) e das Delegacias Regionais.
   b) nos jornais de grande circulação do país.
   c) nas sedes dos cursos preparatórios para as provas.
   d) nos respectivos editais.

9. Em relação ao Exame de Suficiência, é correto afirmar:
   a) a prova é elaborada com questões objetivas de múltipla escolha.
   b) a critério do Conselho Regional de Contabilidade (CRC), podem ser incluídas na prova questões dissertativas.
   c) as alternativas "a" e "b" estão erradas.
   d) as alternativas "a" e "b" estão corretas.

10. O profissional da contabilidade é o:
    a) contabilista ou profissional contábil.
    b) contador.
    c) técnico em contabilidade registrado no Conselho Regional de Contabilidade (CRC) até 2015.
    d) todas estão corretas.

11. Após aprovado no Exame de Suficiência, o candidato deve providenciar o registro como contador no Conselho Regional de Contabilidade (CRC) de sua localidade no prazo:
    a) de dois anos.
    b) máximo de dois anos, a contar da data da publicação da relação dos aprovados no *Diário Oficial da União*.
    c) máximo de dois anos, a contar da data do recebimento do respectivo certificado de aprovação.
    d) todas estão corretas.

12
CONSELHO FEDERAL DE CONTABILIDADE (CFC)

12.1 INTRODUÇÃO

Sabe-se que o profissional contábil, também denominado profissional da contabilidade ou ainda contabilista, é o contador e o técnico em contabilidade. Sabe-se também que para ser considerado profissional contábil é preciso ter o título de técnico em contabilidade ou de bacharel em Ciências Contábeis.

O técnico em contabilidade é o profissional de nível médio que concluiu o curso com a carga horária mínima estabelecida pelo Ministério da Educação. É importante destacar que, conforme estabelece o §2º do art. 12 do Decreto-Lei n. 9.295, de 1946, com redação dada pelo art. 76 da Lei n. 12.249, de 2010, ficou assegurado o direito ao exercício da profissão aos técnicos em contabilidade já registrados em Conselho Regional de Contabilidade (CRC) e aos que procederam tal registro até 1º de junho de 2015. A partir dessa data, o Conselho Federal de Contabilidade (CFC) deixou de aceitar o registro de técnico em contabilidade.

Já o título de bacharel em Ciências Contábeis é obtido após a conclusão de curso próprio de nível superior. Após ser aprovado no Exame de Suficiência, é registrado no CRC na categoria de contador.[1]

Contudo, para exercer a profissão contábil, não basta possuir um desses dois títulos; é necessário que tanto o técnico em contabilidade como o bacharel em Ciências Contábeis estejam registrados no CRC da unidade da federação de seu domicílio profissional, após aprovação no Exame de Suficiência realizado pelo mesmo CRC.

---

[1] Veja mais detalhes no Anexo deste livro.

12.2 CRIAÇÃO DO CFC[2]

O CFC, criado pelo Decreto-Lei n. 9.295, de 27 de maio de 1946, com as alterações constantes das Leis n. 570, de 22 de setembro de 1948; n. 4.695, de 22 de junho de 1965; n. 5.730, de 8 de novembro de 1971; n. 11.160, de 2 de agosto de 2005, e Lei n. 12.249, de 11 de junho de 2010; dos Decretos-Leis n. 9.710, de 3 de setembro de 1946, e, n. 1.040, de 21 de outubro de 1969, dotado de personalidade jurídica e forma federativa, presta serviço público e tem a estrutura, a organização e o funcionamento estabelecidos pela legislação específica e pelo Regulamento Geral dos Conselhos de Contabilidade, tendo como sede e foro a cidade de Brasília-DF, com endereço no Setor de Autarquias Sul (SAS), Quadra 5, Bloco J, Edifício CFC.

Compete ao CFC, nos termos da legislação em vigor:
- registrar e fiscalizar o exercício da profissão contábil, por intermédio dos CRCs, cada um em sua base jurisdicional, nos estados e no Distrito Federal;
- normatizar, orientar e disciplinar, técnica e eticamente, o exercício da profissão contábil em todo o território nacional;
- regular sobre o Exame de Suficiência, o cadastro de qualificação técnica e os programas de educação continuada;
- editar as Normas Brasileiras de Contabilidade (NBCs) de natureza técnica e profissional, bem como os princípios de contabilidade e as orientações técnicas.

Embora o CFC tenha sua sede e foro na capital da República, pode manter representação em outros estados e municípios.

12.3 ATRIBUIÇÕES DO CFC

São atribuições do CFC, conforme art. 6º do Decreto-Lei n. 9.295, de 1946:
 a) organizar o seu Regimento Interno;

---

[2] Parte dos textos desta seção, feitas as adaptações convenientes para torná-lo de mais fácil entendimento, foi extraída do Regimento do CFC aprovado pela Resolução CFC n. 1.458, de 11 de dezembro de 2013. Veja: CONSELHO FEDERAL DE CONTABILIDADE. *Resolução CFC n. 1.458, de 11 de dezembro de 2013*. Aprova o Regimento do Conselho Federal de Contabilidade e dá outras providências. Disponível em: http://www2.cfc.org.br/sisweb/sre/detalhes_sre.aspx?Codigo=2013/001458&arquivo=Res_1458.doc. Acesso em: 12 fev. 2020.

b) aprovar os Regimentos Internos organizados pelos Conselhos Regionais, modificando o que se tornar necessário, a fim de manter a respectiva unidade de ação;

c) tomar conhecimento de quaisquer dúvidas suscitadas nos Conselhos Regionais e dirimi-las;

d) decidir, em última instância, os recursos de penalidade imposta pelos Conselhos Regionais;

e) publicar o relatório anual de seus trabalhos, em que deve figurar a relação de todos os profissionais registrados.

f) regular acerca dos princípios contábeis, do Exame de Suficiência, do cadastro de qualificação técnica e dos programas de educação continuada, e editar as NBCs de natureza técnica e profissional, conforme letra "f" acrescentada pelo art. 76 da Lei n. 12.249, de 11 de junho de 2010.

12.4 COMPOSIÇÃO DO CFC

O CFC é constituído por um representante efetivo de cada CRC e respectivo suplente, eleitos na forma da legislação vigente. Cada conselheiro tem direito, nas decisões das reuniões Plenárias, do Tribunal Superior de Ética e Disciplina (TSED) e das Câmaras, a um voto com igual valor, sendo vedada qualquer distinção entre eles, exceto o voto de qualidade de seus respectivos presidentes. O mandato dos conselheiros, efetivos e suplentes, é de quatro anos, permitida a reeleição, renovando-se a composição a cada biênio, alternadamente, por um terço e por dois terços. A posse dos conselheiros ocorre na primeira sessão ordinária do Plenário, no mês de janeiro do ano subsequente àquele em que ocorrer a eleição, sendo o exercício do mandato gratuito, conforme art. 4º e parágrafo único do Regimento do CFC aprovado pela Resolução n. 1.458, de 2013.

O art. 5º do Regimento do CFC arrola os casos em que o profissional não pode ser eleito membro do CFC, ainda que para suplente. São exemplos de proibição: quando o profissional tiver realizado administração danosa no CFC ou em CRC, segundo apuração em inquérito cuja decisão tenha transitado em julgado na instância administrativa; quando tiver contas rejeitadas pelo CFC; quando não estiver, desde três anos antes da data da eleição, no exercício efetivo da profissão etc.

No art. 6º do mencionado Regimento são arroladas as situações que provocam extinção ou perda do mandato dos conselheiros do CFC, como em caso de renúncia; por efeito de mudança de categoria; por ausência, em cada ano, sem motivo justificado, a três reuniões consecutivas ou a seis intercaladas de qualquer órgão deliberativo do CFC, feita a apuração pelo Plenário em processo regular; por falta de decoro ou conduta incompatível com a representação institucional e a dignidade profissional etc.

Contudo, é importante salientar que a perda do mandato exige processo administrativo regular em que se assegure o contraditório e o amplo direito de defesa do acusado, precedido de sindicância.

12.5 ESTRUTURA DO CFC

O CFC é constituído de:
  a) órgão deliberativo superior:
    • Plenário.
  b) órgãos deliberativos específicos:
    • Câmara de Fiscalização, Ética e Disciplina;
    • Câmara de Registro;
    • Câmara Técnica;
    • Câmara de Controle Interno;
    • Câmara de Desenvolvimento Profissional e Institucional;
    • Câmara de Assuntos Administrativos;
    • Câmara de Desenvolvimento Operacional.
  c) órgãos consultivos:
    • Conselho Diretor;
    • Conselho Consultivo;
    • Comissões Específicas;
    • Grupos de Trabalho;
    • Assessorias Especiais.
  d) órgãos executivos:
    • Presidência;
    • Vice-presidências assim denominadas:
      I – Vice-presidência Administrativa;
      II – Vice-presidência de Fiscalização, Ética e Disciplina;

III – Vice-presidência de Desenvolvimento Profissional e Institucional;
IV – Vice-presidência de Controle Interno;
V – Vice-presidência Técnica;
VI – Vice-presidência de Registro;
VII – Vice-presidência de Desenvolvimento Operacional.

Conforme consta do parágrafo único do art. 8º do Regimento do CFC, transcrito anteriormente, o Plenário, que se constitui de todos os conselheiros, é o órgão máximo de orientação, controle e disciplinamento normativo do CFC.

Conforme estabelece o art. 15 e respectivo §1º do Regimento do CFC, a Câmara de Registro é integrada por seis conselheiros efetivos com igual número de suplentes e coordenada pelo vice-presidente de registro, na qualidade de seu membro efetivo, tendo por competência:

a) examinar e julgar os recursos das decisões dos CRCs que envolvam processos relativos a registro dos profissionais da contabilidade e das organizações contábeis;
b) sanear processo de sua competência, determinando as diligências à instrução processual;
c) responder a consultas sobre registro;
d) examinar matéria sobre registro e propor medidas e ações pertinentes;
e) coordenar, nacionalmente, os registros e os cadastros dos profissionais e das organizações contábeis.

12.6 ELEIÇÃO DOS MEMBROS DO CFC

Segundo o contido no art. 9º do Regimento do CFC, aprovado pela Resolução CFC n. 1.458, de 2013:

- o presidente, os vice-presidentes, os membros e os coordenadores-adjuntos das câmaras e o representante dos técnicos em contabilidade no Conselho Diretor serão eleitos pelo Plenário, com mandato de dois anos.

Estabelece, ainda, esse dispositivo regimental, que:

- o presidente e os vice-presidentes deverão ser eleitos entre os contadores que compõem o Plenário.
- nos casos de vacância definitiva de qualquer uma das vice-presidências ou coordenadorias e da representação dos técnicos em contabilidade no Conselho Diretor, o Plenário elegerá, na sessão subsequente, novo titular para concluir o mandato.

- não poderá compor a Câmara de Controle Interno o conselheiro que tiver sido titular da presidência no período imediatamente anterior.
- no período compreendido entre o término do mandato de presidente e até que se proceda a eleição, assumirá a presidência o conselheiro da categoria de contador do terço remanescente, portador do registro mais antigo.

No art.10 do mencionado regimento, consta que:
- o presidente, os vice-presidentes, o representante dos técnicos em contabilidade no Conselho Diretor, e os membros das câmaras serão eleitos por meio de chapa, por escrutínio secreto e maioria absoluta, na primeira sessão de janeiro, por ocasião da posse dos novos conselheiros.

O parágrafo único do artigo em questão estabelece que, na hipótese em que houver empate, será eleita a chapa cujo candidato a presidente possua o registro mais antigo.

12.7 RECEITA DO CFC

Conforme estabelece o art. 41 e respectivo parágrafo único do Regimento do CFC, constitui receita do CFC:
a) 20% da receita bruta de cada CRC, excetuados legados, doações e subvenções, receitas patrimoniais, indenizações, restituições e outras, quando justificadas;
b) legados, doações e subvenções;
c) rendas patrimoniais;
d) outras receitas.

A receita do CFC é aplicada na realização de seus fins, especialmente no atendimento dos encargos de custeio e de investimento.

12.8 O CFC COMO TRIBUNAL SUPERIOR DE ÉTICA E DISCIPLINA (TSED)

Conforme estabelece o art. 42 e respectivo parágrafo único do Regimento do CFC, o Conselho funciona como Tribunal Superior de Ética e Disciplina (TSED), com sua composição e organização normais, observando, no que couber, as normas estabelecidas nesse Regimento, com as seguintes alterações:

- as sessões são reservadas, realizando-se as ordinárias imediatamente antes ou depois da sessão ordinária do CFC, desde que exista matéria a ser apreciada;
- os processos ético-disciplinares julgados pela Câmara de Fiscalização, Ética e Disciplina e pelo Tribunal Superior de Ética e Disciplina, e suas respectivas atas, são sigilosos.

Os atos, instrumentando as deliberações e as decisões normativas e específicas do TSED, observada a disposição sobre a matéria, têm numeração própria, precedida da sigla TSED.

Finalmente, é conveniente destacar que, conforme estabelece o art. 43 do Regimento do CFC, os processos ético-disciplinares julgados pela Câmara de Fiscalização, Ética e Disciplina têm suas decisões referendadas pelo TSED.

12.9 ESTRUTURA HIERÁRQUICA DAS FUNÇÕES DO CFC

Os órgãos executivos do CFC compreendem as seguintes vinculações hierárquicas, conforme art. 11 do Regimento do CFC, aprovado pela Resolução CFC n. 1.458, de 2013:[3]

a) Presidência:
- Vice-presidência Administrativa;
- Vice-presidência de Fiscalização, Ética e Disciplina;
- Vice-presidência de Desenvolvimento Profissional e Institucional;
- Vice-presidência de Controle Interno;
- Vice-presidência Técnica;
- Vice-presidência de Registro;
- Vice-presidência de Desenvolvimento Operacional.

b) Vice-presidências:
- Vice-presidência Administrativa; Coordenador-Adjunto da Câmara de Assuntos Administrativos;

---

[3] O Conselho Consultivo, as comissões específicas, os grupos de trabalho e as assessorias especiais estão diretamente vinculados à presidência. Os programas, os projetos e os serviços do CFC são executados com apoio administrativo de seu quadro de pessoal, cuja estrutura funcional, suas atribuições e vinculações são objeto de regulamento próprio, conforme §§1º e 2º do art. 11 do Regimento do CFC.

- Vice-presidência de Fiscalização, Ética e Disciplina; Coordenador-Adjunto da Câmara de Fiscalização, Ética e Disciplina;
- Vice-presidência de Desenvolvimento Profissional e Institucional; Coordenador-Adjunto da Câmara de Desenvolvimento Profissional; Coordenador-Adjunto de Desenvolvimento Institucional;
- Vice-presidência de Controle Interno; Coordenador-Adjunto da Câmara de Controle Interno;
- Vice-presidência Técnica; Coordenador-Adjunto da Câmara Técnica;
- Vice-presidência de Registro; Coordenador-Adjunto da Câmara de Registro;
- Vice-presidência de Desenvolvimento Operacional.

12.10 DIVULGAÇÃO DOS ATOS DO CFC

Segundo estabelece o art. 45 do Regimento do CFC, o Conselho tem órgão de comunicação e de publicidade para divulgação de seus atos, de suas atividades em geral e de matérias relacionadas às suas finalidades.

É obrigação do CFC a publicação dos atos normativos, do extrato do orçamento e das demonstrações contábeis no Diário Oficial da União. É importante destacar ainda que o art. 46 do Regimento do CFC faculta ao presidente do CFC contratar consultoria ou consultores que se fizerem necessários, visando à execução de seu programa de trabalho.[4]

12.11 NORMAS BRASILEIRAS DE CONTABILIDADE (NBCs)

12.11.1 INTRODUÇÃO

As Normas Brasileiras de Contabilidade (NBCs) editadas pelo CFC devem seguir os mesmos padrões de elaboração e estilo utilizados nas normas internacionais

---

[4] Os Conselhos Federal e Regionais de Contabilidade apresentam anualmente a prestação de suas contas aos seus registrados, conforme: BRASIL. *Decreto-Lei n. 9.295, de 27 de maio de 1946*. Cria o Conselho Federal de Contabilidade, define as atribuições do Contador e do Guarda-livros e dá outras providências, art. 36-A. Disponível em: http://www.planalto.gov.br/CCiViL_03/Decreto-Lei/Del9295.htm. Acesso em: 12 fev. 2020.

e compreendem as normas propriamente ditas, as interpretações técnicas e os comunicados técnicos, conforme art. 1º da Resolução CFC n. 1.328, de 2011.

Segundo estabelece o art. 2º da citada Resolução do CFC, as NBCs que se classificam em Profissionais e Técnicas estabelecem:

a) regras e procedimentos de conduta que devem ser observados como requisitos para o exercício da profissão contábil;

b) conceitos doutrinários, princípios, estrutura técnica e procedimentos a serem aplicados por ocasião da realização dos trabalhos previstos nas normas aprovadas por resolução emitidas pelo CFC, de forma convergente com as Normas Internacionais de Contabilidade emitidas pelo Comitê Internacional de Normas de Contabilidade (IASB), bem como com as Normas Internacionais de Auditoria e Asseguração e com as Normas Internacionais de Contabilidade para o Setor Público emitidas pela Federação Internacional de Contadores (IFAC).

12.11.2 ESTRUTURA DAS NBCs

Conforme dito anteriormente, as NBCs dividem-se em profissionais e técnicas. As profissionais estabelecem preceitos de conduta para o exercício profissional, sendo classificadas em:

a) Geral (NBC PG): aplicadas indistintamente a todos os profissionais da contabilidade;

b) Auditor Independente (NBC PA): aplicadas, especificamente, aos contadores que atuam como auditores independentes;

c) Auditor Interno (NBC PI): aplicadas especificamente aos contadores que atuam como auditores internos;

d) do Perito (NBC PP): aplicadas especificamente aos contadores que atuam como peritos contábeis.

As Normas Técnicas estabelecem conceitos doutrinários, estrutura técnica e procedimentos a serem aplicados, sendo classificadas em:

a) Geral (NBC TG): convergentes com as normas internacionais emitidas pelo International Accounting Standards Board (IASB) e editadas por necessidades locais, sem equivalentes internacionais;

- Normas completas que compreendem as normas editadas pelo CFC a partir dos documentos emitidos pelo Comitê de Pronunciamentos Contábeis (CPC) convergentes com as normas do IASB, numeradas de 00 a 999;

- Normas simplificadas para PMEs que compreendem a norma de PME editada pelo CFC a partir do documento emitido pelo IASB, bem como as ITs e os CTs editados pelo CFC sobre o assunto, numerados de 1.000 a 1.999;
- Normas específicas que compreendem as ITs e os CTs editados pelo CFC sobre entidades, atividades e assuntos específicos, numerados de 2.000 a 2.999.

b) Setor Público (NBC TSP): aplicadas ao setor público, convergentes com as Normas Internacionais de Contabilidade para o Setor Público, emitidas pela International Federation of Accountants (IFAC); e as NBCs aplicadas ao setor público editadas por necessidades locais, sem equivalentes internacionais;

c) Auditoria Independente de Informação Contábil Histórica (NBC TA): aplicadas à auditoria convergentes com as Normas Internacionais de Auditoria Independente emitidas pela IFAC;

d) Revisão de Informação Contábil Histórica (NBC TR): aplicadas à revisão convergentes com as Normas Internacionais de Revisão emitidas pela IFAC;

e) Asseguração de Informação Não Histórica (NBC TO): aplicadas à asseguração convergentes com as Normas Internacionais de Asseguração emitidas pela IFAC;

f) Serviço Correlato (NBC TSC): aplicadas aos serviços correlatos convergentes com as Normas Internacionais para Serviços Correlatos emitidas pela IFAC;

g) de Auditoria Interna (NBC TI): aplicáveis aos trabalhos de auditoria interna;

h) de Perícia (NBC TP): aplicáveis aos trabalhos de perícia;

i) de Auditoria Governamental (NBC TAG): aplicadas à auditoria governamental convergentes com as Normas Internacionais de Auditoria Governamental emitidas pela Organização Internacional de Entidades Fiscalizadoras Superiores (INTOSAI).

As NBCs TAs, consideradas em conjunto, fornecem as normas para o trabalho do auditor no cumprimento dos seus objetivos gerais e tratam das responsabilidades gerais do auditor, assim como das considerações adicionais do auditor, relevantes para a aplicação dessas responsabilidades a tópicos específicos (item 53A, da NBC TA 200).

12.11.3 INTERPRETAÇÕES E COMUNICADOS TÉCNICOS

As interpretações técnicas têm por objetivo esclarecer a aplicação das NBCs, definindo regras e procedimentos a serem aplicados em situações, transações ou atividades específicas, sem alterar a substância dessas normas, conforme art. 5º da Resolução CFC n. 1.328, de 2011.

Os comunicados técnicos têm por objetivo esclarecer assuntos de natureza contábil, com a definição de procedimentos a serem observados, considerando os interesses da profissão e as demandas da sociedade, conforme art. 6º da Resolução CFC n. 1.328, de 2011.

12.11.4 IDENTIFICAÇÃO DAS NORMAS

As Normas são identificadas conforme art. 7º da Resolução CFC n. 1.328, de 2011:[5]

I – a Norma Brasileira de Contabilidade é identificada pela sigla NBC, seguida das letras conforme disposto nos arts. 3º e 4º, numeração específica em cada agrupamento, seguido de hífen e denominação. Por exemplo: NBC PA 290 – "Denominação"; NBC TG 01 – "Denominação".

II – a Interpretação Técnica é identificada pela sigla IT, seguida da letra ou letras e numeração do grupo a que pertence conforme disposto nos arts. 3º e 4º, seguida de hífen e denominação. Por exemplo: ITG 01 – "Denominação"; ITSP 01 – "Denominação".

III – o Comunicado Técnico é identificado pela sigla CT, seguida da letra ou letras e numeração do grupo a que pertence conforme disposto nos arts. 3º e 4º, seguido de hífen e denominação. Por exemplo: CTG 01 – "Denominação"; CTSP 01 – "Denominação".

Veja, agora, o que estabelece o art. 7-A da mencionada Resolução:

> **Art. 7-A.** Para alteração de Norma Brasileira de Contabilidade, de Interpretação Técnica e de Comunicado Técnico, serão observados os seguintes casos e condições:
>
> I – alteração total: nos casos de alteração redacional de toda a norma, interpretação ou comunicado, deverá ser mantida a sigla e identificada a nova

---

[5] Segundo estabelece o art. 9º da citada Resolução CFC n. 1.328, de 2011, a inobservância às NBCs constitui infração disciplinar sujeita às penalidades previstas nas alíneas de "c" a "g" do art. 27 do Decreto-Lei n. 9.295, de 1946, alterado pela Lei n. 12.249, de 2010, e ao Código de Ética Profissional do Contador (CEPC).

redação pela letra "R", seguida do número sequencial (Ex: NBC PA 290 (R1); ITG 01 (R1); CTG 01 (R1)).

II – alteração parcial: nos casos de alteração, exclusão ou inclusão de item(ns) da norma, interpretação ou comunicado, deverá ser editado documento denominado "Revisão NBC" seguido da numeração inicial 01 e seguintes (Ex: Revisão NBC 01, Revisão NBC 02, Revisão NBC 03,...).

§ 1º A alteração, inclusão e revogação de dispositivo deverão ser consolidadas na respectiva norma, fazendo referência à "Revisão NBC", sem alterar a sigla da norma modificada.

§ 2º O dispositivo alterado ou revogado deve ser tachado, permanecendo no corpo da norma alterada.

§ 3º As alterações incluídas na norma não alteram a letra "R + numeração" na sigla de normas vigentes.

12.11.5 COMO AS NORMAS INTERNACIONAIS INGRESSAM NO BRASIL

As Leis n. 11.638, de 2007, e n. 11.941, de 2009, ajustaram a legislação societária brasileira (Lei n. 6.404, de 1976), especificamente na parte que trata de matéria contábil, para possibilitar o ingresso das normas internacionais de contabilidade no cenário contábil brasileiro.

As normas internacionais de contabilidade ou International Financial Reporting Standards (IFRS) são emitidas, revisadas e divulgadas pelo International Accounting Standards Board (IASB), organismo internacional sem fins lucrativos, com sede em Londres, na Inglaterra, constituído por representantes dos países que adotam as IFRS, inclusive pelo Brasil.

Assim, as IFRS emitidas pelo IASB ingressam no Brasil por meio do Comitê de Pronunciamentos Contábeis (CPC), criado pelo CFC, por meio da Resolução n. 1.055, de 2005, responsável por transformar as IFRS em Pronunciamentos Técnicos.

No processo de convergência, o CPC oferece à audiência pública, minutas de Pronunciamentos Técnicos, para que todos os interessados nas demonstrações contábeis, como os profissionais que elaboram, auditam, analisam ou decidem com base nelas, bem como os professores, os estudantes e outros, deem sugestões e façam comentários em busca de seu aperfeiçoamento.

Finalmente, para que as IFRS sejam de adoção obrigatória para todos os contabilistas brasileiros, o CFC, fundamentado nos pronunciamentos técnicos elaborados pelo CPC, emite as NBCs técnicas do tipo NBC TG.

RESUMO

Este capítulo aborda aspectos relacionados ao CFC, evidenciando que esse órgão, criado pelo Decreto-Lei n. 9.295, de 27 de maio de 1946, com as alterações constantes das Leis n. 570, de 22 de setembro de 1948; n. 4.695, de 22 de junho de 1965; n. 5.730, de 8 de novembro de 1971; n. 11.160, de 2 de agosto de 2005 e Lei n. 12.249, de 11 de junho de 2010; dos Decretos-Lei n. 9.710, de 3 de setembro de 1946, e n. 1.040, de 21 de outubro de 1969, dotado de personalidade jurídica e forma federativa, presta serviço público e tem a estrutura, a organização e o funcionamento estabelecidos pela legislação específica e pelo Regulamento Geral dos Conselhos de Contabilidade, tendo como sede e foro a cidade de Brasília-DF.

Ressalta as competências do CFC nos termos da legislação em vigor, por exemplo: registrar e fiscalizar o exercício da profissão contábil, por intermédio dos CRCs, cada um em sua base jurisdicional, nos estados e no Distrito Federal; normatizar, orientar e disciplinar, técnica e eticamente, o exercício da profissão contábil em todo o território nacional; regular sobre o Exame de Suficiência, o cadastro de qualificação técnica e os programas de educação continuada; e editar NBCs de natureza técnica e profissional, bem como as orientações técnicas.

O capítulo destaca, com fundamento no art. 6º do Decreto-Lei n. 9.295, de 1946, as atribuições do CFC, como: organizar o seu Regimento Interno; aprovar os Regimentos Internos organizados pelos Conselhos Regionais, modificando o que se tornar necessário a fim de manter a respectiva unidade de ação; regular acerca do Exame de Suficiência, do cadastro de qualificação técnica e dos programas de educação continuada; editar as NBCs de natureza técnica e profissional etc.

O capítulo evidencia a composição do CFC, bem como a sua estrutura composta de órgão deliberativo superior, órgãos deliberativos específicos, órgãos consultivos e órgãos executivos.

Ressalta ainda que o Plenário, constituído de todos os conselheiros, é o órgão máximo de orientação, controle e disciplinamento normativo do CFC.

As disciplinas que envolvem a eleição dos seus membros, como é composta sua receita e que deve ser aplicada na realização de seus fins, especialmente no atendimento dos encargos de custeio e de investimento, são também destacados no capítulo.

O CFC é também o TSED e, conforme estabelece o art. 43 do seu Regimento, os processos ético-disciplinares julgados pela Câmara de Fiscalização, Ética e Disciplina têm suas decisões referendadas pelo TSED.

O capítulo evidencia, ainda, a estrutura hierárquica das funções do CFC, bem como a divulgação dos atos do CFC segundo estabelece o art. 45 do seu Regimento.

Para finalizar, trata da estrutura das NBCs informando como entraram no Brasil.

ATIVIDADES

1. Responda:
    a) O que é necessário para o profissional ser considerado um profissional contábil?
    b) O que é preciso para que o profissional contábil possa exercer suas atividades profissionais?
    c) Cite três atribuições do Conselho Federal de Contabilidade (CFC).
    d) Como é constituído o Conselho Federal de Contabilidade (CFC)?
    e) Nas decisões das reuniões Plenárias, do Tribunal Superior de Ética e Disciplina (TSED) e das Câmaras, quantos votos cada conselheiro do Conselho Federal de Contabilidade (CFC) tem direito?
    f) O art. 5º do Regimento do CFC arrola os casos em que o profissional não pode ser eleito membro do Conselho Federal de Contabilidade (CFC), ainda que para suplente. Cite um exemplo dessa proibição.

g) Cite dois exemplos de situações que justificam a extinção ou a perda de mandato dos conselheiros do Conselho Federal de Contabilidade (CFC).

h) Quais são os órgãos executivos do Conselho Federal de Contabilidade (CFC)?

i) Qual é o órgão máximo de orientação, controle e disciplinamento normativo do Conselho Federal de Contabilidade (CFC)?

j) Conforme estabelece o art. 15 e respectivo §1º do Regimento do CFC, a quem compete examinar e julgar os recursos das decisões dos Conselhos Regionais de Contabilidade (CRCs) que envolvam processos relativos a registro dos profissionais da contabilidade e das organizações contábeis?

k) Conforme estabelece o art. 41 e respectivo parágrafo único do Regimento do CFC, como é constituída a receita do Conselho Federal de Contabilidade (CFC)?

l) O que são Normas Brasileiras de Contabilidade (NBCs)?

m) O que as Normas Brasileiras de Contabilidade (NBCs) profissionais estabelecem?

n) Como se classificam as Normas Brasileiras de Contabilidade (NBCs) profissionais?

o) Como são denominadas as Normas Brasileiras de Contabilidade (NBCs), convergentes com as normas internacionais emitidas pelo International Accounting Standards Board (IASB) e as Normas Brasileiras de Contabilidade (NBCs) editadas por necessidades locais?

p) Como são denominadas as Normas Brasileiras de Contabilidade (NBCs) aplicadas ao setor público, convergentes com as normas internacionais de contabilidade para o setor público, emitidas pela International Federation of Accountants (IFAC) e as Normas Brasileiras de Contabilidade (NBCs) aplicadas ao setor público e editadas por necessidades locais, sem equivalentes internacionais?

q) Como são denominadas as Normas Brasileiras de Contabilidade (NBCs) aplicadas à auditoria, convergentes com as Normas Internacionais de Auditoria Independente emitidas pela International Federation of Accountants (IFAC)?

r) Como são denominadas as Normas Brasileiras de Contabilidade (NBCs) aplicadas à revisão, convergentes com as Normas Internacionais de Revisão emitidas pela International Federation of Accountants (IFAC)?

s) Como são denominadas as Normas Brasileiras de Contabilidade (NBCs) aplicadas à asseguração, convergentes com as Normas Internacionais de Asseguração emitidas pela International Federation of Accountants (IFAC)?

t) Como são denominadas as Normas Brasileiras de Contabilidade (NBCs) aplicadas aos serviços Correlatos convergentes com as Normas Internacionais para Serviços Correlatos emitidas pela International Federation of Accountants (IFAC)?

u) Como são denominadas as Normas Brasileiras de Contabilidade (NBCs) aplicáveis aos trabalhos de auditoria interna?

v) Como são denominadas as Normas Brasileiras de Contabilidade (NBCs) aplicáveis aos trabalhos de perícia?

w) Como são denominadas as Normas Brasileiras de Contabilidade (NBCs) aplicadas à auditoria governamental, convergentes com as Normas Internacionais de Auditoria governamental emitidas pela Organização Internacional de Entidades Fiscalizadoras Superiores (INTOSAI)?

x) Qual é o objetivo das interpretações técnicas?

y) Qual o objetivo dos comunicados técnicos?

z) Que procedimento o Conselho Federal de Contabilidade (CFC) adota para que as normas internacionais de contabilidade sejam adotadas obrigatoriamente em todo o território brasileiro?

2. Julgue as afirmativas em falsas (F) ou verdadeiras (V):

a) ( ) A partir de 1º de junho de 2015, o Conselho Federal de Contabilidade (CFC) deixou de aceitar o registro de técnico em contabilidade e de reconhecer os registros dessa categoria de contabilistas efetuados até essa data.

b) ( ) O bacharel em Ciências Contábeis, após aprovado no Exame de Suficiência, é registrado no Conselho Regional de Contabilidade (CRC) na categoria de contador.

c) ( ) O Conselho Federal de Contabilidade (CFC) é dotado de personalidade jurídica e forma federativa, presta serviço público e tem a estrutura, a organização e o funcionamento estabelecidos pela legislação específica e pelo Regulamento Geral dos Conselhos de Contabilidade, tendo como sede e foro a cidade de Brasília-DF.

d) ( ) O Conselho Federal de Contabilidade (CFC) tem sede e foro na Capital da República e, por isso, não pode manter representação em outros estados e municípios.

e) ( ) O mandato dos Conselheiros do Conselho Federal de Contabilidade (CFC), efetivos e suplentes, é de quatro anos, permitida a reeleição, renovando-se a composição a cada biênio, alternadamente, por um terço e por dois terços.

f) ( ) O exercício do mandato dos conselheiros do Conselho Federal de Contabilidade (CFC) é gratuito, salvo se o presidente autorizar remuneração mensal, desde que não superior a 20 salários mínimos.

g) ( ) A perda do mandato de conselheiro do Conselho Federal de Contabilidade (CFC) exige processo administrativo regular em que se assegure o contraditório e o amplo direito de defesa do acusado.

CAPÍTULO 12 ■ CONSELHO FEDERAL DE CONTABILIDADE (CFC) 243

h) ( ) Na estrutura do Conselho Federal de Contabilidade (CFC), existem sete vice-presidências: Administrativa; de Fiscalização, Ética e Disciplina; de Desenvolvimento Profissional e Institucional; de Controle Interno; Técnica; de Registro; e de Desenvolvimento Operacional.

i) ( ) O Plenário é constituído de todos os conselheiros do Conselho Federal de Contabilidade (CFC).

j) ( ) O presidente e os vice-presidentes devem ser eleitos entre os contadores devidamente registrados em qualquer dos Conselhos Regionais de Contabilidade (CRC), desde que estejam em dia com o pagamento das anuidades.

k) ( ) O presidente do Conselho Federal de Contabilidade (CFC) é eleito pelo Plenário, que escolhe, entre os candidatos, aquele que possuir o número de registro mais antigo.

l) ( ) O Conselho Consultivo, as comissões específicas, os grupos de trabalho e as assessorias especiais estão diretamente vinculados à presidência.

m) ( ) O art. 46 do Regimento do CFC proíbe o presidente do Conselho Federal de Contabilidade (CFC) de contratar consultoria ou consultores para execução de seu programa de trabalho.

n) ( ) As Normas Brasileiras de Contabilidade (NBCs) editadas pelo Conselho Federal de Contabilidade (CFC) devem seguir os mesmos padrões de elaboração e estilo utilizados nas normas internacionais e compreendem as normas propriamente ditas, as interpretações técnicas e os comunicados técnicos.

o) ( ) As Normas Brasileiras de Contabilidade (NBCs) se classificam em profissionais e técnicas.

p) ( ) As NBCs TA, consideradas em conjunto, fornecem as normas para o trabalho do auditor no cumprimento dos seus objetivos gerais.

q) ( ) A inobservância às Normas Brasileiras de Contabilidade (NBCs) constitui infração disciplinar sujeita às penalidades previstas nas alíneas de "c" a "g" do art. 27 do Decreto-Lei n. 9.295, de 1946.

3. Em relação ao técnico em contabilidade, é incorreto afirmar que:
   a) pode pleitear seu registro no Conselho Regional de Contabilidade (CRC) de sua localidade, a qualquer tempo.
   b) a partir de 1º de junho de 2015, não pode mais pleitear seu registro em qualquer Conselho Regional de Contabilidade (CRC).

c) embora tenha sido proibido o registro a partir de 1º de junho de 2015, ficou assegurado aos técnicos registrados até essa data o direito de exercer a profissão de contabilista.

d) embora frequente cursos de contabilidade de nível médio, diplomando-se a partir de 1º de junho de 2015, não pode pleitear seu registro no Conselho Regional de Contabilidade (CRC) de sua localidade.

4. Para obter o título de bacharel em Ciências Contábeis, é preciso:
   a) providenciar o registro no Conselho Regional de Contabilidade (CRC) da jurisdição do seu domicílio.
   b) concluir o curso próprio de nível superior.
   c) as alternativas "a" e "b" estão corretas.
   d) as alternativas "a" e "b" estão erradas.

5. O Conselho Federal de Contabilidade (CFC) foi criado:
   a) pela Lei n. 6.404, de 1976 (Lei das Sociedades por Ações).
   b) pela Resolução n. 1.458, de 2009, do Comitê de Pronunciamentos Contábeis (CPC).
   c) para possibilitar a fiscalização do exercício profissional de contadores, advogados e técnicos em contabilidade registrados no Conselho Regional de Contabilidade (CRC) até 1º de junho de 2015.
   d) pelo Decreto-Lei n. 9.295, de 27 de maio de 1946.

6. Compete ao Conselho Federal de Contabilidade (CFC), nos termos da legislação em vigor:
   a) normatizar, orientar e disciplinar, técnica e eticamente, o exercício da profissão contábil em todo o território nacional.
   b) regular sobre o Exame de Suficiência, o Cadastro de Qualificação Técnica e os Programas de Educação Continuada.
   c) editar Normas Brasileiras de Contabilidade (NBCs) de natureza técnica e profissional.
   d) Todas estão corretas.

7. Compete aos Conselhos Regionais de Contabilidade (CRCs):
   a) registrar e fiscalizar o exercício da profissão contábil.
   b) normatizar, orientar e disciplinar, técnica e eticamente, o exercício da profissão contábil em todo o território nacional.

CAPÍTULO 12 ■ CONSELHO FEDERAL DE CONTABILIDADE (CFC) ─────────── 245

   c) regular sobre o Exame de Suficiência, o cadastro de qualificação técnica e os programas de educação continuada.
   d) Todas estão erradas.

8. Os conselheiros eleitos para o Conselho Federal de Contabilidade (CFC) tomam posse:
   a) no mês seguinte ao das eleições.
   b) no ano seguinte ao das eleições, uma vez que seus mandatos serão remunerados.
   c) na primeira sessão ordinária do Plenário, no mês de janeiro do ano subsequente àquele em que ocorrer a eleição.
   d) Todas estão erradas.

9. Na estrutura do Conselho Federal de Contabilidade (CFC), o órgão deliberativo superior é:
   a) o Plenário.
   b) a Câmara de Fiscalização, Ética e Disciplina.
   c) a Câmara de Registro.
   d) o Conselho Diretor.

10. Na estrutura do Conselho Federal de Contabilidade (CFC), o órgão deliberativo específico é:
    a) o Plenário.
    b) a Câmara de Fiscalização, Ética e Disciplina.
    c) o Conselho de Administração.
    d) o Conselho Diretor.

11. Na estrutura do Conselho Federal de Contabilidade (CFC), é considerado órgão consultivo:
    a) o Conselho Diretor.
    b) o Conselho Consultivo.
    c) os Grupos de Trabalho.
    d) todas estão corretas.

12. O presidente do Conselho Federal de Contabilidade (CFC) é eleito:
    a) pelos contabilistas devidamente registrados nos Conselhos Regionais, a cada dois anos.
    b) pelo Plenário, com mandato de quatro anos.

c) pelo Plenário, com mandato de dois anos, entre os contadores que integram o respectivo Plenário.

d) pelo Plenário, com mandato de dois anos, podendo ser escolhido qualquer contador registrado em qualquer Conselho Regional de Contabilidade (CRC).

13. A maior parte da receita do Conselho Federal de Contabilidade (CFC) decorre de parte da receita bruta dos Conselhos Regionais. A parcela da receita bruta auferida pelos Conselhos Regionais que fica em seu poder corresponde a:
    a) 20%.
    b) 80%.
    c) 50%.
    d) 25%.

14. Conforme estabelece o art. 42 e respectivo parágrafo único do Regimento do CFC, o Tribunal Superior de Ética e Disciplina (TSED) competente para julgar os atos praticados pelos contabilistas é:
    a) o Conselho Regional de Brasília.
    b) o Supremo Tribunal Federal (STF).
    c) o Conselho Federal de Contabilidade (CFC).
    d) Todas estão erradas.

15. O Conselho Federal de Contabilidade (CFC) deve divulgar seus atos, suas atividades em geral e suas matérias relacionadas às suas finalidades, utilizando:
    a) seu órgão de comunicação e de publicidade.
    b) o *Diário Oficial da União* em relação aos atos normativos, ao extrato do orçamento e das demonstrações contábeis.
    c) as alternativas "a" e "b" estão corretas.
    d) as alternativas "a" e "b" estão erradas.

16. As Normas Brasileiras de Contabilidade (NBCs) compreendem:
    a) as normas propriamente ditas.
    b) as interpretações técnicas.
    c) os comunicados técnicos.
    d) todas estão corretas.

17. As normas que estabelecem conceitos doutrinários, estrutura técnica e procedimentos a serem aplicados pelos profissionais da contabilidade são denominadas normas:
    a) profissionais.
    b) técnicas.
    c) do auditor independente.
    d) de perícia contábil.

18. As normas internacionais de contabilidade ingressaram no Brasil por meio:
    a) do Conselho Federal de Contabilidade (CFC).
    b) da Comissão de Valores Mobiliários (CVM).
    c) do Comitê de Pronunciamentos Contábeis (CPC).
    d) do International Accounting Standards Board (IASB).

13

CONSELHOS REGIONAIS DE CONTABILIDADE (CRCs)

13.1 CRIAÇÃO DOS CONSELHOS REGIONAIS DE CONTABILIDADE (CRCs)

O mesmo Decreto-Lei que criou o Conselho Federal de Contabilidade (CFC) criou também os Conselhos Regionais de Contabilidade (CRCs), atribuindo tanto ao CFC como aos CRCs, entre outras, a tarefa de fiscalizar o exercício da profissão contábil.

Conforme visto, o exercício da profissão contábil é desenvolvido pelos profissionais habilitados como contadores e técnicos em contabilidade, devidamente registrados no CRC da unidade da federação de seu domicílio profissional.

13.2 ORGANIZAÇÃO E RECEITA DOS CRCs

Os CRCs são organizados nos moldes do Conselho Federal, responsáveis por fixar o número de componentes, determinando a forma da eleição local para sua composição, inclusive do respectivo presidente, de acordo com o art. 9º do Decreto-Lei n. 9.295, de 1946. É importante salientar que o mandato dos presidentes dos Conselhos de Contabilidade, bem como a forma de eleição para os CRCs, estão disciplinados pelo Decreto-Lei n. 1.040, de 1969.

Conforme determina o art. 11 do Decreto-Lei n. 9.295, de 1946, a renda dos Conselhos Regionais é constituída de:

a) 4/5 da taxa de expedição das carteiras profissionais estabelecidas no art. 17 e seu parágrafo único;
b) 4/5 das multas aplicadas conforme alínea "b", do artigo anterior;
c) 4/5 da arrecadação da anuidade prevista no art. 21 e seus parágrafos;
d) doações e legados;
e) subvenções dos governos.

Portanto, a principal fonte de receita dos CRCs é a anuidade que os profissionais (contadores e técnicos em contabilidade) registrados nos respectivos conselhos são obrigados a pagar até o dia 31 de março de cada ano. Também estão obrigados ao pagamento de anuidade ao Conselho Regional da respectiva jurisdição, as empresas e quaisquer organizações que explorem o ramo dos serviços contábeis.

O profissional ou a organização contábil que executar serviços contábeis em mais de um estado é obrigado a comunicar previamente o CRC, no qual são registrados o local onde serão executados os serviços, conforme art. 23 do Decreto-Lei n. 9.295, de 1946, com redação dada pelo art. 76 da Lei n. 12.249, de 2010.

13.3 ATRIBUIÇÕES DOS CRCs

As atribuições dos Conselhos Regionais estão descritas no art. 10 do Decreto-Lei n. 9.295, de 1946, como segue:
a) expedir e registrar a carteira profissional prevista no art. 17, alínea "a" com redação dada pela Lei n. 9.710, de 3 de setembro de 1946;
b) examinar reclamações e representações escritas acerca dos serviços de registro e das infrações dos dispositivos legais vigentes, relativos ao exercício da profissão de contabilista, decidindo a respeito;
c) fiscalizar o exercício das profissões de contador e técnicos em contabilidade, impedindo e punindo as infrações e enviando às autoridades competentes minuciosos e documentados relatórios sobre fatos que apurarem, cuja solução ou repressão não seja de sua alçada;
d) publicar relatório anual de seus trabalhos e a relação dos profissionais registrados;
e) elaborar a proposta de seu regimento interno, submetendo-o à aprovação do CFC;

f) representar ao CFC acerca de novas medidas necessárias, para regularidade do serviço e para fiscalização do exercício das profissões previstas na alínea "b" deste artigo;
g) admitir a colaboração das entidades de classe nos casos relativos à matéria das alíneas anteriores.

13.4 A SUBORDINAÇÃO DOS CRCs AO CFC

O art. 40 do Regimento do CFC trata das normas de subordinação dos CRCs, como é possível verificar a seguir.

Art. 40. A subordinação hierárquica dos CRCs ao CFC, estabelecida pela legislação vigente, efetiva-se pela exata e rigorosa observância de suas determinações e, especialmente, por meio:

I – do imediato e fiel cumprimento de suas decisões;

II – do pronto atendimento das requisições de informações e esclarecimentos;

III – da observância de suas recomendações e dos prazos assinalados;

IV – da remessa, rigorosamente, dentro dos prazos fixados, das prestações de contas, organizadas de acordo com as normas legais;

V – da remessa, com efetivo recebimento pelo CFC, até o dia 10 (dez) do mês subsequente, da cota correspondente ao mês anterior, acompanhada da demonstração da receita nele arrecadada, inclusive a parte compartilhada;

VI – da remessa mensal das Demonstrações de Receita e Despesa referentes ao mês anterior;

VII – da colaboração permanente nos assuntos ligados à realização dos fins institucionais; e

VIII – da apresentação do relatório das atividades, semestralmente.

§ 1º – Na aplicação do disposto no inciso V, serão observados os seguintes princípios:

I – as importâncias correspondentes às remessas recebidas pelo CFC, além do prazo fixado, serão acrescidas de atualização proporcional ao período do atraso; e

II – para as importâncias correspondentes às anuidades arrecadadas no mês e não incluídas na cota respectiva, incidirá multa de 2% mais juros de 1% ao mês, acrescidas de atualização monetária, quando o atraso for superior a um ano, calculada pela variação do INPC.

§ 2º – O Presidente do CRC que não cumprir, ou não fizer cumprir, com rigorosa exação, as obrigações previstas neste artigo, fica sujeito às seguintes penalidades, observada a ordem de gradação, de acordo com a gravidade da falta, por proposta do Conselho Diretor e decisão do Plenário do CFC:

I – advertência escrita e reservada;

II – advertência pública;

III – suspensão por até 60 (sessenta) dias;

IV – destituição da função de Presidente.

§ 3º – As mesmas penalidades podem ser aplicadas ao Presidente do CRC ou a seu membro que praticar ato:

I – em descumprimento de norma legal ou regimental, especialmente quanto à observância dos limites de suas atribuições que se relacionem, unicamente, à disciplina e à fiscalização do exercício profissional; e

II – ofensivo ao decoro ou à dignidade do CFC ou de seus membros.

§ 4º – A substituição do Presidente suspenso ou destituído observará as normas estabelecidas no Regimento Interno do respectivo CRC.

§ 5º – A penalidade aplicada pelo Conselho Federal de Contabilidade a Presidente ou Conselheiro do Sistema CFC/CRCs somente decorrerá de processo instaurado no CFC, no qual será assegurado o contraditório e a ampla defesa, precedido de sindicância e inquérito administrativo.

13.5 REGULAMENTO GERAL DOS CRCs

O CFC, por meio da Resolução n. 1.370, de 8 de dezembro de 2011, aprovou o Regulamento Geral dos Conselhos de Contabilidade, com disciplinas aplicáveis não só aos Conselhos Regionais como também ao próprio CFC.

Veja a Resolução e o respectivo Regulamento na íntegra:

RESOLUÇÃO CFC N. 1.370, DE 8 DE DEZEMBRO DE 2011.

Regulamento Geral dos Conselhos de Contabilidade.

O **CONSELHO FEDERAL DE CONTABILIDADE**, no exercício de suas atribuições legais e regimentais,

CONSIDERANDO que a aprovação da Lei n. 12.249, de 2010, estabeleceu novos dispositivos para o Sistema CFC/CRCs;

CONSIDERANDO a necessidade de o Sistema CFC/CRCs se adequar a esse novo momento político, jurídico e institucional;

CONSIDERANDO que o Decreto-Lei n. 9.295, de 1946, deu aos Conselhos de Contabilidade a estrutura federativa, colocando os Conselhos Regionais de Contabilidade subordinados ao Conselho Federal de Contabilidade, cabendo a este a competência de disciplinar as atividades da entidade em seu todo, a fim de manter a unidade administrativa;

CONSIDERANDO a necessidade de se estabelecer a disciplina das atividades administrativas dos Conselhos de Contabilidade, em seu conjunto, Conselho Federal e Conselhos Regionais de Contabilidade;

CONSIDERANDO que os Conselhos de Contabilidade, Federal e Regionais, são constituídos de profissionais que têm a competência, entre outras, de fiscalizar os próprios profissionais à luz de critérios peculiares;

CONSIDERANDO que os Conselhos de Contabilidade, Federal e Regionais, se mantêm com recursos próprios, oriundos das anuidades, além de taxas e emolumentos gerados por suas atividades operacionais, regendo-se pela legislação específica, o Decreto-Lei n. 9.295, de 1946;

CONSIDERANDO que os Conselhos de Contabilidade são autarquias especiais com autonomia administrativa, financeira e patrimonial, e por meio deste **Regulamento Geral**,

RESOLVE:

CAPÍTULO I – DA CONSTITUIÇÃO, CARACTERÍSTICAS E FINALIDADES

Art. 1º Os Conselhos de Contabilidade, criados pelo Decreto-Lei n. 9.295, de 1946, com as alterações constantes dos Decretos-Leis n. 9.710, de 1946, e n. 1.040, de 1969, e das Leis n. 570, de 1948; n. 4.695, de 1965; n. 5.730, de 1971; n. 11.160, de 2005; n. 12.249, de 2010, e n. 12.932, de 2013, dotados de personalidade jurídica de direito público e forma federativa, prestam serviço de natureza pública e têm a estrutura, a organização e o funcionamento estabelecidos por este Regulamento Geral (Redação dada pela Resolução CFC n. 1.483, de 2015).

§ 1º – Nos termos da delegação conferida pelo Decreto-Lei n. 9.295, de 27 de maio de 1946, constitui competência dos Conselhos de Contabilidade, observados o disposto nos arts. 17 e 18 deste regulamento:

I – registrar, fiscalizar, orientar e disciplinar, técnica e eticamente, o exercício da profissão contábil em todo o território nacional;

II – regular sobre o Exame de Suficiência, o Cadastro de Qualificação Técnica e os Programas de Educação Continuada;

III – editar Normas Brasileiras de Contabilidade de natureza técnica e profissional, bem como os Princípios Contábeis.

§ 2º – A sede do Conselho Federal de Contabilidade (CFC) é em Brasília-DF e, de cada Conselho Regional de Contabilidade (CRC), na capital da unidade federativa da respectiva base territorial.

§ 3º – O exercício da profissão contábil, tanto na área privada quanto na pública, constitui prerrogativa exclusiva dos contadores e dos técnicos em contabilidade.

§ 4º – Contador é o diplomado em curso superior de Ciências Contábeis, bem como aquele que, por força de lei, lhe é equiparado, com registro nessa categoria em CRC.

§ 5º – Técnico em Contabilidade é o diplomado em curso de nível médio na área contábil, em conformidade com o estabelecido na Lei de Diretrizes e Bases da Educação, e com registro em CRC nessa categoria, nos termos do art. 12, § 2º do Decreto-Lei n. 9.295, de 1946.

Art. 2º Os Conselhos de Contabilidade fiscalizarão o exercício da profissão baseada em critérios que observem a finalidade e/ou a atividade efetivamente desempenhada, independentemente da denominação que se lhe tenha atribuído.

Art. 3º Os Conselhos de Contabilidade são organizados e dirigidos pelos próprios contadores e técnicos em contabilidade e mantidos por estes e pelas organizações contábeis, com independência e autonomia, sem qualquer vínculo funcional, técnico, administrativo ou hierárquico com qualquer órgão da administração pública direta ou indireta.

Parágrafo único. Os Conselhos Regionais de Contabilidade, com organização básica determinada pelo Conselho Federal de Contabilidade, ao qual se subordinam, são autônomos no que se refere à administração de seus serviços, à gestão de seus recursos, ao regime de trabalho e às relações empregatícias.

Art. 4º Os empregados dos Conselhos de Contabilidade são regidos pela legislação trabalhista, nos termos do art. 8º do Decreto-Lei n. 1.040, de 1969, e do § 3º do art. 58 da Lei n. 9.649, de 1998, sendo vedada qualquer forma de transposição, transferência ou deslocamento para o quadro da administração pública direta ou indireta.

Parágrafo único. Os empregados dos Conselhos de Contabilidade, Federal e Regionais, serão contratados em regime celetista, por meio de concurso público, de acordo com resolução editada pelo CFC.

Art. 5º Os Conselhos de Contabilidade gozam de imunidade tributária total em relação aos seus bens, rendas e serviços.

Art. 6º Constitui competência do Conselho Federal de Contabilidade a regulamentação das atividades-fins do Sistema CFC/CRCs, bem como a fiscalização e o controle das atividades financeiras, econômicas, administrativas, contábeis e orçamentárias dos Conselhos de Contabilidade.

§ 1º – As contas do CFC e dos CRCs, organizadas e apresentadas por seus presidentes, com pareceres e deliberações das Câmaras de Controle Interno e dos seus respectivos Plenários, serão submetidas à apreciação e ao julgamento do Plenário do CFC até o último dia útil do mês de junho do exercício social subsequente (Redação dada pela Resolução CFC n. 1.483, de 2015).

§ 2º – Os Conselhos Regionais encaminharão, até 28 de fevereiro do exercício social subsequente, suas prestações de contas do exercício findo ao Conselho Federal, com observância aos procedimentos, às condições e aos requisitos por este estabelecido.

§ 3º – O Conselho Federal encaminhará as suas contas à Câmara de Controle Interno para exame e deliberação e posterior julgamento pelo Plenário até 28 de fevereiro do exercício social subsequente.

§ 4º – A não apresentação das contas no prazo fixado poderá determinar a instauração do processo de Tomada de Contas Especial.

I – o Conselho Federal, por intermédio da vice-presidência de Controle Interno, realizará auditoria nos Conselhos Regionais e Federal de Contabilidade e emitirá parecer com certificação de gestão e relatórios circunstanciados sobre a sua prestação de contas e as dos Conselhos Regionais (Redação dada pela Resolução CFC n. 1.505, de 2016).

II – (revogado pela Resolução CFC n. 1.505, de 2016).

III – a análise e o julgamento das Prestações de Contas referidas no inciso I serão realizadas pela Câmara de Controle Interno e pelo Plenário do CFC, estando impedido de participar da análise e/ou do julgamento o gestor responsável pelas contas ou o conselheiro do CFC que tenha participado do mandato;

IV – para fins do disposto no inciso II, os CRCs remeterão ao CFC, até o último dia do mês subsequente, o balancete mensal da gestão orçamentária e contábil, além de outras peças necessárias que venham a ser exigidas;

V – as contas aprovadas e as quitações dadas aos responsáveis serão publicadas no Diário Oficial:

a) as referentes ao CFC, no Diário Oficial da União;

b) as referentes aos Conselhos Regionais de Contabilidade, no mínimo, no Diário Oficial do Estado ou Distrito Federal ou no Diário Oficial da União (Letra "b" do inciso V com nova redação dada pela Resolução CFC n. 1.459, de 2013).

Art. 7º Compete originariamente à Justiça Federal conhecer, processar e julgar as controvérsias relacionadas aos Conselhos de Contabilidade.

Art. 8º Compete ao CFC regular sobre os critérios e os valores das anuidades devidas pelos contadores, pelos técnicos em contabilidade e pelas organizações contábeis, bem como os relativos aos valores de serviços e de multas, nos termos dos arts. 21, 22 e 27 do Decreto-Lei n. 9.295, de 1946.

Parágrafo único. Constitui título executivo extrajudicial de dívida líquida e certa a certidão emitida pelo Conselho Regional relativa a crédito previsto neste artigo.

CAPÍTULO II – DOS CONSELHOS DE CONTABILIDADE: COMPOSIÇÃO, ELEIÇÃO, MANDATO, COMPETÊNCIA E RECEITAS

SEÇÃO I

COMPOSIÇÃO, ELEIÇÃO E MANDATO

Art. 9º O cargo de conselheiro é de exercício gratuito e obrigatório, e será considerado serviço relevante (Redação dada pela Resolução CFC n. 1.459, de 2013).

§ 1º – O Conselho Federal de Contabilidade será constituído por 1 (um) membro efetivo de cada Conselho Regional de Contabilidade e respectivo suplente, eleitos na forma da legislação vigente.

§ 2º – Na composição do CFC e dos CRCs, serão eleitos conselheiros efetivos e igual número de suplentes, na forma da legislação vigente (Redação dada pela Resolução CFC n. 1.483, de 2015).

§ 3º – No período compreendido entre o término do mandato de Presidente e até que se proceda a eleição, assumirá a Presidência o Conselheiro da categoria de Contador do terço remanescente, portador do registro mais antigo.

Art. 10. Os membros do CFC serão eleitos por um colégio eleitoral integrado por 1 (um) representante de cada CRC, por este eleito por maioria absoluta, em reunião especialmente convocada.

§ 1º – Desse colégio eleitoral, só poderão participar representantes de CRC em situação regular com suas obrigações no CFC, especialmente quanto ao recolhimento da parcela da anuidade que a este pertence, nos termos do disposto no art. 19, § 1º.

§ 2º – O colégio eleitoral, por convocação do presidente do CFC, reunir-se-á, preliminarmente, para exame, discussão, aprovação e registro das chapas concorrentes, realizando a eleição 24 (vinte e quatro) horas após a sessão preliminar.

§ 3º – Para a composição das chapas referidas no § 2º, o CFC comunicará aos CRCs quais as vagas a preencher, com antecedência mínima de 30 (trinta) dias da data do pleito.

Art. 11. Os CRCs terão, no mínimo, 9 (nove) membros, com igual número de suplentes e, no máximo, o número considerado pelo CFC indispensável ao adequado cumprimento de suas funções (Redação dada pela Resolução CFC n. 1.459, de 2013).

§ 1º – Na avaliação para fixar o máximo, serão considerados os critérios estabelecidos pelo CFC.

§ 2º – Os membros dos CRCs e igual número de suplentes serão eleitos de forma direta, mediante voto pessoal, secreto e obrigatório, aplicando-se pena de multa em importância correspondente a até o valor da anuidade ao contabilista que deixar de votar sem causa justificada (Redação dada pela Resolução CFC n. 1.459, de 2013).

Art. 12. Os presidentes dos Conselhos de Contabilidade serão eleitos dentre seus respectivos membros contadores, admitida uma única reeleição consecutiva, para mandato de 2 (dois) anos, cujo exercício ficará sempre condicionado à vigência do mandato de conselheiro.

§ 1º – A limitação de reeleição aplica-se também ao vice-presidente que tiver exercido mais da metade do mandato presidencial.

§ 2º – Ao presidente incumbe a administração e a representação do respectivo Conselho, facultando-se-lhe suspender qualquer deliberação de seu Plenário considerada inconveniente ou contrária aos interesses da profissão ou da instituição, mediante decisão fundamentada.

§ 3º – Considera-se revogada a decisão suspensa, se o Plenário, na sua reunião subsequente, não a confirmar por maioria de 2/3 (dois terços). (§ 3º com nova redação dada pela Resolução CFC n. 1.459, de 2013)

§ 4º – Caso a sua decisão não seja aprovada, o presidente do CRC poderá interpor recurso, com efeito suspensivo, ao CFC, que a julgará no prazo máximo de 60 (sessenta) dias.

§ 5º – No caso do CFC, não haverá o recurso previsto no § 4º, prevalecendo a aplicação do § 3º.

Art. 13. Nos casos de falta ou impedimento temporário ou definitivo, nos CRCs, o conselheiro será substituído pelo respectivo suplente convocado pelo presidente (Redação dada pela Resolução CFC n. 1.483, de 2015).

Art. 14. Nos casos de falta ou impedimento temporário, no CFC, o conselheiro será substituído pelo respectivo suplente convocado pelo presidente (Redação dada pela Resolução CFC n. 1.483, de 2015).

Art. 15. As condições de elegibilidade, que deverão ser mantidas durante o decurso do mandato, serão editadas em resolução eleitoral específica (Redação dada pela Resolução CFC n. 1.483, de 2015).

Art. 16. A extinção ou perda de mandato, no Conselho Federal de Contabilidade ou em Conselho Regional de Contabilidade, ocorre:

I – em caso de renúncia;

II – por superveniência de causa de que resulte inabilitação para o exercício da profissão;

III – (Revogado pela Resolução CFC n. 1.511, de 2016);

IV – por condenação a pena de reclusão em virtude de sentença transitada em julgado;

V – por não tomar posse no cargo para o qual foi eleito, no prazo de 15 (quinze) dias, a contar do início dos trabalhos no Plenário ou no órgão designado para exercer suas funções, salvo motivo de força maior, devidamente justificado e aceito pelo Plenário;

VI – por ausência, em cada ano, sem motivo justificado, a 3 (três) reuniões consecutivas ou 6 (seis) intercaladas de qualquer órgão deliberativo do CFC ou de CRC, feita a apuração pelo Plenário em processo regular;

VII – por falecimento;

VIII – por falta de decoro ou conduta incompatível com a representação institucional e a dignidade profissional;

IX – no descumprimento dos requisitos de elegibilidade previstos na Resolução Eleitoral (Redação dada pela Resolução CFC n. 1.483, de 2015).

Parágrafo único. Na hipótese em que o Conselheiro for o único titular da categoria representante dos Técnicos em Contabilidade a alteração de categoria importará na perda de mandato (Incluído pela Resolução CFC n. 1.511, de 2016).

SEÇÃO II
DA COMPETÊNCIA

Art. 17. Ao CFC compete:

I – elaborar, aprovar e alterar o Regulamento Geral e o seu Regimento Interno;

II – adotar as providências e medidas necessárias à realização das finalidades dos Conselhos de Contabilidade;

III – exercer a função normativa superior, baixando os atos necessários à interpretação e execução deste Regulamento e à disciplina e fiscalização do exercício profissional;

IV – elaborar, aprovar e alterar as Normas Brasileiras de Contabilidade de Natureza Técnica e Profissional e os princípios que as fundamentam;

V – elaborar, aprovar e alterar as normas e procedimentos de mediação e arbitragem;

VI – regular sobre os critérios e valores das anuidades devidas pelos profissionais e pelas organizações contábeis, dos valores de serviços e das multas, obedecidos os limites máximos estabelecidos na legislação em vigor;

VII – eleger os membros de seu Conselho Diretor e de seus órgãos colegiados internos, cuja composição será estabelecida pelo Regimento Interno;

VIII – disciplinar e acompanhar a fiscalização do exercício da profissão em todo o território nacional;

IX – aprovar, orientar e acompanhar os programas das atividades dos CRCs, especialmente na área da Fiscalização, para o fim de assegurar que os trabalhos sejam previstos e realizados de modo ordenado e sistematizado;

X – zelar pela dignidade, independência, prerrogativas e valorização da profissão e de seus profissionais;

XI – representar, com exclusividade, os profissionais da Contabilidade brasileiros nos órgãos internacionais e coordenar a representação nos eventos internacionais de Contabilidade;

XII – dispor sobre a identificação dos registrados nos Conselhos de Contabilidade;

XIII – dispor sobre os símbolos, emblemas e insígnias dos Conselhos de Contabilidade;

XIV – autorizar a aquisição, alienação ou oneração de bens imóveis dos Conselhos de Contabilidade;

XV – colaborar nas atividades-fins da Fundação Brasileira de Contabilidade;

XVI – auditar e julgar suas contas, organizadas e apresentadas por seu presidente, observado o disposto no art. 6º e seus incisos e parágrafos (Redação dada pela Resolução CFC n. 1.505, de 2016).

XVII – instalar, orientar, inspecionar e auditar os CRCs, aprovar seus orçamentos, programas de trabalho e julgar suas contas, neles intervindo quando indispensável ao estabelecimento da normalidade administrativa ou financeira e à observância dos princípios de hierarquia institucional (Redação dada pela Resolução CFC n. 1.505, de 2016).

XVIII – homologar o Regimento Interno e as Resoluções dos Conselhos Regionais em matéria relacionada ao seu campo de competência, na forma do inciso III do art. 18 deste Regulamento (Redação dada pela Resolução CFC n. 1.459, de 2013).

XIX – expedir instruções disciplinadoras do processo de suas eleições e dos CRCs;

XX – aprovar seu plano de trabalho, orçamento e respectivas modificações, bem como as operações de crédito e baixa de bens móveis (Redação dada pela Resolução CFC n. 1.430, de 2013);

XXI – editar e alterar o Código de Ética Profissional do Contador, respeitada a legislação vigente, e funcionar como Tribunal Superior de Ética e Disciplina;

XXII – apreciar e julgar os recursos de decisões dos CRCs;

XXIII – conhecer e dirimir dúvidas suscitadas pelos CRCs, bem como prestar--lhes assistência técnica e jurídica;

XXIV – examinar e julgar as contas anuais dos CRCs;

XXV – publicar no Diário Oficial da União e nos seus meios de comunicação as resoluções editadas, bem como extratos de editais, contratos e orçamentos, portaria de abertura de créditos adicionais autorizados em resolução, demonstrações contábeis do encerramento do exercício e a deliberação do julgamento do seu processo de prestação de contas (Redação dada pela Resolução CFC n. 1.430, de 2013);

XXVI – manter intercâmbio com entidades congêneres públicas ou privadas e fazer-se representar em organismos internacionais e em conclaves no País e no exterior relacionados à Contabilidade e suas especializações, ao seu ensino e pesquisa, bem como ao exercício profissional, dentro dos limites dos recursos orçamentários disponíveis, podendo firmar convênio com tais entidades;

XXVII – celebrar convênios, protocolos, memorandos de entendimento e termos de adesão com organismos nacionais e internacionais relacionados à Contabilidade com a finalidade de promover estudos, pesquisas e o desenvolvimento das Ciências Contábeis;

XXVIII – revogar, modificar ou embargar, de ofício ou mediante representação, qualquer ato contrário a este Regulamento Geral, ao seu Regimento Interno, ao Código de Ética Profissional do Contador, ou a seus provimentos, baixado por CRC ou autoridade que o represente;

XXIX – aprovar o seu quadro de pessoal, criar plano de cargos, salários e carreira, fixar salários e gratificações, bem como autorizar a contratação de serviços especiais;

XXX – funcionar como órgão consultivo dos poderes constituídos em assuntos relacionados à Contabilidade, ao exercício de todas as atividades e especializações a ela pertinentes, inclusive ensino e pesquisa em qualquer nível;

XXXI – estimular a exação na prática da Contabilidade, velando pelo seu prestígio, bom nome da classe e dos que a integram;

XXXII – colaborar com os órgãos públicos e instituições privadas no estudo e solução de problemas relacionados ao exercício profissional e à profissão, inclusive na área de educação;

XXXIII – dispor sobre Exame de Suficiência Profissional como requisito para concessão do registro profissional e disciplinar o registro no Cadastro Nacional de Auditores Independentes;

XXXIV – instituir e disciplinar o Programa de Educação Continuada para manutenção do registro profissional;

XXXV – aprovar os orçamentos dos Conselhos de Contabilidade;

XXXVI – incentivar o aprimoramento científico, técnico e cultural dos profissionais da Contabilidade;

XXXVII – delegar competência ao presidente;

XXXVIII – disciplinar a elaboração dos atos que instrumentam as atribuições legais e regimentais do Sistema CFC/CRCs;

XXXIX – editar súmula relativa a sua jurisprudência consolidada;

XL – emitir instrução normativa interpretativa de norma de interesse dos Conselhos de Contabilidade;

XLI – disponibilizar anualmente a sua prestação de contas.

XLII – deliberar, por proposta do Conselho Diretor do CFC, sobre intervenção em CRC (Incluído pela Resolução CFC n. 1.483, de 2015);

Art. 18. Ao CRC compete:

I – adotar e promover todas as medidas necessárias à realização de suas finalidades;

II – elaborar e aprovar seu Regimento Interno, submetendo-o à homologação do CFC;

III – elaborar e aprovar resoluções sobre assuntos de seu peculiar interesse, submetendo-as à homologação do CFC quando a matéria disciplinada tiver implicação ou reflexos no âmbito federal;

IV – eleger os membros do Conselho Diretor, dos órgãos colegiados internos e o representante no Colégio Eleitoral de que trata o art. 10;

V – processar, conceder, organizar, manter, baixar, revigorar e cancelar os registros de contador, técnico em contabilidade e organização contábil;

VI – desenvolver ações necessárias à fiscalização do exercício profissional e representar as autoridades competentes sobre fatos apurados, e cuja solução ou repressão não seja de sua alçada;

VII – aprovar o orçamento anual e suas modificações, submetendo à homologação do CFC somente o orçamento, os créditos adicionais especiais e os decorrentes do aumento do orçamento anual;

VIII – publicar no Diário Oficial do Estado e/ou da União e nos seus meios de comunicação as resoluções editadas, bem como extratos de editais, contratos e orçamentos, penalidades (quando couber), portaria de abertura de créditos adicionais autorizados em resolução, demonstrações contábeis do encerramento do exercício e a deliberação do julgamento, pelo Conselho Federal, do seu processo de prestação de contas (Inciso VIII com nova redação dada pela Resolução CFC n. 1.430, de 2013);

IX – cobrar, arrecadar e executar as anuidades, bem como preços de serviços e multas, observados os valores fixados pelo Conselho Federal de Contabilidade;

X – cumprir e fazer cumprir as disposições da legislação aplicável, deste Regulamento Geral, do seu Regimento Interno, das resoluções e dos demais atos, bem como os do CFC;

XI – expedir carteira de identidade para os profissionais e alvará para as organizações contábeis;

XII – julgar infrações e aplicar penalidades previstas neste Regulamento Geral e em atos normativos baixados pelo CFC;

XIII – aprovar suas contas anuais, submetendo-as ao exame e ao julgamento do CFC, conforme orientações específicas, observado o disposto no art. 6º e seus incisos e parágrafos, e aprovar suas contas mensais (Inciso XIII com nova redação dada pela Resolução CFC n. 1.4590, de 2013);

XIV – funcionar como Tribunal Regional de Ética e Disciplina;

XV – estimular a exação na prática da Contabilidade, velando pelo seu prestígio, bom nome da classe e dos que a integram;

XVI – propor ao CFC as medidas necessárias ao aprimoramento dos seus serviços e do sistema de fiscalização do exercício profissional;

XVII – aprovar o seu quadro de pessoal, criar plano de cargos, salários e carreira, fixar salários e gratificações, bem como autorizar a contratação de serviços especiais, respeitado o limite de suas receitas próprias;

XVIII – manter intercâmbio com entidades congêneres públicas ou privadas e fazer-se representar em organismos internacionais e em conclaves no País e no exterior relacionados à Contabilidade e suas especializações, ao seu ensino e pesquisa, bem como ao exercício profissional, dentro dos limites dos recursos orçamentários disponíveis, e com observância da disciplina geral estabelecida pelo CFC, podendo firmar convênio com tais entidades, mediante aprovação prévia do Conselho Federal (Inciso XVIII com nova redação pela Resolução CFC n. 1.459, de 2013);

XIX – colaborar nas atividades-fins da Fundação Brasileira de Contabilidade;

XX – admitir a colaboração das entidades de classe em casos relativos a matéria de sua competência;

XXI – incentivar e contribuir para o aprimoramento técnico, científico e cultural dos profissionais da Contabilidade e da sociedade em geral (Inciso XXI com nova redação dada pela Resolução CFC n. 1.459, de 2013);

XXII – propor alterações ao presente Regulamento Geral e colaborar com os órgãos públicos no estudo e na solução de problemas relacionados ao exercício profissional, inclusive na área de educação;

XXIII – adotar as providências necessárias à realização de Exames de Suficiência para concessão do registro profissional, observada a disciplina estabelecida pelo CFC;

XXIV – promover a execução do Programa de Educação Continuada (Redação dada pela Resolução CFC n. 1.459, de 2013);

XXV – delegar competência ao presidente;

XXVI – disponibilizar anualmente a sua prestação de contas;

XXVII - aprovar as operações de crédito submetendo à homologação do CFC (Inciso XXVII criado pela Resolução CFC n. 1.430, de 2013).

XXVIII – aprovar as baixas de bens móveis (Inciso XXVIII criado pela Resolução CFC n. 1.430, de 2013).

SEÇÃO III

DAS RECEITAS

Art. 19. As receitas dos Conselhos de Contabilidade serão aplicadas na realização de suas finalidades institucionais, nos termos das decisões de seus Plenários e deste Regulamento Geral.

§ 1º – Constituem receitas do CFC:

I – 1/5 da receita bruta de cada CRC, excetuados os legados, doações, subvenções, receitas patrimoniais, indenizações, restituições e outros, quando justificados;

II – legados, doações e subvenções;

III – rendas patrimoniais;

IV – outras receitas.

§ 2º – Constituem receitas dos CRCs:

I – 4/5 de sua receita bruta;

II – legados, doações e subvenções;

III – rendas patrimoniais;

IV – outras receitas.

§ 3º – A cobrança das anuidades será feita por meio de estabelecimento bancário oficial, pelo respectivo CRC.

§ 4º – O produto da arrecadação será creditado, direta e automaticamente, na proporção de 1/5 e de 4/5 nas contas, respectivamente, do CFC e dos CRCs.

§ 5º – Deverão ser observadas as especificações e as condições estabelecidas em ato do CFC, o qual disciplinará, também, os casos especiais de arrecadação direta pelos CRCs.

SEÇÃO IV
DAS NORMAS DE SUBORDINAÇÃO DOS CRCs

(Seção IV criada pela Resolução CFC n. 1.459, de 2013)

Art. 19-A. A subordinação hierárquica dos CRCs ao CFC, estabelecida pela legislação vigente, efetiva-se pela exata e rigorosa observância de suas determinações e, especialmente, por meio (Art. 19-A. criado pela Resolução CFC n. 1.459, de 2013):

I – do imediato e fiel cumprimento de suas decisões;

II – do pronto atendimento das requisições de informações e esclarecimentos;

III – da observância de suas recomendações e dos prazos assinalados;

IV – da remessa, rigorosamente, dentro dos prazos fixados, das prestações de contas, organizadas de acordo com as normas legais;

V – da remessa, com efetivo recebimento pelo CFC, até o dia 10 (dez) do mês subsequente, da cota correspondente ao mês anterior, acompanhada da demonstração da receita nele arrecadada, inclusive a parte compartilhada;

VI – da remessa mensal das Demonstrações de Receita e Despesa referentes ao mês anterior;

VII – da colaboração permanente nos assuntos ligados à realização dos fins institucionais; e

VIII – da apresentação do relatório das atividades, anualmente.

§ 1º – Na aplicação do disposto no inciso V, serão observados os seguintes princípios:

I – as importâncias correspondentes às remessas recebidas pelo CFC, além do prazo fixado, serão acrescidas de atualização proporcional ao período do atraso; e

II – para as importâncias correspondentes às anuidades arrecadadas no mês e não incluídas na cota respectiva, incidirá multa de 2% mais juros de 1% ao mês, acrescidas de atualização monetária, quando o atraso for superior a um ano, calculada pela variação do Índice Nacional de Preços ao Consumidor Amplo – (IPCA), calculado pela Fundação Instituto Brasileiro de Geografia e Estatística – (IBGE).

§ 2º – O Presidente do CRC que não cumprir, ou não fizer cumprir, com rigorosa exação, as obrigações previstas neste artigo, fica sujeito às seguintes penalidades, observada a ordem de gradação, de acordo com a gravidade da falta, por proposta do Conselho Diretor e decisão do Plenário do CFC:

I – advertência escrita e reservada;

II – advertência pública;

III – suspensão por até 60 (sessenta) dias;

IV – destituição da função de Presidente;

V – restituição do valor do prejuízo apurado.

§ 3º – As mesmas penalidades podem ser aplicadas ao presidente do CRC ou a seu membro que praticar ato:

I – em descumprimento de norma legal ou regimental, especialmente quanto à observância das prerrogativas e atribuições do cargo à ética e à disciplina do exercício profissional; e (Redação dada pela Resolução CFC n. 1.483, de 2015);

II – ofensivo ao decoro ou à dignidade do CFC ou de seus membros.

§ 4º – A substituição do Presidente suspenso ou destituído observará as normas estabelecidas no Regimento Interno do respectivo CRC.

§ 5º – A penalidade aplicada pelo Conselho Federal de Contabilidade a Presidente ou Conselheiro do Sistema CFC/CRCs somente decorrerá de processo administrativo instaurado no CFC, no qual será assegurado o contraditório e a ampla defesa, precedido de sindicância.

§ 6º – O Plenário do CFC poderá, como medida preventiva, deliberar sobre o afastamento temporário de presidente ou conselheiro do Sistema CFC/CRCs, nos casos em que a adoção da medida necessite (Incluído pela Resolução CFC n. 1.483, de 2015):

I – de urgência na manutenção da ordem administrativa e institucional; ou (Incluído pela Resolução CFC n. 1.483, de 2015);

II – garantir a regular apuração dos fatos (Incluído pela Resolução CFC n. 1.483, de 2015).

CAPÍTULO III – DAS PRERROGATIVAS PROFISSIONAIS E DO EXERCÍCIO DA PROFISSÃO

Art. 20. O exercício de qualquer atividade que exija a aplicação de conhecimentos de natureza contábil constitui prerrogativa dos contadores e dos técnicos em contabilidade em situação regular perante o CRC da respectiva jurisdição, observadas as especificações e as discriminações estabelecidas em resolução do CFC.

§ 1º – Por exercício da profissão contábil entende-se a execução das tarefas especificadas em resolução própria, independentemente de exigência de assinatura do profissional da Contabilidade para quaisquer fins legais.

§ 2º – Os documentos contábeis somente terão valor jurídico quando assinados por profissional habilitado com a indicação do número de registro e da categoria.

§ 3º – Os órgãos públicos de registro, especialmente os de registro do comércio e dos de títulos e documentos, somente arquivarão, registrarão ou legalizarão livros ou documentos contábeis quando assinados por profissionais em situação regular perante o CRC, sob pena de nulidade do ato.

§ 4º – Nas entidades privadas e nos órgãos da administração pública, direta ou indireta e fundacional, nas empresas públicas e nas sociedades de economia mista, os empregos, os cargos ou as funções que envolvem atividades que constituem prerrogativas dos contadores e dos técnicos em contabilidade somente poderão ser providos e exercidos por profissionais devidamente registrados, ativos e em situação regular perante o CRC de seu registro.

§ 5º – As entidades e órgãos referidos no § 4º, sempre que solicitados pelo CRC da respectiva jurisdição, devem demonstrar que os ocupantes desses empregos, cargos ou funções são profissionais registrados e ativos perante o CRC de seu registro.

§ 6º – As entidades e os órgãos mencionados no § 4º somente poderão contratar a prestação de serviços de auditoria contábil e de auditores independentes, com domicílio permanente no Brasil, autônomos, consorciados ou associados.

Art. 21. O exercício da profissão contábil é privativo do contador e do técnico em contabilidade com registro ativo e situação regular, nas condições mencionadas no § 4º do art. 20.

§ 1º – A exploração da atividade contábil é privativa de organização contábil em situação regular perante o CRC de seu cadastro (Redação dada pela Resolução CFC n. 1.459, de 2013).

§ 2º – O exercício eventual ou temporário da profissão fora da jurisdição do registro ou do cadastro principal, bem como a transferência de registro e de cadastro, atenderá às exigências estabelecidas pelo CFC.

Art. 22. A Carteira de Identidade Profissional expedida pelo CRC, com observância dos requisitos e do modelo estabelecidos pelo CFC, substitui, para efeito de prova, o diploma; tem fé pública; e serve de documento de identidade para todos os fins, conforme estabelecido pelo Decreto-Lei n. 9.295, de 1946, e pelo art. 1º da Lei n. 6.206, de 1975.

Art. 23. Os contadores e os técnicos em contabilidade poderão associar-se para colaboração profissional recíproca sob a forma de sociedade.

Parágrafo único. O CFC disporá:

I – sobre registro de dependências, filiais ou sucursais das organizações contábeis, também denominadas sociedades de profissionais;

II – sobre o registro de sociedades constituídas entre profissionais da Contabilidade e outros com respectivo registro em Conselho de Profissão Regulamentada, segundo critério do CFC (Inciso II com nova redação dada pela Resolução CFC n. 1.459, de 2013).

CAPÍTULO IV – DAS INFRAÇÕES E PENALIDADES

Art. 24. Constitui infração:

I – transgredir o Código de Ética Profissional do Contador (CEPC);

II – exercer a profissão sem registro no CRC ou, quando registrado, esteja impedido de fazê-lo;

III – manter ou integrar organização contábil em desacordo com o estabelecido em ato específico do CFC;

IV – deixar o profissional ou a organização contábil de comunicar ao CRC a mudança de domicílio ou endereço, bem como a ocorrência de outros fatos necessários ao controle e à fiscalização profissional;

V – transgredir os Princípios de Contabilidade e as Normas Brasileiras de Contabilidade;

VI – manter conduta incompatível com o exercício da profissão, desde que não previsto em outro dispositivo;

VII – fazer falsa prova de qualquer dos requisitos para registro em CRC;

VIII – incidir em erros reiterados, evidenciando incapacidade profissional;

IX – reter abusivamente ou extraviar arquivos, livros ou documentos contábeis, físicos ou eletrônicos, que lhes tenham sido profissionalmente confiados;

X – praticar, no exercício da atividade profissional, ato que a lei define como crime ou contravenção;

XI – praticar ato destinado a fraudar as rendas públicas;

XII – elaborar peças contábeis sem lastro em documentação hábil e idônea;

XIII – emitir peças contábeis com valores divergentes dos constantes da escrituração contábil;

XIV – deixar de apresentar prova de contratação dos serviços profissionais, quando exigida pelo CRC, a fim de comprovar os limites e a extensão da responsabilidade técnica perante cliente ou empregador.

XV – apropriar-se indevidamente de valores confiados a sua guarda e responsabilidade.

Parágrafo único. O CFC classificará as infrações segundo a frequência e a gravidade da ação ou da omissão, os reflexos perante a sociedade, a relevância de valores bem como os prejuízos dela decorrentes.

Art. 25. As penas consistem em:

I – multas;

II – advertência reservada;

III– censura reservada;

IV – censura pública;

V – suspensão do exercício profissional;

VI – cassação do exercício profissional.

§ 1º – Os critérios para enquadramento das infrações e da aplicação de penas serão estabelecidos por ato do CFC.

§ 2º – Para conhecer e instaurar processo destinado à apreciação e à punição, é competente o CRC da base territorial onde tenha ocorrido a infração, feita a imediata e obrigatória comunicação, quando for o caso, ao CRC do registro principal.

§ 3º – (Revogado pela Resolução CFC n. 1.459, de 2013).

§ 4º – Os sócios respondem solidariamente pelos atos relacionados ao exercício da profissão contábil praticados por profissionais ou por leigos em nome da organização contábil.

Art. 26. Cabe, privativamente, aos Conselhos de Contabilidade, Federal e Regionais, dentro dos limites de suas competências, aplicarem penalidades a quem infringir disposições deste Regulamento Geral e da legislação vigente.

Parágrafo único. Os Conselhos de Contabilidade atuam e deliberam, de ofício, sem necessidade de representação de autoridade, de qualquer de seus membros ou de terceiro interessado, por meio de processo regular, no qual será assegurado o amplo direito de defesa e ao contraditório.

CAPÍTULO V – DAS DISPOSIÇÕES GERAIS E FINAIS

Art. 27. Qualquer que seja a forma de sua organização, a pessoa jurídica somente poderá explorar serviços contábeis, próprios ou de terceiros, depois que provar no CRC de sua jurisdição que os responsáveis pela parte técnica e os que executam trabalhos técnicos no respectivo setor ou serviço são profissionais em situação ativa e regular perante o CRC de seu registro, nas condições mencionadas no § 4º do art. 20.

Parágrafo único. A substituição desses profissionais obriga a nova prova por parte da pessoa jurídica.

Art. 28. O patrimônio dos Conselhos de Contabilidade é de sua única e exclusiva propriedade, dependendo suas aquisições e alienações da estrita observância das formalidades previstas neste Regulamento Geral.

Parágrafo único. No caso de dissolução dos Conselhos de Contabilidade, seu patrimônio será transferido a uma ou mais instituições sem fins lucrativos e dedicadas, única ou basicamente, ao controle da profissão, ao ensino, à pesquisa ou ao desenvolvimento da Contabilidade.

Art. 29. A alteração ou revisão deste Regulamento Geral exige deliberação por, no mínimo, 2/3 (dois terços) dos votos dos membros do CFC, devendo a proposta ser distribuída aos conselheiros com pelo menos 20 (vinte) dias de antecedência da data da reunião especialmente convocada para exclusiva realização dessa finalidade.

Art. 30. Este Regulamento Geral entrará em vigor partir de 1º de janeiro de 2012.

Art. 31. Fica revogada a Resolução CFC n. 960, de 6 de maio de 2003.

Contador Juarez Domingues Carneiro

Presidente

Aprovada na 960ª Reunião Plenária.

RESUMO

O capítulo trata dos CRCs, destacando vários aspectos como a criação, a organização e as receitas desses órgãos, enfatizando que a sua principal fonte de receita é a anuidade que os profissionais (contadores e técnicos em contabilidade) registrados nos respectivos conselhos são obrigados a pagar até o dia 31 e março de cada ano.

São apresentadas as atribuições dos CRCs, contidas no art. 10 do Decreto-Lei n. 9.295, de 1946, como expedir e registrar a carteira profissional, fiscalizar o exercício das profissões de contador e técnicos em contabilidade, impedindo e punindo as infrações e enviando às autoridades competentes minuciosos e documentados relatórios sobre fatos que apurarem, cuja solução ou repressão não seja de sua alçada etc.

É apresentada, também, neste capítulo, a subordinação dos CRCs ao CFC e o regulamento geral dos CRCs, aprovado pela Resolução CFC n. 1.370, de 2011.

No final do capítulo, após as atividades teóricas, há uma bateria de testes que já foram objeto de Exames de Suficiência, que possibilita a familiarização da maneira pela qual os organizadores de tais testes costumam elaborá-los.

ATIVIDADES

1. Responda:
   a) Cite o dispositivo legal que criou o Conselho Federal de Contabilidade (CFC) e também os Conselhos Regionais de Contabilidade (CRCs).
   b) A quem compete a fixação do número de componentes dos Conselhos Regionais de Contabilidade (CRCs)?
   c) Qual é a principal fonte das receitas dos Conselhos Regionais de Contabilidade (CRCs)?
   d) Como é constituída a renda dos Conselhos Regionais de Contabilidade (CRCs)?
   e) Cite duas das atribuições dos Conselhos Regionais de Contabilidade (CRCs), descritas no art. 10 do Decreto-Lei n. 9.295, de 1946.
   f) De acordo com o estabelecido no art. 40 do Regimento Interno do CFC, como se dá a subordinação hierárquica dos Conselhos Regionais de Contabilidade (CRCs) ao Conselho Federal de Contabilidade (CFC)?
   g) Quem são os responsáveis pela organização e direção dos Conselhos de Contabilidade?
   h) Que órgão do Conselho Federal de Contabilidade (CFC) ou do Conselho Regional de Contabilidade (CRC) tem competência para julgar suas respectivas contas e em que data esse julgamento ocorre?
   i) Qual é a data máxima que os Conselhos Regionais de Contabilidade (CRCs) têm para encaminhar suas prestações de contas de cada exercício ao Conselho Federal de Contabilidade (CFC)?

j) Em que implica a não apresentação das contas dos Conselhos Regionais de Contabilidade (CRCs) ao Conselho Federal de Contabilidade (CFC) no prazo fixado?

k) Como é constituído o Conselho Federal de Contabilidade (CFC)?

l) Como são eleitos os membros do Conselho Federal de Contabilidade (CFC)?

m) Como são eleitos os membros dos Conselhos Regionais de Contabilidade (CRCs) e respectivos suplentes?

n) O que acontece ao contabilista que deixar de votar nas eleições do Conselho Regional de Contabilidade (CRC)?

o) Como se dá a eleição para presidente do Conselho Regional de Contabilidade (CRC)?

p) Conforme estabelece o §2º do art. 12 do Regulamento Geral dos Conselhos de Contabilidade, qual é a incumbência dos presidentes do Conselho Regional de Contabilidade (CRC)?

q) Cite três motivos que justificam impedimento para eleição de membros do Conselho Federal de Contabilidade (CFC) ou dos Conselhos Regionais de Contabilidade (CRCs).

r) Cite duas causas que justificam a extinção ou a perda de mandato no Conselho Federal de Contabilidade (CFC) ou nos Conselhos Regionais de Contabilidade (CRCs).

s) No art. 17 do Regulamento Geral dos Conselhos de Contabilidade, constam as tarefas de competência do Conselho Federal de Contabilidade (CFC). Cite três delas.

t) No art. 18 do Regulamento Geral dos Conselhos de Contabilidade, constam as tarefas de competência dos Conselhos Regionais de Contabilidade (CRCs). Cite três.

u) Segundo o Regulamento Geral dos Conselhos de Contabilidade, quais trabalhos correspondem a prerrogativas dos contadores e dos técnicos em contabilidade?

v) Cite três atitudes praticadas pelos profissionais da contabilidade que constituem infração conforme o art. 22 do Regulamento Geral dos Conselhos de Contabilidade.

w) Quais são as penas prescritas aos contabilistas infratores pelo art. 25 do Regulamento Geral dos Conselhos de Contabilidade?

2. Julgue se as afirmativas são falsas (F) ou verdadeiras (V):

a) ( ) Cabe tanto ao Conselho Federal de Contabilidade (CFC) como aos Conselhos Regionais de Contabilidade (CRCs) a tarefa de fiscalizar o exercício da profissão contábil.

b) ( ) Conforme estabelece o art. 23 do Decreto-Lei n. 9.295, de 1946, o profissional ou a organização contábil que executar serviços contábeis em mais de um estado é obrigado a comunicar previamente o Conselho Regional de

Contabilidade (CRC), no qual está registrado o local onde os serviços serão executados.

c) ( ) O Presidente do Conselho Regional de Contabilidade (CRC) que não cumprir, ou não fizer cumprir, com rigorosa exação, as obrigações previstas no art. 40 do Regimento Interno do CFC, fica sujeito às penalidades contidas no §2º do mencionado artigo.

d) ( ) O Conselho Federal de Contabilidade (CFC), por meio da Resolução n. 1.370, de 8 de dezembro de 2011, aprovou o Regulamento Geral dos Conselhos de Contabilidade, cujas disciplinas aplicam-se exclusivamente aos Conselhos Regionais de Contabilidade (CRCs).

e) ( ) Os Conselhos Regionais de Contabilidade (CRCs) são dotados de personalidade jurídica de direito público e forma federativa.

f) ( ) Compete exclusivamente ao Conselho Federal de Contabilidade (CFC) registrar, fiscalizar, orientar e disciplinar, técnica e eticamente, o exercício da profissão contábil em todo o território nacional.

g) ( ) Compete aos Conselhos de Contabilidade regular sobre o Exame de Suficiência, o cadastro de qualificação técnica e os programas de educação continuada.

h) ( ) O Conselho Federal de Contabilidade (CFC) tem sua sede em Brasília-DF e os Conselhos Regionais de Contabilidade (CRCs) podem se estabelecer em qualquer cidade do país.

i) ( ) O exercício da profissão contábil, tanto na área privada como na pública, constitui prerrogativa exclusiva dos contadores e dos técnicos em contabilidade.

j) ( ) Os Conselhos de Contabilidade têm independência e autonomia, sem qualquer vínculo funcional, técnico, administrativo ou hierárquico com qualquer órgão da administração pública direta ou indireta.

k) ( ) Constitui competência do Conselho Federal de Contabilidade (CFC) a regulamentação das atividades fins do sistema CFC/CRCs, bem como a fiscalização e o controle das atividades financeiras, econômicas, administrativas, contábeis e orçamentárias dos Conselhos de Contabilidade.

l) ( ) As contas do Conselho Federal de Contabilidade (CFC) e dos Conselhos Regionais de Contabilidade (CRCs) são auditadas por auditores independentes contratados para esse fim.

m) ( ) Compete aos Conselhos Regionais de Contabilidade (CRCs) regular sobre os critérios e os valores das anuidades devidas pelos contadores, pelos técnicos em contabilidade e pelas organizações contábeis.

n) ( ) O cargo de conselheiro, inclusive quando investido na função de membro de órgão do Conselho Federal de Contabilidade (CFC) ou do Conselho Regional de Contabilidade (CRC), é de exercício gratuito e obrigatório, considerado serviço relevante.

o) ( ) Na composição do Conselho Federal de Contabilidade (CFC) e dos Conselhos Regionais de Contabilidade (CRCs), será observada a proporção de 2/3 de contadores e de 1/3 de técnicos em contabilidade, eleitos para mandato de quatro anos, com renovação a cada biênio, alternadamente, por 1/3 e por 2/3.

p) ( ) Não são admitidas reeleições para os cargos de presidente e vice-presidente dos Conselhos Regionais de Contabilidade (CRCs).

q) ( ) As decisões do presidente do Conselho Regional de Contabilidade (CRC) prevalecem caso o Plenário, na reunião subsequente, aprove por, no mínimo, 2/3 dos votos de seus membros.

r) ( ) Caso a decisão do presidente do Conselho Regional de Contabilidade (CRC) não seja aprovada pelo Plenário, ele pode interpor recurso, com efeito suspensivo, ao Conselho Federal de Contabilidade (CFC), que a julgará no prazo máximo de 60 dias.

s) ( ) Constituem receitas do Conselho Federal de Contabilidade (CFC): 1/5 da receita bruta de cada Conselho Regional de Contabilidade (CRC), excetuados os legados, as doações, as subvenções, as receitas patrimoniais, as indenizações, as restituições e outros, quando justificados; legados, doações e subvenções; rendas patrimoniais e outras receitas.

t) ( ) Constituem receitas dos Conselhos Regionais de Contabilidade (CRCs): 4/5 de sua receita bruta; legados, doações e subvenções; rendas patrimoniais e outras receitas.

u) ( ) Por exercício da profissão contábil, entende-se a execução das tarefas especificadas em resolução própria, independentemente de exigência de assinatura do profissional da contabilidade para quaisquer fins legais.

v) ( ) Os documentos contábeis têm valor jurídico ainda que não estejam assinados por profissional habilitado.

w) ( ) Conforme disciplina contida no §4º do art. 20 do Regulamento Geral dos Conselhos de Contabilidade, o profissional da contabilidade que não estiver devidamente registrado no Conselho Regional de Contabilidade (CRC) de sua localidade somente poderá exercer atividades contábeis quando permitido pelo Plenário do Conselho Federal de Contabilidade (CFC).

x) ( ) O exercício da profissão contábil é privativo do contador e do técnico em contabilidade com registro ativo e situação regular junto ao Conselho Regional de Contabilidade (CRC) de sua jurisdição.

y) ( ) A suspensão do exercício profissional por falta de pagamento de multa cessará, automaticamente, com a satisfação da dívida.

z) ( ) A alteração ou a revisão do Regulamento Geral dos Conselhos de Contabilidade exige deliberação por, no mínimo, 2/3 dos votos dos membros do CFC, devendo a proposta ser distribuída aos conselheiros com pelo menos 20 dias de antecedência da data da reunião especialmente convocada para exclusiva realização dessa finalidade.

3. A principal renda dos Conselhos Regionais de Contabilidade (CRCs) decorre do recebimento de taxa de expedição das carteiras profissionais, das multas aplicadas, bem como da anuidade cobrada dos profissionais da contabilidade.

    A parcela dessas receitas que permanece nos CRCs corresponde a:
    a) 4/5.
    b) 1/5.
    c) 5/5.
    d) 1/5.

4. O presidente do Conselho Regional de Contabilidade (CRC) que não cumprir, ou não fizer cumprir, com rigorosa exação, as obrigações previstas no art. 40 do Regimento Interno do CFC, fica sujeito a penalidades como:
    a) advertência escrita e reservada, além de advertência pública.
    b) suspensão por até 60 dias e destituição da função de presidente.
    c) cassação do seu registro no CRC.
    d) somente a alternativa "c" está errada.

5. A penalidade aplicada pelo Conselho Federal de Contabilidade (CFC) ao presidente ou conselheiro do sistema CFC/CRCs somente decorrerá de processo instaurado no CFC e:
    a) não será permitido o contraditório.
    b) será permitida ampla defesa, mas sem a necessidade de sindicância.
    c) não será necessário abrir inquérito administrativo.
    d) Todas estão erradas.

6. Elaborar, aprovar e alterar as Normas Brasileiras de Contabilidade (NBCs) de Natureza Técnica e Profissional são competências:
   a) do Conselho Federal de Contabilidade (CFC).
   b) dos Conselhos Regionais de Contabilidade (CRCs).
   c) dos contadores e auditores.
   d) somente a alternativa "c" está incorreta.

7. Os Conselhos Regionais de Contabilidade (CRCs):
   a) têm organização básica determinada pelo Conselho Federal de Contabilidade (CFC).
   b) são subordinados ao Conselho Federal de Contabilidade (CFC).
   c) são autônomos no que se refere à administração de seus serviços.
   d) Todas estão corretas.

8. Os empregados dos Conselhos de Contabilidade:
   a) são regidos pela legislação trabalhista.
   b) são funcionários públicos efetivos.
   c) não podem ser acionistas de sociedades por ações.
   d) Todas estão corretas.

9. Os Conselhos Regionais de Contabilidade (CRCs):
   a) estão sujeitos à auditoria interna realizada pelo Conselho Federal de Contabilidade (CFC).
   b) remetem o balancete mensal da gestão orçamentária e contábil ao Conselho Federal de Contabilidade (CFC) até o último dia do mês subsequente.
   c) têm suas contas aprovadas publicadas no *Diário Oficial* do respectivo estado.
   d) Todas estão corretas.

10. O produto da arrecadação dos Conselhos Regionais de Contabilidade (CRCs) derivado das anuidades dos contabilistas tem o seguinte destino:
    a) o CRC recebe 100% da anuidade e depois de dois meses transfere ao Conselho Federal de Contabilidade (CFC) 1/5 desse valor.
    b) é creditado, direta e automaticamente, na proporção de 4/5 e de 1/5 nas contas, respectivamente, do Conselho Federal de Contabilidade (CFC) e dos Conselhos Regionais de Contabilidade (CRCs).

c) é creditado, direta e automaticamente, na proporção de 1/5 e de 4/5 nas contas, respectivamente, do Conselho Federal de Contabilidade (CFC) e dos Conselhos Regionais de Contabilidade (CRCs).

d) Todas estão erradas.

11. A carteira de identidade profissional expedida pelos Conselhos Regionais de Contabilidade (CRCs), com observância dos requisitos e do modelo estabelecidos pelo Conselho Federal de Contabilidade (CFC):
    a) substitui, para efeito de prova, o diploma do contabilista.
    b) tem fé pública.
    c) serve de documento de identidade para todos os fins.
    d) Todas estão corretas.

12. No caso de dissolução dos Conselhos de Contabilidade, seu patrimônio é:
    a) incorporado ao patrimônio do Conselho Federal de Contabilidade (CFC).
    b) vendido, e o produto da venda é distribuído entre os contabilistas remanescentes.
    c) incorporado ao Conselho Regional de Contabilidade (CRC) do estado vizinho.
    d) transferido a uma ou mais instituições sem fins lucrativos e dedicadas, única ou basicamente, ao controle da profissão, ao ensino, à pesquisa ou ao desenvolvimento da contabilidade.

14

TESTES DE EXAME DE SUFICIÊNCIA

Veja como os organizadores das provas dos Exames de Suficiência, supervisionados pelo Conselho Federal de Contabilidade (CFC), costumam cobrar dos candidatos os conhecimentos sobre ética.

1. (Bacharel em Ciências Contábeis – Edital 01/2012)
   Com relação aos deveres dos profissionais da contabilidade, de acordo com o Código de Ética Profissional do Contador (CEPC), julgue os itens abaixo e, em seguida, assinale a opção CORRETA.
   I – É dever do profissional da contabilidade comunicar ao Conselho Regional de Contabilidade (CRC) a mudança de seu domicílio ou endereço e da organização contábil de sua responsabilidade, bem como a ocorrência de outros fatos necessários ao controle e fiscalização profissional.
   II – Se substituído em suas funções, é dever do profissional da contabilidade informar ao substituto sobre fatos que devam chegar ao conhecimento desse, a fim de habilitá-lo para o bom desempenho das funções a serem exercidas.
   III – São deveres do profissional da contabilidade, entre outros, cumprir os Programas Obrigatórios de Educação Continuada estabelecidos pelo Conselho Federal de Contabilidade (CFC) e auxiliar a fiscalização do exercício profissional.
   Estão CORRETOS os itens:
   a) I, II e III.
   b) I e II, apenas.
   c) I e III, apenas.
   d) II e III, apenas.

2. (Bacharel em Ciências Contábeis – Edital 02/2012)

   Relacione os atenuantes ou agravantes a serem considerados na aplicação das sanções éticas com as situações apresentadas e, em seguida, assinale a opção CORRETA.

   a) ( ) Atenuantes das sanções éticas.
   b) ( ) Agravantes das sanções éticas.
   c) ( ) Ação cometida que resulte em ato que denigra publicamente a imagem do Profissional da Contabilidade.
   d) ( ) Ação desenvolvida em defesa de prerrogativa profissional.
   e) ( ) Ausência de punição ética anterior.
   f) ( ) Prestação de relevantes serviços à Contabilidade.
   g) ( ) Punição ética anterior transitada em julgado.

   A sequência CORRETA é:

   a) 1, 2, 1, 2, 1.
   b) 1, 2, 2, 2, 1.
   c) 2, 1, 1, 1, 2.
   d) 2, 1, 2, 1, 2.

3. (Bacharel em Ciências Contábeis – Edital 02/2012)

   Em relação à infração ética, assinale o item que apresenta apenas sanções previstas no Código de Ética Profissional do Contador (CEPC).

   a) Advertência reservada, censura reservada e multa.
   b) Advertência reservada, censura reservada e censura pública.
   c) Advertência pública, censura reservada e censura pública.
   d) Advertência pública, censura pública e multa.

4. (Bacharel em Ciências Contábeis – Edital 02/2012)

   Descumpre o Código de Ética Profissional do Contador (CEPC) o profissional da contabilidade que:

   a) transfere parcialmente a execução dos serviços a seu cargo a outro profissional da contabilidade, mantendo como sua a responsabilidade técnica.
   b) renuncia às funções que exerce logo que se positive falta de confiança por parte do cliente ou empregador, evitando declarações públicas sobre os motivos da renúncia.

c) recusa sua indicação como perito judicial quando reconheça não se achar capacitado em face da especialização requerida.

d) exerce a profissão demonstrando comprovada incapacidade técnica, além de não cumprir os Programas Obrigatórios de Educação Continuada estabelecidos pelo Conselho Federal de Contabilidade (CFC).

5. (Bacharel em Ciências Contábeis – Edital 01/2013)

Em uma ação judicial sobre lucros cessantes, o perito contador, nomeado pelo Juiz, ateve-se ao âmbito técnico e limitou-se aos quesitos propostos ao elaborar o laudo pericial. Apesar de estar pessoalmente convicto de que deveria ser dado ganho de causa à parte reclamante, não expôs sua opinião no documento que elaborou e assinou.

Em relação à situação descrita, é CORRETO afirmar que o perito:

a) agiu de acordo com o Código de Ética Profissional do Contador (CEPC), pois o citado código afirma que o contador, quando perito, deve abster-se de expender argumentos ou dar a conhecer sua convicção pessoal sobre os direitos de quaisquer das partes interessadas.

b) comportou-se de forma ética, limitando-se ao que foi contratado para fazer, porém, não em consequência de disposição expressa no Código de Ética Profissional do Contador (CEPC), pois o citado código não trata do assunto.

c) descumpriu o Código de Ética Profissional do Contador (CEPC), pois o citado código afirma que o contador deve exercer a profissão com zelo, diligência, honestidade e capacidade técnica, considerando os interesses dos clientes, sem prejuízo da dignidade e independência profissionais.

d) desperdiçou a oportunidade de posicionar-se como um bom profissional e demonstrar que sua capacidade ia além do serviço contratado, porém, não descumpriu disposição expressa no Código de Ética Profissional do Contador (CEPC), pois o citado código não trata do assunto.

6. (Bacharel em Ciências Contábeis – Edital 01/2013)

Determinada empresa atua em dois segmentos de negócio: retificadora de motores e revenda de peças para automóveis. O faturamento da empresa está crescendo e ameaça extrapolar o limite de receita bruta da modalidade tributária Lucro Presumido.

Para manter o enquadramento tributário, nos exercícios seguintes, o contador sugeriu ao proprietário, em dezembro, que desmembrasse a empresa em duas, sendo uma retificadora de motores e outra revenda de peças.

Considerando o estabelecido no Código de Ética Profissional do Contador (CEPC), a atitude do profissional citado:

a) infringiu o código de ética ao aconselhar o cliente contra disposições expressas nos Princípios de Contabilidade e nas Normas Brasileiras de Contabilidade (NBCs).

b) infringiu o código de ética ao propor ato contrário à legislação tributária e societária.

c) não infringiu o código de ética, mas agiu contra o empresário ao aumentar a complexidade das atividades administrativas.

d) não infringiu o referido código de ética, pois a atitude do contador pode ser considerada como planejamento tributário.

7. (Bacharel em Ciências Contábeis – Edital 01/2013)

Assinale, dentre os itens a seguir, aquele que representa um comportamento que NÃO infringe o Código de Ética Profissional do Contador (CEPC).

a) Evitar conceder declarações públicas sobre os motivos da renúncia às suas funções, motivada por falta de confiança por parte do cliente.

b) Exercer suas atividades profissionais demonstrando comprovada incapacidade técnica.

c) Oferecer ou disputar serviços profissionais com redução excessiva no valor dos honorários.

d) Valer-se de agenciador de serviços, mediante a participação desse nos honorários a receber.

8. (Técnico em Contabilidade – Edital 01/2013)

Descumpre o Código de Ética Profissional do Contador (CEPC) o profissional que:

a) escritura apenas o livro caixa para empresas, cuja escrituração contábil é dispensada pela autoridade tributária.

b) estabelece valores diferenciados de honorários nos contratos, em função do porte do cliente e do tempo necessário para atendê-lo.

c) publica anúncios em jornal de grande circulação, com indicação de títulos, especializações, serviços oferecidos e trabalhos realizados.

d) recusa encargo profissional em substituição a colega que dele tenha desistido para preservar os interesses da profissão.

9. (Técnico em Contabilidade – Edital 01/2013)

    Julgue as afirmativas com base no Código de Ética Profissional do Contador (CEPC) e, em seguida, assinale a opção CORRETA.

    I – Um contador deixou de registrar uma obrigação, caracterizada de acordo com a norma contábil como um passivo, por solicitação da administração da empresa para que o seu índice de liquidez melhorasse e, desta forma, conseguir aprovar um empréstimo que salvaria a empresa.

    II – Na avaliação de risco, o auditor considerou os controles internos relevantes para a elaboração e adequada apresentação das demonstrações financeiras da empresa e, também, para planejar os procedimentos de auditoria que são apropriados nas circunstâncias, mas não para fins de expressar uma opinião sobre a eficácia desses controles internos da empresa.

    III – Um contador aderiu a uma campanha que visa a defender os direitos da classe contábil, em relação às condições de trabalho apresentadas pelas empresas brasileiras, por entender que é o seu dever ser solidário com os profissionais da área contábil.

    Estão CORRETOS os itens:

    a) I e II, apenas.
    b) I e III, apenas.
    c) II e III, apenas.
    d) III, apenas.

10. (Técnico em Contabilidade – Edital 01/2013)

    Relacione os efeitos no julgamento das sanções éticas apresentadas na primeira coluna, com as situações relacionadas na segunda coluna e, em seguida, assinale a opção CORRETA.

    (1) Atenuantes   ( ) Punição ética anterior transitada em julgado.
    (2) Agravantes   ( ) Ação desenvolvida em defesa de prerrogativa profissional.
                  ( ) Prestação de relevantes serviços à contabilidade.
                  ( ) Ação cometida que resulte em ato que denigra publicamente a imagem do profissional de contabilidade.
                  ( ) Ausência de punição ética anterior.

    A sequência CORRETA é:

    a) 2, 1, 1, 2, 1.
    b) 2, 1, 1, 1, 2.
    c) 1, 2, 2, 1, 1.
    d) 1, 2, 2, 2, 2.

11. (Técnico em Contabilidade – Edital 01/2013 – adaptada)

De acordo com o Código de Ética Profissional do Contador (CEPC) e suas alterações, julgue as afirmações abaixo como verdadeiras (V) ou falsas (F) e, em seguida, assinale a opção CORRETA.

I – O contador tem que zelar pela sua competência exclusiva na orientação técnica dos serviços a seu cargo.

II – O contador não precisa guardar sigilo sobre o que sabe em razão do exercício profissional lícito, inclusive no âmbito do serviço público, pois, tanto na área pública como privada, as informações devem ser apresentadas sempre que solicitadas.

III – O contador tem que exercer a profissão com zelo, diligência, honestidade e capacidade técnica, observada toda a legislação vigente, em especial os Princípios de Contabilidade e as Normas Brasileiras de Contabilidade (NBCs), e resguardados os interesses de seus clientes e/ou empregadores, sem prejuízo da dignidade e independência profissionais.

A sequência CORRETA é:
a) F, F, F.
b) F, V, V.
c) V, F, V.
d) V, V, F.

12. (Técnico em Contabilidade – Edital 01/2013)

O contador transferiu o cálculo e o registro da folha de pagamento de determinada empresa para um profissional da contabilidade, seu ex-funcionário, mantendo como sua a responsabilidade técnica e remunerando o profissional por hora trabalhada. Considerando o estabelecido no Código de Ética Profissional do Contador (CEPC), a atitude do contador:

a) infringiu o código, pois está favorecendo uma pessoa de suas relações pessoais.
b) infringiu o código, pois se apropriou de trabalho desenvolvido por colega.
c) não infringiu o código, mas agiu contra a classe contábil em não possibilitar a livre concorrência.
d) não infringiu o código, pois o profissional da contabilidade poderá transferir parcialmente a execução dos serviços a seu cargo a outro profissional, mantendo sempre como sua a responsabilidade técnica.

13. (Bacharel em Ciências Contábeis – Edital 01/2014)

    Com base na conduta do profissional da contabilidade estabelecida no Código de Ética Profissional do Contador (CEPC), julgue as situações apresentadas nos itens abaixo e, em seguida, assinale a opção CORRETA.

    I – Em 15/4/2013, o contador foi contratado para assumir a contabilidade de um grupo empresarial. O contador contratado exigiu que, na publicação das demonstrações contábeis do exercício de 2012, elaboradas, supervisionadas, fiscalizadas e assinadas pelo contador anterior, apresentadas em 20/4/2013, fosse divulgado o seu nome como responsável técnico.

    II – Uma empresa de serviços contábeis colocou como cláusula de seus contratos de prestação de serviços contábeis o seguinte: "Cláusula 5ª. Na hipótese de inadimplência, a contratada se reserva no direito de não devolver a documentação da contratante até que o débito esteja totalmente quitado". Com base nesta cláusula, o contador estabeleceu que toda a documentação dos clientes inadimplentes deve permanecer retida no escritório, aguardando o pagamento das parcelas do serviço em aberto.

    III – Um contador se recusou a assinar uma demonstração contábil, pois foi efetuado registro contábil, autorizado pela administração, que implicava a produção de uma informação em desacordo com as Normas Brasileiras de Contabilidade (NBCs).

    Infringe(m) o Código de Ética Profissional do Contador (CEPC) a(s) situação(ões) descrita(s) no(s) item(ns):

    a) I, II e III.
    b) II, apenas.
    c) III, apenas.
    d) I e II, apenas.

14. (Bacharel em Ciências Contábeis – Edital 01/2014)

    Conforme estabelecido no Regulamento Geral dos Conselhos de Contabilidade, aprovado pela Resolução CFC n. 1.370/2011, julgue os itens abaixo como verdadeiros (V) ou falsos (F) e, em seguida, assinale a opção CORRETA.

    I – Qualquer que seja a forma de sua organização, a pessoa jurídica somente poderá explorar serviços contábeis, próprios ou de terceiros, depois que provar no Conselho Regional de Contabilidade (CRC) de sua jurisdição que os responsáveis pela parte técnica e os que executam trabalhos técnicos, no respectivo setor ou serviço, são profissionais em situação ativa e regular perante o CRC de seu registro.

II – É dispensado do registro profissional perante o Conselho Regional de Contabilidade (CRC) o profissional que ocupe, nos órgãos da administração pública, direta ou indireta e fundacional e nas empresas públicas, cargo ou função que envolva atividades que constituem prerrogativas dos contadores e dos técnicos em contabilidade.

III – Em relação à aplicação de penalidades por infrações cometidas, os sócios respondem solidariamente pelos atos relacionados ao exercício da profissão contábil praticados por profissionais ou por leigos em nome da organização contábil.

A sequência CORRETA é:
a) F, V, F.
b) F, V, V.
c) V, F, F.
d) V, F, V.

15. (Bacharel em Ciências Contábeis – Edital 01/2016)

Um profissional da contabilidade A foi contratado por uma empresa para a execução de um trabalho contábil especializado. Por tratar-se de um trabalho extenso, repassou, com a anuência por escrito do cliente, a maior parte dos serviços a um colega de profissão B, de reconhecida competência naquela especialidade. No ano seguinte, em virtude de um problema relevante ocorrido no trabalho realizado, o cliente cobrou a responsabilidade técnica do profissional A por ele contratado, o qual negou sua responsabilidade, alegando que os trabalhos foram realizados pelo seu colega B, conforme documentos elaborados e assinados pelo profissional terceirizado.

De acordo com o Código de Ética Profissional do Contador (CEPC), a atitude do contador contratado pela empresa foi:

a) correta, pois a maior parte do trabalho foi realizada por outro profissional.
b) correta, pois há documentos que comprovam que o trabalho foi realizado por outro profissional.
c) incorreta, pois ele não poderia repassar os serviços para outro profissional.
d) incorreta, pois mesmo repassando o trabalho, a responsabilidade técnica continua sendo sua.

16. (Bacharel em Ciências Contábeis – Edital 01/2016)

De acordo com o Código de Ética Profissional do Contador (CEPC) e as Normas Brasileiras de Contabilidade (NBCs), julgue os procedimentos hipotéticos a seguir e, em seguida, assinale a opção CORRETA.

I – As demonstrações contábeis da Sociedade Empresária foram elaboradas de acordo com o que foi definido entre o profissional de contabilidade e os gestores da sociedade. Assim, em decorrência dessas definições, as receitas foram reconhecidas quando recebidas e as despesas, quando pagas. Para efeito da elaboração do Balanço Patrimonial de 31/12/2014, o custo das mercadorias vendidas e entregues, provenientes das receitas não recebidas, foram transferidos da conta de estoque para contas a receber.

II – Um contador identificou e apresentou em seu relatório de auditoria, dirigido aos gestores de uma Sociedade Empresária objeto desta auditoria, diversos equívocos cometidos por um colega contador na aplicação das Normas Brasileiras de Contabilidade (NBC) editadas pelo Conselho Federal de Contabilidade (CFC), na elaboração das demonstrações contábeis.

III – Um profissional de contabilidade foi contratado para dar parecer sobre o procedimento contábil a ser adotado no reconhecimento de determinado ativo. Reconhecendo que o parecer poderia ser útil para outros profissionais, o contador resolveu publicá-lo em revista técnica, em seu nome, omitindo no relatório qualquer dado que remetesse à consulente.

Estão CORRETOS os procedimentos:

a) I e II, apenas.
b) I, II e III.
c) II e III, apenas.
d) II, apenas.

17. (Bacharel em Ciências Contábeis – Edital 01/2017)

Considerando a NBC PG 100 – APLICAÇÃO GERAL AOS PROFISSIONAIS DA CONTABILIDADE sobre os princípios éticos, julgue as atitudes do profissional da contabilidade como adequadas ou inadequadas nas situações hipotéticas apresentadas e, em seguida, assinale a opção CORRETA.

I – Um profissional da contabilidade com mais de 30 anos de experiência foi convidado pelo Sindicato dos Funcionários de uma empresa a emitir parecer a respeito da situação econômico-financeira dessa empresa. Após análise das Demonstrações Contábeis, o profissional constatou que a empresa apresenta fortes indícios de descontinuidade. Mas, por conhecer a empresa e manter laços de amizade com seus administradores, atestou, em seu parecer, que a empresa manter-se-á em operação por um futuro previsível.

II – Um profissional da contabilidade, ao executar uma assessoria para recuperação de uma empresa, obteve informações sobre o processo de fabricação de um produto com baixíssima rentabilidade. Um especialista no produto, que tem intenção de instalar uma outra indústria, perguntou sobre o segredo do processo de fabricação. O profissional da contabilidade se recusou a compartilhar tal informação, bloqueou qualquer contato do especialista, mas compartilhou as informações, sobre o produto e sobre o especialista, com outros amigos contadores. Considerando as situações hipotéticas apresentadas e os princípios éticos constantes na NBC PG 100 – APLICAÇÃO GERAL AOS PROFISSIONAIS DA CONTABILIDADE, a atitude do profissional da contabilidade foi:

a) adequada na situação 2 e inadequada na situação 1.
b) adequada nas situações 1 e 2.
c) inadequada nas situações 1 e 2.
d) inadequada na situação 2 e adequada na situação 1.

18. (Bacharel em Ciências Contábeis – Edital 01/2017)

A Resolução CFC n. 1.370, de 2011, que trata do Regulamento Geral dos Conselhos de Contabilidade, estabelece a competência dos Conselhos de Contabilidade, nos termos da delegação conferida pelo Decreto n. 9.295, de 1946.

Considerando a Resolução CFC n. 1.370, de 2011, assinale a alternativa que NÃO constitui competência dos Conselhos de Contabilidade.

a) Ajuizar responsabilização civil de profissional da contabilidade que tenha incorrido em prática inconsistente com as normas de relatório financeiro em vigor.
b) Registrar, fiscalizar, orientar e disciplinar, técnica e eticamente, o exercício da profissão contábil em todo o território nacional.
c) Regular sobre o Exame de Suficiência, o Cadastro de Qualificação Técnica e os Programas de Educação Continuada.
d) Editar Normas Brasileiras de Contabilidade (NBCs) de natureza técnica e profissional, bem como os Princípios Contábeis.

19. (Bacharel em Ciências Contábeis – Edital 02/2017)

De acordo com o Código de Ética Profissional do Contador (CEPC), julgue os itens a seguir como verdadeiros (V) ou falsos (F) e, em seguida, assinale a opção CORRETA.

I – A advertência reservada é uma das penalidades previstas pelo Código de Ética Profissional do Contador (CEPC).

II – Na aplicação das sanções éticas, pode ser considerada como atenuante a existência de punição ética anterior transitada em julgado.

III – O profissional da contabilidade poderá requerer desagravo público ao Conselho Regional de Contabilidade (CRC), quando atingido, pública e injustamente, no exercício de sua profissão.

A sequência CORRETA é:
a) F, F, F.
b) F, V, F.
c) V, F, V.
d) V, V, V.

20. (Bacharel em Ciências Contábeis – Edital 02/2017)

    De acordo com o Código de Ética Profissional do Contador (CEPC), assinale a alternativa INCORRETA.
    a) No desempenho de suas funções, é vedado ao profissional da contabilidade valer-se de agenciador de serviços, mediante participação desse nos honorários a receber.
    b) O profissional da contabilidade não poderá transferir parcialmente a execução dos serviços a seu cargo a outro profissional, mesmo que mantenha como sua a responsabilidade técnica.
    c) O profissional da contabilidade poderá transferir o contrato de serviços a seu cargo a outro profissional, com a anuência do cliente, sempre por escrito, de acordo com as normas expedidas pelo Conselho Federal de Contabilidade (CFC).
    d) O profissional da contabilidade, quando substituído em suas funções, deve informar ao substituto sobre fatos que devam chegar ao conhecimento desse, a fim de habilitá-lo para o bom desempenho das funções a serem exercidas.

21. (Bacharel em Ciências Contábeis – Edital 02/2018)

    Nos termos do código de ética profissional vigente, no desempenho de suas funções, é VEDADO ao contabilista:
    a) publicar ou distribuir trabalho científico ou técnico do qual tenha participado como coautor.
    b) reter, em qualquer circunstância, livros, papéis ou documentos, comprovadamente confiados a sua guarda.

c) guardar sigilo sobre o que souber em razão do exercício profissional lícito, inclusive no âmbito do serviço público.

d) assinar documentos ou peças contábeis elaboradas por outrem, alheio a sua orientação, supervisão e fiscalização.

22. (Bacharel em Ciências Contábeis – Edital 02/2018)

Analise as afirmativas a seguir.

I – A simples existência da moral já significa a presença da ética, já que os dois termos são sinônimos e representam a ciência que estuda e problematiza os valores e costumes da sociedade.

II – No caso da ética, todos os meios são justificáveis, não só aqueles que estão de acordo com os fins da própria ação. Em outras palavras, fins éticos não exigem meios éticos.

III – A ética profissional representa um conjunto de normas e valores morais que direcionam a conduta dos integrantes de determinada profissão e distingue-se do conceito de ética pessoal.

No que tange aos conceitos de ética geral pessoal e profissional, ética e moral, sociedade e ética, contabilidade na sociedade, está correto o que se afirma apenas em:

a) I.

b) III.

c) I e II.

d) II e III.

23. (Bacharel em Ciências Contábeis – Edital 02/2018)

Para que desenvolva com eficácia suas atividades, muitas são as virtudes que um profissional precisa ter; algumas são inerentes ao seu caráter, outras podem ser conquistadas. São virtudes necessárias ao profissional contabilista:

a) competência, desídia, confiabilidade.

b) imparcialidade, probidade, prudência.

c) hombridade, improbidade, humildade.

d) honestidade, pessoalidade, competência.

24. (Bacharel em Ciências Contábeis – Edital 02/2018)

Determinado escritório de contabilidade publicou anúncio em jornal de grande circulação local com os dizeres "seja nosso cliente e não pague imposto de renda". Com base no código de conduta do profissional contabilista, a oferta de serviços de forma promocional caracteriza, em regra:

a) retenção abusiva.

b) concorrência desleal.

c) apropriação indébita.

d) aviltamento de honorários.

25. (Bacharel em Ciências Contábeis – Edital 02/2018)

Nos termos da Resolução CFC n. 1370/2011, assinale a afirmativa correta:

a) Os Conselhos de Contabilidade gozam de imunidade tributária total em relação à renda e imunidade tributária parcial quanto aos seus bens e serviços.

b) O exercício da profissão contábil, tanto na área privada como na pública, constitui prerrogativa exclusiva dos contadores e dos técnicos em contabilidade.

c) Os empregados dos Conselhos de Contabilidade serão contratados em regime estatutário, por meio de concurso público, de acordo com resolução editada pelo Conselho Federal de Contabilidade (CFC).

d) Técnico em Contabilidade é o diplomado em curso de nível superior de dois anos de duração, em conformidade com as novas regras da Lei de Diretrizes e Bases da Educação Nacional (LDB).

26. (Bacharel em Ciências Contábeis – Edital 01/2019)

A legislação que regula a profissão contábil estabelece diversos direitos e deveres a serem observados pelos profissionais da classe contábil. Dentre os deveres previstos pela norma, é VEDADO ao contador:

a) publicar trabalho, científico ou técnico, assinado e sob sua responsabilidade.

b) indicar, em qualquer modalidade ou veículo de comunicação, os títulos e especializações por ele obtidos.

c) transferir o contrato de serviços a seu cargo a outro profissional, tendo a anuência por escrito do cliente.

d) auferir qualquer provento em função do exercício profissional que não decorra exclusivamente de sua prática lícita.

27. (Bacharel em Ciências Contábeis – Edital 01/2019)

O Conselho Federal de Contabilidade (CFC) é uma autarquia criada e regida por lei específica: o Decreto-Lei n. 9295/45. Cabe ao CFC as atividades a seguir, EXCETO:

a) fiscalizar o exercício da profissão contábil.

b) lavrar autos de infração em virtude de ilícitos tributários cometidos pelos contribuintes.

c) decidir, em última instância, recursos de penalidade imposta pelos Conselhos Regionais.

d) publicar o relatório anual de seus trabalhos, em que deverá figurar a relação de todos os profissionais registrados.

28. (Bacharel em Ciências Contábeis – Edital 01/2019)

O Código de Ética Profissional do Contador (CEPC) prevê os elementos que devem nortear o valor dos serviços a serem prestados. Ao apresentar o valor dos honorários em sua proposta de prestação de serviços profissionais, o contador deverá considerar os seguintes elementos, EXCETO:

a) o tempo que será consumido para a realização do trabalho.

b) o resultado lícito favorável que, para o contratante, advirá com o serviço prestado.

c) a relevância, o vulto, a complexidade, os custos e a dificuldade do serviço a executar.

d) as afirmações desproporcionais feitas sobre os serviços que oferece, a fim de que possam ser cobradas mais horas.

29. (Bacharel em Ciências Contábeis – Edital 02/2019)

João reside no Rio de Janeiro, onde cursa o Bacharelado em Ciências Contábeis na Universidade Federal do Rio de Janeiro (UFRJ), com previsão de concluir no final de 2019. Ele foi convidado a assumir, a partir de 2020, o cargo de contador na loja onde trabalhava; entretanto, para aceitar o convite teria que atender aos seguintes critérios, EXCETO:

a) ser aprovado no Exame de Suficiência.

b) estar capacitado para exercer as funções requeridas.

c) obter registro no Conselho Regional de Contabilidade (CRC) de São Paulo.

d) concluir o curso de Bacharelado em Ciências Contábeis reconhecido pelo Ministério da Educação.

30. (Bacharel em Ciências Contábeis – Edital 02/2019)

O contador Y foi contratado por uma empresa que realiza práticas ilícitas, especialmente lavagem de dinheiro, estando, inclusive, envolvida em esquema nacional de desvio de dinheiro. Ao perceber a conduta da empresa, é correto afirmar que o contador Y deverá:

a) solicitar à empresa vantagens para auxiliar nas operações fraudulentas e ilícitas.
b) denunciar às autoridades competentes, por ser um ato ilícito especialmente grave.
c) orientar a empresa contra as disposições legais e as Normas Brasileiras de Contabilidade (NBCs).
d) continuar prestando serviços à empresa, independentemente da realização de atos ilícitos.

ANEXO[1]

[1] As notas de rodapé constituem os comentários dos autores. (N. do E.)

1. DECRETO-LEI N. 9.295, DE 1946

Decreto-Lei n. 9.295, de 27 de maio de 1946.

Cria o Conselho Federal de Contabilidade, define as atribuições do Contador e do Guarda-livros e dá outras providências.

O Presidente da República, usando da atribuição que lhe confere o art. 180 da Constituição, decreta:

CAPÍTULO I – DO CONSELHO FEDERAL DE CONTABILIDADE E DOS CONSELHOS REGIONAIS

Art. 1º Ficam criados o Conselho Federal de Contabilidade e os Conselhos Regionais de Contabilidade, de acordo com o que preceitua o presente Decreto-Lei.

Art. 2º A fiscalização do exercício da profissão contábil, assim entendendo-se os profissionais habilitados como contadores e técnicos em contabilidade, será exercida pelo Conselho Federal de Contabilidade e pelos Conselhos Regionais de Contabilidade a que se refere o art. 1º (Parágrafo com redação dada pelo art. 76 da Lei n. 12.249, de 11 de junho de 2010).

Art. 3º Terá sua sede no Distrito Federal o Conselho Federal de Contabilidade, ao qual ficam subordinados os Conselhos Regionais.

Art. 4º (Revogado pelo Decreto-Lei n. 1.040, de 21 de outubro de 1969, com nova redação dada pela Lei 11.160, de 2005).

Art. 5º (Revogado pelo Decreto-Lei n. 1.040, de 21 de outubro de 1969).

Parágrafo único. (Revogado pelo Decreto-Lei n. 1.040, de 21 de outubro de 1969).

Art. 6º São atribuições do Conselho Federal de Contabilidade:

a) organizar o seu Regimento Interno;

b) aprovar os Regimentos Internos organizados pelos Conselhos Regionais, modificando o que se tornar necessário, a fim de manter a respectiva unidade de ação;

c) tomar conhecimento de quaisquer dúvidas suscitadas nos Conselhos Regionais e dirimi-las;

d) decidir, em última instância, os recursos de penalidade imposta pelos Conselhos Regionais;

e) publicar o relatório anual de seus trabalhos, em que deverá figurar a relação de todos os profissionais registrados.

f) regular acerca dos princípios contábeis, do Exame de Suficiência, do cadastro de qualificação técnica e dos programas de educação continuada; e editar Normas Brasileiras de Contabilidade de natureza técnica e profissional (Alínea acrescida pelo art. 76 da Lei n. 12.249, de 11 de junho de 2010).

Art. 7º Ao Presidente compete, além da direção do Conselho, a suspensão de qualquer decisão que o mesmo tome e lhe pareça inconveniente.

Parágrafo único. O ato da suspensão vigorará até novo julgamento do caso, para o qual o Presidente convocará segunda reunião no prazo de quinze dias, a contar de seu ato; e se, no segundo julgamento, o Conselho mantiver, por dois terços de seus membros, a decisão suspensa, esta entrará em vigor imediatamente.

Art. 8º Constitui renda do Conselho Federal de Contabilidade:

a) 1/5 (um quinto) da renda bruta de cada Conselho Regional nela não se compreendendo doações, legados e subvenções;

b) doação e legados;

c) subvenções dos governos.

Art. 9º Os Conselhos Regionais de Contabilidade serão organizados nos moldes do Conselho Federal, cabendo a este fixar-lhes o número de componentes, determinando a forma da eleição local para sua composição, inclusive do respectivo Presidente.[2]

Parágrafo único. O Conselho promoverá a instalação, nos estados, nos territórios e nos municípios dos órgãos julgados necessários, podendo estender-se a mais de um estado a ação de qualquer deles.

Art. 10. São atribuições dos Conselhos Regionais:

a) expedir e registrar a carteira profissional prevista no art. 17 (Alínea com redação dada pela Lei n. 9.710, de 3 de setembro de 1946);

b) examinar reclamações e representações escritas acerca dos serviços de registro e das infrações dos dispositivos legais vigentes, relativos ao exercício da profissão de contabilista, decidindo a respeito;

c) fiscalizar o exercício das profissões de contador e guarda-livros, impedindo e punindo as infrações e, bem assim, enviando às autoridades competentes minuciosos e documentados relatórios sobre fatos que apurarem, e cuja solução ou repressão não seja de sua alçada;

d) publicar relatório anual de seus trabalhos e a relação dos profissionais registrados;

e) elaborar a proposta de seu regimento interno, submetendo-o à aprovação do Conselho Federal de Contabilidade;

f) representar ao Conselho Federal de Contabilidade acerca de novas medidas necessárias, para regularidade do serviço e para fiscalização do exercício das profissões previstas na alínea b, deste artigo;

g) admitir a colaboração das entidades de classe nos casos relativos à matéria das alíneas anteriores.

Art. 11. A renda dos Conselhos Regionais será constituída do seguinte:

a) 4/5 da taxa de expedição das carteiras profissionais estabelecidas no art. 17 e seu Parágrafo único;

b) 4/5 das multas aplicadas conforme alínea b, do artigo anterior;

---

[2] O mandato dos presidentes dos Conselhos de Contabilidade é disciplinado pelo art. 3º do Decreto-Lei n. 1.040, de outubro de 1969. A forma de eleição para os CRCs está prevista no art. 4º do Decreto-Lei n. 1.040, de 21 de outubro de 1969, com redação dada pela Lei n. 5.730, de 8 de novembro de 1971.

c) 4/5 da arrecadação da anuidade prevista no art. 21 e seus parágrafos;

d) doações e legados;

e) subvenções dos Governos.

CAPÍTULO II – DO REGISTRO DA CARTEIRA PROFISSIONAL

Art. 12. Os profissionais a que se refere este Decreto-Lei somente poderão exercer a profissão após a regular conclusão do curso de Bacharelado em Ciências Contábeis, reconhecido pelo Ministério da Educação, aprovação em Exame de Suficiência e registro no Conselho Regional de Contabilidade a que estiverem sujeitos ("*Caput*" do artigo com redação dada pelo art. 76 da Lei n. 12.249, de 11 de junho de 2010).

§ 1º – O exercício da profissão, sem o registro a que alude este artigo, será considerado como infração do presente Decreto-Lei (Parágrafo único transformado em §1º pela Lei n. 12.249, de 11 de junho de 2010).

§ 2º – Os técnicos em contabilidade já registrados em Conselho Regional de Contabilidade e os que venham a fazê-lo até 1º de junho de 2015 têm assegurado o seu direito ao exercício da profissão (Parágrafo com redação dada pelo art. 76 da Lei n. 12.249, de 11 de junho de 2010).

Art. 13. Os profissionais punidos por inobservância do artigo anterior e seu Parágrafo único não poderão obter o registro sem provar o pagamento das multas em que houverem incorrido.

Art. 14. Se o profissional, registrado em qualquer dos Conselhos Regionais de Contabilidade, mudar de domicílio, fará visar, no Conselho Regional a que o novo local dos seus trabalhos estiver sujeito, a carteira profissional de que trata o art. 17. Considera-se que há mudança, desde que o profissional exerça qualquer das profissões, no novo domicílio, por prazo maior de noventa dias.

Art. 15. Os indivíduos, firmas, sociedades, associações, companhias e empresas em geral, e suas filiais que exerçam ou explorem, sob qualquer forma, serviços técnicos contábeis, ou a seu cargo tiverem alguma secção que a tal se destine, somente poderão executar os respectivos serviços depois de provarem, perante os Conselhos de Contabilidade, que os encarregados da parte técnica são exclusivamente profissionais habilitados e registrados na forma da lei.

Parágrafo único. As substituições dos profissionais obrigam à nova prova, por parte das entidades a que se refere este artigo.

Art. 16. O Conselho Federal organizará, anualmente, com as alterações havidas e em ordem alfabética, a relação completa dos registros, classificados conforme os títulos de habilitação e a fará publicar no Diário Oficial.

Art. 17. A todo profissional registrado de acordo com este Decreto-Lei será entregue uma carteira profissional, numerada, registrada e visada no Conselho Regional respectivo, a qual conterá (*"Caput"* do artigo com redação dada pela Lei n. 9.710, de 3 de setembro de 1946):

a) seu nome por extenso;

b) sua filiação;

c) sua nacionalidade e naturalidade;

d) a data do seu nascimento;

e) denominação da escola em que se formou ou declaração de sua categoria de provisionado;

f) a data em que foi diplomado ou provisionado, bem como, indicação do número do registro no órgão competente do Departamento Nacional de Educação;

g) a natureza do título ou dos títulos de sua habilitação;

h) o número do registro do Conselho Regional respectivo;

i) sua fotografia de frente e impressão dactiloscópica do polegar;

j) sua assinatura.

Parágrafo único. A expedição da carteira fica sujeita à taxa de Cr$ 30,00 (trinta cruzeiros).[3]

Art. 18. A carteira profissional substituirá o diploma ou o título de provisionamento para os efeitos legais; servirá de carteira de identidade e terá fé pública.

Art. 19. As autoridades federais, estaduais e municipais só receberão impostos relativos ao exercício da profissão de contabilista mediante exibição da carteira a que se refere o art. 18.

Art. 20. Todo aquele que, mediante anúncios, placas, cartões comerciais, ou outros meios, se propuser ao exercício da profissão de contabilista, em qualquer

---

[3] Em 2018 é de R$ 60,00.

de seus ramos, fica sujeito às penalidades aplicáveis ao exercício ilegal da profissão, se não estiver devidamente registrado.

Parágrafo único. Para fins de fiscalização, ficam os profissionais obrigados a declarar, em todo e qualquer trabalho realizado e nos elementos previstos neste artigo, a sua categoria profissional de contador ou guarda-livros, bem como o número de seu registro no Conselho Regional.

CAPÍTULO III – DA ANUIDADE DEVIDA AOS CONSELHOS REGIONAIS

Art. 21. Os profissionais registrados nos Conselhos Regionais de Contabilidade são obrigados ao pagamento da anuidade (Parágrafo com redação dada pelo art. 76 da Lei n. 12.249, de 11 de junho de 2010).

§ 1º – O pagamento da anuidade será efetuado até 31 de março de cada ano, devendo, no primeiro ano de exercício da profissão, realizar-se por ocasião de ser expedida a carteira profissional.

§ 2º – As anuidades pagas após 31 de março serão acrescidas de multa, juros de mora e atualização monetária, nos termos da legislação vigente (Parágrafo com redação dada pelo art. 76 da Lei n. 12.249, de 11 de junho de 2010).

§ 3º – Na fixação do valor das anuidades devidas ao Conselho Federal e aos Conselhos Regionais de Contabilidade, serão observados os seguintes limites:

I – R$ 380,00 (trezentos e oitenta reais), para pessoas físicas;

II – R$ 950,00 (novecentos e cinquenta reais), para pessoas jurídicas (Parágrafo acrescido pelo art. 76 da Lei n. 12.249, de 11 de junho de 2010).

§ 4º – Os valores fixados no § 3º deste artigo poderão ser corrigidos anualmente pelo Índice Nacional de Preços ao Consumidor Amplo – IPCA, calculado pela Fundação Instituto Brasileiro de Geografia e Estatística – IBGE (Parágrafo acrescido pelo art. 76 da Lei n. 12.249, de 11 de junho de 2010).

Art. 22. Às empresas ou a quaisquer organizações que explorem ramo dos serviços contábeis é obrigatório o pagamento de anuidade ao Conselho Regional da respectiva jurisdição ("*Caput*" do artigo com redação dada pelo art. 76 da Lei n. 12.249, de 11 de junho de 2010).

§ 1º – A anuidade deverá ser paga até o dia 31 de março, aplicando-se, após essa data, a regra do § 2º do art. 21 (Parágrafo com redação dada pelo art. 76 da Lei n. 12.249, de 11 de junho de 2010).

§ 2º – O pagamento da primeira anuidade deverá ser feito por ocasião da inscrição inicial no Conselho Regional.

Art. 23. O profissional ou a organização contábil que executarem serviços contábeis em mais de um Estado são obrigados a comunicar previamente ao Conselho Regional de Contabilidade no qual são registrados o local onde serão executados os serviços (Artigo com redação dada pelo art. 76 da Lei n. 12.249, de 11 de junho de 2010).

Art. 24. Somente poderão ser admitidos à execução de serviços públicos de contabilidade, inclusive à organização dos mesmos, por contrato particular, sob qualquer modalidade, o profissional ou pessoas jurídicas que provem quitação de suas anuidades e de outras contribuições a que estejam sujeitos.

CAPÍTULO IV – DAS ATRIBUIÇÕES PROFISSIONAIS

Art. 25. São considerados trabalhos técnicos de contabilidade:

a) organização e execução de serviços de contabilidade em geral;

b) escrituração dos livros de contabilidade obrigatórios, bem como de todos os necessários no conjunto da organização contábil e levantamento dos respectivos balanços e demonstrações;

c) perícias judiciais ou extrajudiciais, revisão de balanços e de contas em geral, verificação de haveres, revisão permanente ou periódica de escritas, regulações judiciais ou extra- judiciais de avarias grossas ou comuns, assistência aos Conselhos Fiscais das sociedades anônimas e quaisquer outras atribuições de natureza técnica conferidas por lei aos profissionais de contabilidade.

Art. 26. Salvo direitos adquiridos *ex-vi* do disposto no art. 2º do Decreto n. 21.033, de 8 de fevereiro de 1932, as atribuições definidas na alínea c do artigo anterior são privativas dos contadores diplomados.

CAPÍTULO V – DAS PENALIDADES

Art. 27. As penalidades ético-disciplinares aplicáveis por infração ao exercício legal da profissão são as seguintes (*"Caput"* do artigo com redação dada pelo art. 76 da Lei n. 12.249, de 11 de junho de 2010):

a) multa de 1 (uma) a 10 (dez) vezes o valor da anuidade do exercício em curso aos infratores dos arts. 12 e 26 deste Decreto-Lei (Alínea com redação dada pelo art. 76 da Lei n. 12.249, de 11 de junho de 2010);

b) multa de 1 (uma) a 10 (dez) vezes aos profissionais e de 2 (duas) a 20 (vinte) vezes o valor da anuidade do exercício em curso às empresas ou a quaisquer organizações contábeis, quando se tratar de infração dos arts. 15 e 20 e seus respectivos parágrafos (Alínea com redação dada pelo art. 76 da Lei n. 12.249, de 11 de junho de 2010);

c) multa de 1 (uma) a 5 (cinco) vezes o valor da anuidade do exercício em curso aos infratores de dispositivos não mencionados nas alíneas a e b ou para os quais não haja indicação de penalidade especial (Alínea com redação dada pelo art. 76 da Lei n. 12.249, de 11 de junho de 2010);

d) suspensão do exercício da profissão, pelo período de até 2 (dois) anos, aos profissionais que, dentro do âmbito de sua atuação e no que se referir à parte técnica, forem responsáveis por qualquer falsidade de documentos que assinarem e pelas irregularidades de escrituração praticadas no sentido de fraudar as rendas públicas (Alínea com redação dada pelo art. 76 da Lei n. 12.249, de 11 de junho de 2010);

e) suspensão do exercício da profissão, pelo prazo de 6 (seis) meses a 1 (um) ano, ao profissional com comprovada incapacidade técnica no desempenho de suas funções, a critério do Conselho Regional de Contabilidade a que estiver sujeito, facultada, porém, ao interessado a mais ampla defesa (Alínea com redação dada pelo art. 76 da Lei n. 12.249, de 11 de junho de 2010);

f) cassação do exercício profissional quando comprovada incapacidade técnica de natureza grave, crime contra a ordem econômica e tributária, produção de falsa prova de qualquer dos requisitos para registro profissional e apropriação indevida de valores de clientes confiados a sua guarda, desde que homologada por 2/3 (dois terços) do Plenário do Tribunal Superior de Ética e Disciplina (Alínea com redação dada pelo art. 76 da Lei n. 12.249, de 11 de junho de 2010);

g) advertência reservada, censura reservada e censura pública nos casos previstos no Código de Ética Profissional dos Contabilistas elaborado e aprovado pelos Conselhos Federal e Regionais de Contabilidade, conforme previsão do art. 10 do Decreto-Lei no 1.040, de 21 de outubro de 1969 (Alínea com redação dada pelo art. 76 da Lei n. 12.249, de 11 de junho de 2010);

Art. 28. São considerados como exercendo ilegalmente a profissão e sujeitos à pena estabelecida na alínea a do artigo anterior:

a) os profissionais que desempenharem quaisquer das funções específicas na alínea c, do art. 25, sem possuírem, devidamente legalizado, o título a que se refere o art. 26 deste Decreto-Lei;

b) os profissionais que, embora legalmente habilitados, não fizerem, ou com referência a eles não for feita, a comunicação exigida no art. 15 e seu Parágrafo único.

Art. 29. O profissional suspenso do exercício da profissão fica obrigado a depositar a carteira profissional no Conselho Regional de Contabilidade que tiver aplicado a penalidade, até a expiração do prazo de suspensão, sob pena de apreensão desse documento.

Art. 30. A falta de pagamento de multa devidamente confirmada importará, decorridos trinta (30) dias da notificação, em suspensão, por noventa dias, do profissional ou da organização que nela tiver incorrido.

Art. 31. As penalidades estabelecidas neste Capítulo não isentam de outras, em que os infratores hajam incorrido, por violação de outras leis.

Art. 32. Das multas impostas pelos Conselhos Regionais poderá, dentro do prazo de sessenta dias, contados da notificação, ser interposto recurso, sem efeito suspensivo, para o Conselho Federal de Contabilidade.

§ 1º – Não se efetuando amigavelmente o pagamento das multas, serão estas cobradas pelo executivo fiscal, na forma da legislação vigente.

§ 2º – Os autos de infração, depois de julgados definitivamente, contra o infrator, constituem títulos de dívida líquida e certa para efeito de cobrança a que se refere o parágrafo anterior.

§ 3º – São solidariamente responsáveis pelo pagamento das multas os infratores e os indivíduos, firmas, sociedades, companhias, associações ou empresas a cujos serviços se achem.

Art. 33. As penas de suspensão do exercício serão impostas aos profissionais pelos Conselhos Regionais, com recurso para o Conselho Federal de Contabilidade.

Art. 34. As multas serão aplicadas no grau máximo quando os infratores já tiverem sido condenados, por sentença passada em julgado, em virtude da violação de dispositivos legais.

Art. 35. No caso de reincidência da mesma infração, praticada dentro do prazo de dois anos, a penalidade será elevada ao dobro da anterior.

CAPÍTULO VI – DISPOSIÇÕES GERAIS

Art. 36. Aos Conselhos Regionais de Contabilidade fica cometido o encargo de dirimir quaisquer dúvidas suscitadas acerca das atribuições de que trata o Capítulo IV, com recurso suspensivo para o Conselho Federal de Contabilidade, a quem compete decidir em última instância sobre a matéria.

Art. 36-A. Os Conselhos Federal e Regionais de Contabilidade apresentarão anualmente a prestação de suas contas aos seus registrados (Artigo acrescido pelo art. 77 da Lei n. 12.249, de 11 de junho de 2010).

Art. 37. A exigência da carteira profissional de que trata o Capítulo II somente será efetiva a partir de 180 dias, contados da instalação do respectivo Conselho Regional.

Art. 38. Enquanto não houver associações profissionais ou sindicatos em algumas das regiões econômicas a que se refere a letra b, do art. 4º, a designação dos respectivos representantes caberá ao Delegado Regional do Trabalho, ou ao Diretor do Departamento Nacional do Trabalho, conforme a jurisdição onde ocorrer a falta.

Art. 39. A renovação de um terço dos membros do Conselho Federal, a que alude o Parágrafo único do art. 5º, far-se-á no primeiro Conselho mediante sorteio para os dois triênios subsequentes (Artigo com redação dada pela Lei n. 9.710, de 3 de setembro de 1946).

Art. 40. O presente Decreto-Lei entrará em vigor trinta (30) dias após sua publicação no Diário Oficial.

Art. 41. Revogam-se as disposições em contrário.

Rio de Janeiro, 27 de maio de 1946.

EURICO GASPAR DUTRA
Presidente

2. DECRETO-LEI N. 1.040, DE 1969

Decreto-Lei n. 1.040, de 21 de outubro de 1969.

Dispõe sobre os Conselhos Federal e Regionais de Contabilidade, regula a eleição de seus membros, e dá outras providências.

OS MINISTROS DA MARINHA DE GUERRA, DO EXÉRCITO E DA AERONÁUTICA MILITAR, usando das atribuições que lhes confere o art. 3º do Ato Institucional n. 16, de 14 de outubro de 1969, combinado com o § 1º do art. 2º do Ato Institucional n. 5, de 13 de dezembro de 1968,

DECRETAM:

Art. 1º O Conselho Federal de Contabilidade – CFC será constituído por 1 (um) representante efetivo de cada Conselho Regional de Contabilidade – CRC, e respectivo suplente, eleitos para mandatos de 4 (quatro) anos, com renovação a cada biênio, alternadamente, por 1/3 (um terço) e 2/3 (dois terços). (Art. 1º, *caput*, com redação dada pela Lei n. 11.160, de 2005).

§ 1º – Os Conselhos Federal e Regionais de Contabilidade serão compostos por contadores e, no mínimo, por um representante dos técnicos em contabilidade, que será eleito no pleito para a renovação de 2/3 (dois terços) do Plenário (§ 1º com redação dada pela Lei n. 12.932, de 26 de dezembro de 2013).

a) (Revogado pela Lei n. 12.932, de 26 de dezembro de 2013).

b) (Revogado pela Lei n. 12.932, de 26 de dezembro de 2013).

§ 2º – Os ex-presidentes do Conselho Federal de Contabilidade terão assento no Plenário, na qualidade de membros honorários, com direito somente a voz nas sessões (NR). (§ 2º com redação dada pela Lei n. 12.932, de 26 de dezembro de 2013).

Art. 2º Os membros do Conselho Federal de Contabilidade e respectivos suplentes serão eleitos por um colégio eleitoral composto de um representante de cada Conselho Regional de Contabilidade, por este eleito em reunião especialmente convocada (Art. 2º, *caput*, com redação dada pela Lei n. 5.730, de 8 de novembro de 1971).

§ 1º – O colégio eleitoral convocado para a composição do Conselho Federal reunir-se-á, preliminarmente, para exame, discussão, aprovação e registro das chapas concorrentes, realizando as eleições 24 (vinte e quatro) horas após a sessão preliminar (§ 1º com redação dada pela Lei n. 5.730, de 8 de novembro de 1971).

§ 2º – O terço a ser renovado em 1971 terá mandato de quatro anos, a iniciar-se em 1º de janeiro de 1972, em substituição ao terço, cujos mandatos se encerram a 31 de dezembro de 1971 (§ 2º com redação dada pela Lei n. 5.730, de 8 de novembro de 1971).

§ 3º – (Revogado pelo art. 3º do Decreto-Lei n. 2.299, de 21 de novembro de 1986).

Art. 3º Os Presidentes dos Conselhos Federal e Regionais terão mandato de 2 (dois) anos e serão eleitos dentre seus respectivos membros contadores, admitida uma única reeleição consecutiva, não podendo o período presidencial ultrapassar o término do mandato como Conselheiro.

Art. 4º Os membros dos Conselhos Regionais de Contabilidade e os respectivos suplentes serão eleitos pelo sistema de eleição direta, através do voto pessoal, secreto e obrigatório, aplicando-se pena de multa em importância correspondente a até o valor da anuidade, ao contabilista que deixar de votar sem causa justificada (Art. 4º com redação dada pela Lei n. 5.730, de 8 de novembro de 1971).

Art. 5º As eleições para o Conselho Federal e para os Conselhos Regionais serão realizadas, no máximo, 60 (sessenta) dias e, no mínimo, 30 (trinta) dias antes do término dos mandatos.

Art. 6º O mandato dos membros e respectivos suplentes do Conselho Federal e dos Conselhos Regionais de Contabilidade será de 4 (quatro) anos, renovando-se a sua composição de 2 (dois) em 2 (dois) anos, alternadamente, por 1/3 (um terço) e por 2/3 (dois terços). (Art. 6º com redação dada pela Lei n. 5.730, de 8 de novembro de 1971).

Art. 7º O exercício do mandato de membro do Conselho Federal e dos Conselhos Regionais de Contabilidade, assim como a respectiva eleição, mesmo na condição de suplente, ficarão subordinados, além das exigências constantes do art. 530 da Consolidação das Leis do Trabalho e legislação complementar, ao preenchimento dos seguintes requisitos e condições básicas:

a) cidadania brasileira;

b) habilitação profissional na forma da legislação em vigor;

c) pleno gozo dos direitos profissionais, civis e políticos;

d) inexistência da condenação por crime contra o fisco ou contra a segurança nacional.

Parágrafo único. A receita dos Conselhos Federal e Regionais de Contabilidade só poderá ser aplicada na organização e funcionamento de serviços úteis à fiscalização do exercício profissional (...). A segunda parte do Parágrafo único do art. 7º foi revogada pela Lei n. 6.994, de 26 de maio de 1982. A Lei n. 6.994, de 1982 foi revogada pela Lei n. 8.906, de 4 de julho de 1994 (Art. 7º com redação dada pela Lei n. 5.730, de 8 de novembro de 1971).

Art. 8º Aos servidores dos Conselhos Federal e Regionais de Contabilidade se aplicará o regime jurídico da Consolidação das Leis do Trabalho.

Art. 9º As eleições do corrente ano para os Conselhos Federal e Regionais de Contabilidade serão realizadas, nos termos deste Decreto-Lei, até os dias 30 de novembro e 20 de dezembro, respectivamente, ficando sem efeito as eleições realizadas nos termos do Decreto-Lei n. 877, de 16 de dezembro de 1969.

Art. 10. O Conselho Federal de Contabilidade, com a participação de todos os Conselhos Regionais, promoverá a elaboração e aprovação do Código de Ética Profissional dos Contabilistas.

Parágrafo único. O Conselho Federal de Contabilidade funcionará como Tribunal Superior de Ética Profissional.

Art. 11. Este Decreto-Lei entra em vigor na data de sua publicação, revogado o Decreto-Lei n. 877, de 16 de setembro de 1969, e demais disposições em contrário.

Brasília, 21 de outubro de 1969.

AUGUSTO HAMANN RADEMAKER GRÜNEWALD
AURÉLIO DE LYRA TAVARES
MÁRCIO DE SOUZA E MELLO

3. RESOLUÇÃO CFC N. 96, DE 1958

Resolução CFC n. 96, de 10 de setembro de 1958.

Nova denominação à profissão de Guarda-Livros.

O **CONSELHO FEDERAL DE CONTABILIDADE**, considerando que, pela Lei n. 3.384, de 28 de abril de 1958, foi dada denominação à profissão de Guarda--Livros; e

CONSIDERANDO o que consta do processo n. 776, de 1957,

RESOLVE:

a) a profissão de contabilista, de que trata o art. 2º do Decreto-Lei n. 9.295, de 27 de maio de 1946, compreende duas categorias: contador e técnico em contabilidade;

b) os possuidores das antigas carteiras profissionais de guarda-livros poderão substituí-las pelas do novo modelo;

c) ficam revogadas as disposições em contrário.

Amaro Soares de Andrade
Presidente

4. RESOLUÇÃO CFC N. 1.328, DE 2011

Resolução CFC n. 1.328, de 2011.

Dispõe sobre a Estrutura das Normas Brasileiras de Contabilidade.

O **CONSELHO FEDERAL DE CONTABILIDADE**, no exercício de suas atribuições legais e regimentais, e com fundamento no disposto na alínea "f" do art. 6º do Decreto-Lei n. 9.295, de 1946, alterado pela Lei n. 12.249, de 2010,

CONSIDERANDO o processo de convergência das Normas Brasileiras de Contabilidade aos padrões internacionais;

CONSIDERANDO que a técnica legislativa utilizada no desenvolvimento das Normas Brasileiras de Contabilidade, quando comparada com a linguagem utilizada nas normas internacionais, pode significar, ou sugerir, a eventual adoção de diferentes procedimentos técnicos no Brasil;

CONSIDERANDO que os organismos internacionais da profissão, responsáveis pela edição das normas internacionais, estão atualizando e editando novas normas, de forma continuada;

CONSIDERANDO a necessidade de redefinição e revisão da atual estrutura das Normas Brasileiras de Contabilidade, de forma que ela se apresente alinhada e convergente aos padrões internacionais,

RESOLVE:

Art. 1º As Normas Brasileiras de Contabilidade editadas pelo Conselho Federal de Contabilidade (CFC) devem seguir os mesmos padrões de elaboração e estilo utilizados nas normas internacionais e compreendem as Normas propriamente ditas, as Interpretações Técnicas e os Comunicados Técnicos.

Art. 2º As Normas Brasileiras de Contabilidade classificam-se em Profissionais e Técnicas.

Parágrafo único. As Normas Brasileiras de Contabilidade, sejam elas Profissionais ou Técnicas, estabelecem preceitos de conduta profissional e padrões e procedimentos técnicos necessários para o adequado exercício profissional.

Art. 3º As Normas Brasileiras de Contabilidade Profissionais se estruturam conforme segue:

I – Geral – NBC PG – são as Normas Brasileiras de Contabilidade aplicadas indistintamente a todos os profissionais de Contabilidade;

II – do Auditor Independente – NBC PA – são as Normas Brasileiras de Contabilidade aplicadas, especificamente, aos contadores que atuam como auditores independentes;

III - do Auditor Interno - NBC PI - são as Normas Brasileiras de Contabilidade aplicadas especificamente aos contadores que atuam como auditores internos;

IV - do Perito - NBC PP - são as Normas Brasileiras de Contabilidade aplicadas especificamente aos contadores que atuam como peritos contábeis.

Art. 4º As Normas Brasileiras de Contabilidade Técnicas se estruturam conforme segue:

I - Geral - NBC TG - são as Normas Brasileiras de Contabilidade convergentes com as normas internacionais emitidas pelo International Accounting Standards Board (IASB); e as Normas Brasileiras de Contabilidade editadas por necessidades locais, sem equivalentes internacionais;

II - do Setor Público - NBC TSP - são as Normas Brasileiras de Contabilidade aplicadas ao Setor Público, convergentes com as Normas Internacionais de Contabilidade para o Setor Público, emitidas pela International Federation of Accountants (IFAC); e as Normas Brasileiras de Contabilidade aplicadas ao Setor Público editadas por necessidades locais, sem equivalentes internacionais;

III - de Auditoria Independente de Informação Contábil Histórica - NBC TA - são as Normas Brasileiras de Contabilidade aplicadas à Auditoria convergentes com as Normas Internacionais de Auditoria Independente emitidas pela IFAC;

IV - de Revisão de Informação Contábil Histórica - NBC TR - são as Normas Brasileiras de Contabilidade aplicadas à Revisão convergentes com as Normas Internacionais de Revisão emitidas pela IFAC;

V - de Asseguração de Informação Não Histórica - NBC TO - são as Normas Brasileiras de Contabilidade aplicadas à Asseguração convergentes com as Normas Internacionais de Asseguração emitidas pela IFAC;

VI - de Serviço Correlato - NBC TSC - são as Normas Brasileiras de Contabilidade aplicadas aos Serviços Correlatos convergentes com as Normas Internacionais para Serviços Correlatos emitidas pela IFAC;

VII - de Auditoria Interna - NBC TI - são as Normas Brasileiras de Contabilidade aplicáveis aos trabalhos de Auditoria Interna;

VIII - de Perícia - NBC TP - são as Normas Brasileiras de Contabilidade aplicáveis aos trabalhos de Perícia;

IX - de Auditoria Governamental - NBC TAG - são as Normas Brasileiras de Contabilidade aplicadas à Auditoria Governamental convergentes com as Normas Internacionais de Auditoria Governamental emitidas pela Organização Internacional de Entidades Fiscalizadoras Superiores (INTOSAI).

Parágrafo único. As normas de que trata o inciso I do *caput* são segregadas em:

a) **Normas completas** que compreendem as normas editadas pelo CFC a partir dos documentos emitidos pelo CPC que estão convergentes com as normas do IASB, numeradas de 00 a 999;

b) **Normas simplificadas para PMEs** que compreendem a norma de PME editada pelo CFC a partir do documento emitido pelo IASB, bem como as ITs e os CTs editados pelo CFC sobre o assunto, numerados de 1.000 a 1.999;

c) **Normas específicas** que compreendem as ITs e os CTs editados pelo CFC sobre entidades, atividades e assuntos específicos, numerados de 2.000 a 2.999.

Art. 5º A Interpretação Técnica tem por objetivo esclarecer a aplicação das Normas Brasileiras de Contabilidade, definindo regras e procedimentos a serem aplicados em situações, transações ou atividades específicas, sem alterar a substância dessas normas.

Art. 6º O Comunicado Técnico tem por objetivo esclarecer assuntos de natureza contábil, com a definição de procedimentos a serem observados, considerando os interesses da profissão e as demandas da sociedade.

Art. 7º As Normas são identificadas conforme segue:

I – a Norma Brasileira de Contabilidade é identificada pela sigla NBC, seguida das letras conforme disposto nos arts. 3º e 4º, numeração específica em cada agrupamento, seguido de hífen e denominação. Por exemplo: NBC PA 290 – "Denominação"; NBC TG 01 – "Denominação";

II – a Interpretação Técnica é identificada pela sigla IT, seguida da letra ou letras e numeração do grupo a que pertence conforme disposto nos arts. 3º e 4º, seguida de hífen e denominação. Por exemplo: ITG 01 – "Denominação"; ITSP 01 – "Denominação";

III – o Comunicado Técnico é identificado pela sigla CT, seguida da letra ou letras e numeração do grupo a que pertence conforme disposto nos arts. 3º e 4º, seguido de hífen e denominação. Por exemplo: CTG 01 – "Denominação"; CTSP 01 – "Denominação";

IV – As Normas, Interpretações e Comunicados alterados devem ser identificados pela letra "R" de revisão, seguida do número da revisão realizada (Criado pela Resolução CFC n. 1.443, de 2013). (Revogado pela Resolução CFC n. 1.548, de 2018).

Art. 7º-A Para alteração de Norma Brasileira de Contabilidade, de Interpretação Técnica e de Comunicado Técnico, serão observados os seguintes casos e condições:

I – alteração total: nos casos de alteração redacional de toda a norma, interpretação ou comunicado, deverá ser mantida a sigla e identificada a nova redação pela letra "R", seguida do número sequencial (Ex: NBC PA 290 (R1); ITG 01 (R1); CTG 01 (R1)).

II – alteração parcial: nos casos de alteração, exclusão ou inclusão de item(ns) da norma, interpretação ou comunicado, deverá ser editado documento denominado "Revisão NBC" seguido da numeração inicial 01 e seguintes (Ex: Revisão NBC 01, Revisão NBC 02, Revisão NBC 03, ...).

§ 1º – A alteração, inclusão e revogação de dispositivo deverão ser consolidadas na respectiva norma, fazendo referência à "Revisão NBC", sem alterar a sigla da norma modificada.

§ 2º – O dispositivo alterado ou revogado deve ser tachado, permanecendo no corpo da norma alterada.

§ 3º – As alterações incluídas na norma não alteram a letra "R + numeração" na sigla de normas vigentes (Incluído pela Resolução CFC n. 1.548, de 2018).

Art. 8º As Normas Brasileiras de Contabilidade, com exceção dos Comunicados Técnicos, devem ser submetidas à audiência pública com duração mínima de 30 (trinta) dias.

Art. 9º A inobservância às Normas Brasileiras de Contabilidade constitui infração disciplinar sujeita às penalidades previstas nas alíneas de "c" a "g" do art. 27 do Decreto-Lei n. 9.295, de 1946, alterado pela Lei n. 12.249, de 2010, e ao Código de Ética Profissional do Contador.

Art. 10. As Normas Brasileiras de Contabilidade, tanto as Profissionais quanto as Técnicas, editadas pelo Conselho Federal de Contabilidade continuarão vigendo com a identificação que foi definida nas Resoluções CFC n. 751, de 1993, n. 1.156, de 2009, e n. 1.298, de 2010, até serem alteradas ou revogadas mediante a emissão de novas normas em conformidade com as disposições previstas nesta Resolução.

Art. 11. Fica revogada a Resolução CFC n. 1.298, de 2010, publicada no DOU, Seção 1, de 21 de setembro de 2010.

Art. 12. Esta Norma entra em vigor na data de sua publicação.

Brasília, 18 de março de 2011.

Contador Juarez Domingues Carneiro
Presidente
Ata CFC n. 948

5. RESOLUÇÃO CFC N. 1.486, DE 2015

Resolução CFC n. 1.486, de 15 de maio de 2015.

Regulamenta o Exame de Suficiência como requisito para obtenção de Registro Profissional em Conselho Regional de Contabilidade (CRC).

O **CONSELHO FEDERAL DE CONTABILIDADE**, no exercício de suas atribuições legais e regimentais,

CONSIDERANDO que o disposto no art. 12 do Decreto-Lei n. 9.295, de 1946, com redação dada pela Lei n. 12.249, de 2010, prescreve que os profissionais de que trata o referido Decreto somente poderão exercer a profissão após a regular conclusão do respectivo curso, reconhecido pelo Ministério da Educação, aprovação em Exame de Suficiência e registro no Conselho Regional de Contabilidade a que estiverem sujeitos;

CONSIDERANDO que, a partir de 1º de junho de 2015, o CFC não realizará mais Exame para a categoria de Técnico em Contabilidade, conforme o disposto no § 2º do art. 12 do Decreto-Lei n. 9.295, de 1946, com redação dada pela Lei n. 12.249, de 2010;

CONSIDERANDO a competência do Conselho Federal de Contabilidade em regular sobre o Exame de Suficiência, conforme estabelece na alínea "f" do art. 6º do Decreto-Lei n. 9.295, de 1946,

RESOLVE:

CAPÍTULO I – DO CONCEITO E OBJETIVO

Art. 1º Exame de Suficiência é a prova de equalização destinada a comprovar a obtenção de conhecimentos médios, consoante os conteúdos programáticos desenvolvidos no curso de Bacharelado em Ciências Contábeis.

Parágrafo único. O Exame de Suficiência, que visa à obtenção de registro na categoria Contador, pode ser prestado pelos bacharéis e estudantes do último ano letivo do curso de Ciências Contábeis.

Art. 2º A aprovação em Exame de Suficiência constitui um dos requisitos para a obtenção de registro profissional em Conselho Regional de Contabilidade.

CAPÍTULO II – DA PERIODICIDADE, APLICABILIDADE E APROVAÇÃO NO EXAME

Art. 3º O Exame será aplicado 2 (duas) vezes ao ano, em todo o território nacional, sendo uma edição a cada semestre, em data e hora a serem fixadas em edital, por deliberação do Plenário do Conselho Federal de Contabilidade, com antecedência mínima de 60 (sessenta) dias da data da sua realização.

Art. 4º O candidato será aprovado se obtiver, no mínimo, 50% (cinquenta por cento) dos pontos possíveis.

Art. 5º A aprovação em Exame de Suficiência, como um dos requisitos para obtenção de registro em CRC, será exigida do Bacharel em Ciências Contábeis.

CAPÍTULO III – DA PROVA E DO CONTEÚDO PROGRAMÁTICO

Art. 6º O Exame de Suficiência será composto de uma prova para os Bacharéis em Ciências Contábeis, obedecidas às seguintes condições e áreas de conhecimentos:

I. Contabilidade Geral;

II. Contabilidade de Custos;

III. Contabilidade Aplicada ao Setor Público;

IV. Contabilidade Gerencial;

V. Controladoria;

VI. Teoria da Contabilidade;

VII. Legislação e Ética Profissional;

VIII. Princípios de Contabilidade e Normas Brasileiras de Contabilidade;

IX. Auditoria Contábil;

X. Perícia Contábil;

XI. Noções de Direito;

XII. Matemática Financeira e Estatística;

XIII. Língua Portuguesa.

Parágrafo único. Compete ao Conselho Federal de Contabilidade ou à instituição/empresa contratada, elaborar e divulgar, de forma obrigatória no Edital, os conteúdos programáticos das respectivas áreas que serão exigidos na prova para Bacharéis em Ciências Contábeis.

Art. 7º A prova deve ser elaborada com questões objetivas, múltipla escolha, podendo-se, a critério do CFC, incluir questões para respostas dissertativas.

CAPÍTULO IV – DA REALIZAÇÃO E APLICAÇÃO DO EXAME

Art. 8º Para a realização do Exame, o Conselho Federal de Contabilidade constituirá uma Comissão de Acompanhamento do Exame.

Parágrafo único. A Comissão de Acompanhamento do Exame será formada por 6 membros contadores, obedecendo-se o mínimo de 3 conselheiros do CFC, com mandato de 2 (dois) anos, não podendo ultrapassar o término do mandato como conselheiro, e deve ser presidida pelo(a) vice-presidente de Registro, que acompanhará a realização do Exame.

Art. 9º A elaboração e aplicação da prova poderão ser realizadas por instituição contratada pelo Conselho Federal de Contabilidade, cabendo aos CRCs colaborar, naquilo que lhe couber, na realização do Exame.

Art. 10. O processo de aplicação da prova de Exame de Suficiência será supervisionado, em âmbito nacional, pela Comissão de Acompanhamento do Exame.

CAPÍTULO V – DOS RECURSOS DA PROVA DO EXAME

Art. 11. O candidato poderá interpor recurso contra o gabarito da prova e do resultado final dentro dos prazos e instâncias definidos previamente em edital.

CAPÍTULO VI – PRAZO PARA REQUERIMENTO DO REGISTRO

Art. 12. Ocorrendo a aprovação no Exame de Suficiência, o Conselho Regional de Contabilidade disponibilizará ao candidato a Certidão de Aprovação, para ser apresentada quando da solicitação do registro profissional.

§ 1º – Revogado pela Resolução CFC n. 1.518, de 2016, publicada no DOU de 14 de dezembro de 2016, seção 1.

§ 2º – Em caso de aprovação no Exame, o candidato a que se refere este artigo somente poderá obter registro profissional após atendido a todos os requisitos previstos no art. 12 do Decreto-Lei n. 9.295, de 1946, e conforme previsto na Resolução que disciplina a matéria, não obstante a exigência contida no § 1º do art. 12 desta norma.

CAPÍTULO VII – DAS DISPOSIÇÕES GERAIS

Art. 13. O Conselho Federal de Contabilidade (CFC) e os Conselhos Regionais de Contabilidade (CRCs), seus conselheiros efetivos e suplentes, seus empregados, seus delegados e os integrantes da Comissão de Acompanhamento do Exame não poderão participar de cursos preparatórios para os candidatos ao Exame de Suficiência, bem como não poderão oferecê-los ou apoiá-los, a qualquer título, sob pena de aplicação das penalidades cabíveis.

Art. 14. O Conselho Federal de Contabilidade (CFC) desenvolverá campanha publicitária no sentido de esclarecer e divulgar o Exame de Suficiência, sendo de competência dos Conselhos Regionais de Contabilidade (CRCs) o reforço dessa divulgação nas suas jurisdições.

Art. 15. Ao Conselho Federal de Contabilidade (CFC) caberá adotar as providências necessárias ao atendimento do disposto na presente Resolução, bem como dirimir todas as dúvidas e interpretá-las.

Parágrafo único. Nas questões consideradas urgentes, aplicar-se-á o inciso XXII, art. 27 da Resolução CFC n. 1.458, de 2013.

Art. 16. Esta Resolução entra em vigor a partir de 1º de junho de 2015, revogadas as disposições em contrário.

Brasília, 15 de maio de 2015.

Contador José Martonio Alves Coelho
Presidente
ATA CFC n. 1006

REFERÊNCIAS

ABBAGNANO, N. *Dicionário de filosofia*. Trad. coord. Alfredo Bosi. São Paulo: Mestre Jou, 1962.

A escolha de Sofia. Direção e roteiro de Alan J. Pakula. Universal Pictures, ITC Entertainment. Estados Unidos, 1982.

AGUILAR, F. J. *A Ética nas empresas*. Trad. Ruy Jungmann. Rio de Janeiro: Jorge Zahar, 1996.

AHNER, G. *Ética nos negócios*: construir uma vida, não apenas ganhar a vida. Trad. Bárbara Teoto Lambert. São Paulo: Paulinas, 2009.

ALONSO, F. R. Revisitando os fundamentos da ética. In: COIMBRA, J. Á. A. (Org.). *Fronteiras da ética*. São Paulo: Senac, 2002.

ANSCOMBE, G. E. M. Modern moral philosophy. *Philosophy*, London, v. 33, 1958.

AOUAD, A. Grandes cenas: a escolha de Sofia (com *spoilers*). *Cine Pipoca Cult*. 13 mar. 2010. Disponível em: https://www.cinepipocacult.com.br/2010/03/grandes-cenas-escolha-de-sofia-com.html. Acesso em: 6 set. 2018.

APEL, K. O. La transformación de la filosofia. In: CORTINA, A.; MATÍNEZ, E. *Ética*. 3. ed. São Paulo: Loyola, 2012.

ARAÚJO, I. L. Apel e Habermas: a ética do discurso. In: SGANZERLA, A. et al. (Orgs.). *Ética em movimento*. São Paulo: Paulus, 2009.

ARENDT, H. *A condição humana*. Trad. Roberto Raposo. 10. ed. Rio de Janeiro: Forense Universitária, 2004.

ARISTÓTELES. *Ética a Nicômaco*. Trad. Edson Bini. São Paulo: Edipro, 2014.

_____. *Física I e II*. Trad. Lucas Angioni. Campinas: Unicamp, 2009.

_____. *A política*. Trad. Nestor Silveira Chaves. 2. ed. Bauru: Edipro, 2009.

_____. *Metafísica*. Tradução, textos adicionais e notas de Edson Bini. 2. ed. São Paulo: Edipro, 2012.

BARAHONA, A. Caráter. In: *Dicionário de pensamento contemporâneo*. Dirigido por Mariano Moreno Villa. São Paulo: Paulus, 2000.

BAUMAN, Z. *Ética pós-moderna*. Trad. João Rezende Costa. São Paulo: Paulus, 1997.

BENTHAM, J. *Uma introdução aos princípios da moral e da legislação*. São Paulo: Abril Cultural, 1974. (Coleção Os Pensadores).

BETTENCOURT, E. O. S. B. *Curso de filosofia*. Rio de Janeiro: Escola Mater Ecclesiae, s. d.

BRÉHIER, E. *Les thèmes actuels de la philosophie*. Paris: Presses Universitaires de France, 1964.

BOBBIO, N. *Estado, governo, sociedade*: para uma teoria geral da política. Brasília: UnB, 2004.

BOÉCIO, A. M. S. Contra Êutiques e Nestório, III. In: *Escritos (opuscula sacra)*. Trad. Juvenal Savian Filho. São Paulo: Martins Fontes, 2005.

BUBER, M.; LÉVINAS, E. Pessoa. In: VILLA, M. M. *Dicionário de pensamento contemporâneo*. São Paulo: Paulus, 2000.

BURTON, N. *O mundo de Platão*: a vida e a obra de um dos maiores filósofos de todos os tempos. Trad. Mário Molina. São Paulo: Cultrix, 2013.

BYRNE, P. Duplo efeito: o princípio do duplo efeito. In: CANTO-SPERBER, D. (Org.). *Dicionário de ética e filosofia moral*. v. 1. São Leopoldo: Unisinos, 2003.

CAILLÉ, A.; LAZZERI, C.; SENELLART, M. (Orgs.). *História argumentada da filosofia moral e política*: a felicidade e o útil. Trad. Alessandro Zir. São Leopoldo: Unisinos, 2006.

CAMELLO, M. *Ética na perspectiva filosófica*. Taubaté: Unitau, 2010.

_____ . Honestum: relações entre a ordem moral e a jurídica, dos gregos ao direito romano. In: RAMPAZZO, L.; SILVA, P. C. (Orgs.). *Questões atuais de direito, ética e ecologia*. Campinas: Alínea, 2007.

CANTO-SPERBER, D. (Org.). *Dicionário de ética e filosofia moral*. v. 2. São Leopoldo: Unisinos, 2003.

CHÂTELET, F. et al. *História das ideias políticas*. Trad. Carlos Nelson Coutinho. Rio de Janeiro: Jorge Zahar, 1985.

COMPARATO, F. K. *Ética*: direito, moral e religião no mundo moderno. São Paulo: Companhia das Letras, 2006.

CONCHE, M. *O fundamento da moral*. São Paulo: Martins Fontes, 2006.

CORTELLA, M. S.; BARROS FILHO, C. *Ética e vergonha na cara!* Campinas: Papirus 7 Mares, 2014.

CORTINA, A.; MARTÍNEZ, E. *Ética*. Trad. Silvana Cobucci Leite. São Paulo: Loyola, 2005.

CREMASCHI, S. Tendências neoaristotélicas na ética atual. In: OLIVEIRA, M. (Org.). *Correntes fundamentais da ética contemporânea*. Petrópolis: Vozes, 2000.

DESCARTES. *Discurso do método*: meditações concernentes à primeira filosofia. Trad. J. Guinsburg e Bento Prato Junior. São Paulo: Abril Cultural, 1973. (Coleção Os Pensadores).

DI NAPOLI, R. B. Dilemas morais. In: TORRES, J. C. B. (Org.). *Manual de ética*: questões de ética teórica e aplicada. Petrópolis: Vozes, 2014.

DUPRET, L. Cultura de paz e ações socioeducativas: desafios para a escola contemporânea. *Psicologia Escolar e Educacional*, Campinas, v. 6, n. 1, p. 91-96, jun. 2002. Disponível em: http://www.scielo.br/scielo.php?script=sci_arttext&pid=S1413-85572002000100013. Acesso em: 12 fev. 2020.

ESTEVES, J. Éticas deontológicas: a ética kantiana. In: TORRES, J. C. B. (Org.). *Manual de Ética*: questões de ética teórica e aplicada. Petrópolis: Vozes, 2014.

FERRELL, O. C.; FRAEDRICH, J.; FERRELL, L. *Ética empresarial*: dilemas, tomadas de decisões e casos. 4. ed. Trad. Cecilia Arruda. Rio de Janeiro: Reichmann & Affonso, 2001.

HABERMAS, J. *Teoria do agir comunicativo*. Trad. Paulo Astor Soethe. São Paulo: Martins Fontes, 2012.

HEGENBERG, L. *Dicionário de lógica*. São Paulo: EPU, 1995.

HERÁCLITO DE ÉFESO. Fragmento 53. *Os pré-socráticos*. Trad. José Cavalcante de Souza e outros. São Paulo: Abril Cultural, 1973. (Coleção Os Pensadores).

HERRERO, F. J. Ética do Discurso. In: OLIVEIRA, M. A. (Org.). *Correntes fundamentais da ética Contemporânea*. Petrópolis: Vozes, 2000.

HESSEN, J. *Filosofia dos valores*. Trad. L. Cabral Moncada. Coimbra: Almedina, 2001.

HOMERO. *Ilíada*. Trad. Carlos Alberto Nunes. 5. ed. Rio de Janeiro: Ediouro, 1996.

HUSSERL, E. *Investigações lógicas*. Trad. Zelyko Loparic e Andréa M. A. C. Loparic. São Paulo: Abril Cultural, 1975. (Coleção Os Pensadores).

JAPIASSU, H.; FERNANDES, D. *Dicionário básico de filosofia*. 4. ed. Rio de Janeiro: Jorge Zahar, 2006.

JOLIVET, R. *Tratado de filosofia*. IV Moral. Trad. Gerardo Dantas Barreto. Rio de Janeiro: Agir, 1966.

JONAS, H. *O princípio responsabilidade*: ensaio de uma ética para a civilização tecnológica. Trad. Marijane Lisboa e Luis Barros Montez. Rio de Janeiro: Contraponto, 2006.

_____. *O princípio vida*: fundamentos para uma biologia filosófica. Trad. Carlos Almeida Pereira. Petrópolis: Vozes, 2004.

KANT, I. *Fundamentação da metafísica dos costumes*. Trad. Paulo Quintela. São Paulo: Abril Cultural, 1974. (Coleção Os Pensadores).

KIERKEGAARD, S. A. *O conceito de angústia*. Trad. Álvaro Luiz Montenegro Valls. Petrópolis: Vozes, 2010.

KÖCHE, J. C.; VEIGA, I. S. Ética, ciência e técnica. In: TORRES, J. C. B. (Org.). *Manual de ética*: questões de ética teórica e aplicada. Petrópolis: Vozes, 2014.

LADRIÈRE, P. Sociedade. In: CANTO-SPERBER, M. (Org.). *Dicionário de ética e filosofia moral*. v. 2. São Leopoldo: Unisinos, 2003.

_____. Sociologia. In: CANTO-SPERBER, M. (Org.). *Dicionário de ética e filosofia moral*. v. 2. São Leopoldo: Unisinos, 2003.

LEAR, J. *Aristóteles*: o desejo de entender. Trad. Lygia Araújo Watanabe. São Paulo: Discurso Editorial, 2006.

LECLERCQ, J. *As grandes linhas da filosofia moral*. Trad. Cônego Luiz de Campos. São Paulo: Herder-Edusp, 1967.

LEMMON, E. J. Moral dilemmas. *Philosophical Review*, v. 70, p. 139-158, 1962.

LISBOA, L. P. (Coord.) *Ética geral e profissional em contabilidade*. 2. ed. São Paulo: Atlas, 1997.

MACINTYRE, A. *Depois da virtude*: um estudo em teoria moral. Trad. Jussara Simões. Bauru: Edusc, 2001.

MARCHIONNI, A. *Ética*: a arte do bom. Petrópolis: Vozes, 2008.

_____ . Ética, religião e razão. In: MARCHIONNI, A. *Ética*: a arte do bom. Petrópolis: Vozes, 2008.

MARINO JUNIOR, R. Neuroética: o cérebro como órgão da ética e da moral. *Revista Bioética*, v. 18, n. 1. p. 109-120, 2010. Disponível em: http://revistabioetica.cfm.org.br/index.php/revista_bioetica/article/view/539. Acesso em: 22 fev. 2020.

MARITAIN, J. *Problemas fundamentais da filosofia moral*. Trad. Gerardo Dantas Barreto. Rio de Janeiro: Agir, 1977.

MARITAIN, J. *A pessoa e o bem comum*. Trad. Vasco Miranda. Lisboa: Morais, 1962.

MARSOLA, M. P. *A Felicidade*. São Paulo: WMF Martins Fontes, 2015.

MATTEUCCI, N. Bem comum. In: BOBBIO, N.; MATTEUCCI, N.; PASQUINO, G. *Dicionário de política*. Trad. Carmen C. Varriale et al. 2. ed. Brasília: UnB, 1986.

MARTON, F. Dilemas morais: o que você faria? *Super Interessante*, 15 jun. 2018. Disponível em: https://super.abril.com.br/cultura/dilemas-morais-o-que-voce-faria. Acesso em: 12 fev. 2020.

MENDONÇA, W. Questões metaéticas. In: TORRES, J. C. B. (Org.). *Manual de ética*: questões de ética teórica e aplicada. Petrópolis: Vozes, 2014.

MILL, J. S. *A liberdade, utilitarismo*. São Paulo: Martins Fontes, 2000.

MONDIN, B. *O homem, quem é ele?* Elementos de antropologia filosófica. Trad. R. Leal Ferreira e M. A. S. Ferrari. 8. ed. São Paulo: Paulus, 1996.

MOUNIER, E. Manifiesto al servicio del personalismo. In: *Obras completas*. Salamanca: Sígueme, 1992.

NASCIMENTO, C. A. R. *A moral de Santo Tomás de Aquino*: a segunda parte da suma de teologia. In: COSTA, M. R. N.; DE BONI, L. A. (Orgs.). *A ética medieval face aos desafios da contemporaneidade*. Porto Alegre: EDPUCRS, 2004.

NAHRA, C. O consequencialismo. In: TORRES, J. C. B. (Org.). *Manual de ética*: questões de ética teórica e aplicada. Petrópolis: Vozes, 2014.

NAPOLI, R. B. Dilemas morais. In: TORRES, J. C. B. (Org.). *Manual de ética*: questões de ética teórica e aplicada. Petrópolis: Vozes, 2014.

NASH, L. L. *Ética nas empresas*: boas intenções à parte. Trad. Kátia Aparecida Roque. São Paulo: Makron Books, 1993.

OGIEN, R. Normas e valores In: CANTO-SPERBER, M. (Org.). *Dicionário de ética e filosofia moral*. v. 2. São Leopoldo: Unisinos, 2003.

OLIVEIRA, M. A. *Correntes fundamentais da ética contemporânea.* Petrópolis: Vozes, 2000.

ORCAL, A. C. Trabalho. In: VILLA, M. M. *Dicionário de pensamento contemporâneo.* São Paulo: Paulus, 2000.

PASCAL, B. *Pensamentos.* Trad. Sérgio Milliet. São Paulo: Abril Cultural, 1973. (Coleção Os Pensadores).

PAULA, M. F. *Sobre a felicidade.* Belo Horizonte: Autêntica, 2014.

PAVIANI, J.; SANGALLI, I. J. Ética das virtudes. In: TORRES, J. C. B. (Org.). *Manual de ética:* questões de ética teórica e aplicada. Petrópolis: Vozes, 2014.

PEGORARO, O. *Ética dos maiores mestres através da História.* Petrópolis: Vozes, 2006.

_____. *Freud, ética e metafísica:* o que ele não explicou. Petrópolis: Vozes, 2008.

PIEPER, J. *Virtudes fundamentais.* Lisboa: Aster, 1960.

PLATÃO. *A república.* Trad. Maria Helena da Rocha Pereira. 3. ed. Lisboa: Fundação Calouste Gulbenkian, 1980.

RAMPAZZO, L.; SILVA, P. C. (Orgs.). *Questões atuais de Direito, ética e ecologia.* Campinas: Alínea, 2007.

REALE, G. *Aristóteles.* Trad. Henrique Claudio de Lima Vaz e Marcelo Perine. São Paulo: Loyola, 1994.

REALE, G.; ANTISERI, D. *História da filosofia.* 3. ed. São Paulo: Paulus, 2001.

REALE, M. *Filosofia do direito.* 17. ed. São Paulo: Saraiva, 1996.

RUSS, J. *Pensamento ético contemporâneo.* Trad. Constança Marcondes Cesar. 2. ed. São Paulo: Paulus, 1999.

SANDEL, M. J. *O que o dinheiro não compra:* os limites morais do mercado. Trad. Clóvis Marques. 8. ed. Rio de Janeiro: Civilização Brasileira, 2017.

SARTRE, J. P. *O existencialismo é um humanismo.* Trad. Vergilio Ferreira. São Paulo: Abril Cultural, 1974. (Coleção Os Pensadores).

SCHELER, M. *El formalismo en la ética y la ética material de los valores.* Buenos Aires: Avellaneda, 1948.

SCHWARTSMAN, H. Bolsonaro e o sistema. *Folha de S.Paulo,* 10 jan. 2018, A2.

_____. Direitos humanos no ENEM. *Folha de S.Paulo,* 7 nov. 2017, A2.

SENNETT, R. *A corrosão do caráter:* consequências pessoais do trabalho no novo capitalismo. 18. ed. Rio de Janeiro: Record, 2014.

SINGER, P. *Ética prática.* São Paulo: Martins Fontes, 2006.

SIQUEIRA, J. E. (Coord.) *Ética, ciência e responsabilidade.* São Paulo: Loyola, 2005.

SÓFOCLES. *A trilogia tebana:* Édipo Rei, Édipo em Colono, Antígona. Trad. Mário da Gama Kury. 11. ed. Rio de Janeiro: Jorge Zahar, 2004.

S. THOMAE AQUINATIS. *De veritate.* Cura et studio P. Fr. Raymundi Spiazzi, O. P. Roma: Marietti, 1949.

SPIDLÍK, T. Virtudes e vícios. In: *Dicionário patrístico e de antiguidades cristãs*. Trad. Cristina Andrade. Petrópolis: Vozes, 2002.

STUART MILL, J. A *liberdade, utilitarismo*. São Paulo: Martins Fontes, 2000.

TAPPOLET, C. Dilemas morais. In: CANTO-SPERBER, M. (Org.). *Dicionário de ética e filosofia Moral*. v. 2. São Leopoldo: Unisinos, 2003.

TOMÁS DE AQUINO. *Suma teológica*, I, q. 79, art. 12, v. 2. São Paulo: Loyola, 2002.

_____ . *Suma teológica*. Ia. IIae, q. 20, a. 2. v. 3. São Paulo: Loyola, 2003.

_____ . *Suma teológica*. Ia. IIae, q. 55, a. 4. v. 4. São Paulo: Loyola, 2005.

TORRES, J. C. B. (Org.). *Manual de ética*: questões de ética teórica e aplicada. Petrópolis: Vozes, 2014.

_____ . Ética, direito, política. In: TORRES, J. C. B. (Org.). *Manual de ética*: questões de ética teórica e aplicada. Petrópolis: Vozes, 2014.

VALLS, Á. L. M. *O que é ética*. São Paulo: Brasiliense, 1987.

VAZQUEZ, A. S. *Ética*. 6. ed. Trad. João Dell'Anna. Rio de Janeiro: Civilização Brasileira, 1983.

VIAPIANA, T. Ética, economia e negócios. In: TORRES, J. C. B. (Org.). *Manual de ética*: questões de ética teórica e aplicada. Petrópolis: Vozes, 2014.

VIRVIDAKIS, S. Conhecimento moral. In: CANTO-SPERBER, M. (Org.). *Dicionário de ética e filosofia moral*. v. 1. São Leopoldo: Unisinos, 2003.

WEBER, M. A *ética protestante e o espírito do capitalismo*. São Paulo: Martin Claret, 2002.

WILLIAMS, B. Ethical consistency. *Proceedings of the aristotelian society*, sup. v. 39, 1965.

DOCUMENTOS CONSULTADOS

BRASIL. *Decreto-Lei n. 9.295, de 27 de maio de 1946*. Cria o Conselho Federal de Contabilidade, define as atribuições do Contador e do Guarda-livros e dá outras providências. Disponível em: http://www1.cfc.org.br/uparq/decretolei_9295_1946.pdf. Acesso em: 12 fev. 2020.

_____ . *Decreto-Lei n. 1.040, de 21 de outubro de 1969*. Dispõe sobre os Conselhos Federal e Regionais de Contabilidade, regula a eleição de seus membros, e dá outras providências. Disponível em: https://cfc.org.br/wp-content/uploads/2015/12/decretolei_1040.pdf. Acesso em: 12 fev. 2020.

_____ . *Lei n. 6.404, de 15 de dezembro de 1976*. Dispõe sobre as Sociedades por Ações. Disponível em: http://www.planalto.gov.br/ccivil_03/leis/L6404consol.htm. Acesso em: 12 fev. 2020.

_____ . *Lei n. 11.638, de 28 de dezembro de 2007*. Alterou e revogou dispositivos da Lei n. 6.404, de 15 de dezembro de 1976, além de outras providências. Disponível em: http://www.planalto.gov.br/ccivil_03/_Ato2007-2010/2007/Lei/L11638.htm. Acesso em: 12 fev. 2020.

_____ . *Lei n. 11.941, de 27 de maio de 2009*. Alterou e revogou dispositivos da Lei n. 6.404, de 15 de dezembro de 1976, além de outras providências. Disponível em: http://www.planalto.gov.br/ccivil_03/_Ato2007-2010/2009/Lei/L11941.htm. Acesso em: 12 fev. 2020.

COMISSÃO DE VALORES MOBILIÁRIOS. *Instrução CVM n. 308, de 1999*. Dispõe sobre o registro e o exercício da atividade de auditoria independente no âmbito do mercado de valores mobiliários. Disponível em: http://www.cvm.gov.br/export/sites/cvm/legislacao/instrucoes/anexos/300/inst308consolid.pdf. Acesso em: 12 fev. 2020.

CONSELHO FEDERAL DE CONTABILIDADE. NBC PG 01, de 7 de fevereiro de 2019. Aprova a NBC PG 01 – Código de Ética Profissional do Contador. Disponível em: http://www2.cfc.org.br/sisweb/sre/detalhes_sre.aspx?Codigo=2019/NBCPG01&arquivo=NBCPG01.doc. Acesso em: 12 fev. 2020.

CONSELHO FEDERAL DE CONTABILIDADE. *Resolução CFC n. 96, de 1958*. Nova denominação à profissão de Guarda-Livros. Disponível em: http://www1.cfc.org.br/sisweb/SRE/docs/RES_096.pdf. Acesso em: 12 fev. 2020.

_____ . *Resolução CFC n. 898, de 26 de março de 2001*. Altera o §1º, do art. 3º, da Resolução CFC n. 560/83. Disponível em: http://www2.cfc.org.br/sisweb/sre/detalhes_sre.aspx?codigo=2000/000898. Acesso em: 12 fev. 2020.

_____ . *Resolução CFC n. 560, de 28 de outubro de 1983*. Dispõe sobre as prerrogativas profissionais de que trata o artigo 25 do Decreto-Lei n. 9.295/1946. Disponível em: http://www2.cfc.org.br/sisweb/sre/detalhes_sre.aspx?Codigo=1983/000560&arquivo=RES_560.DOC. Acesso em: 12 fev. 2020.

_____ . *Resolução CFC n. 803, de 10 de outubro de 1996*. Aprova o Código de Ética Profissional do Contabilista (CEPC). Disponível em: http://www2.cfc.org.br/sisweb/sre/detalhes_sre.aspx?Codigo=1996/000803&arquivo=Res_803.doc. Acesso em: 12 fev. 2020.

_____ . *Resolução CFC n. 1.167, de 31 de março de 2009*. Dispõe sobre o Registro Profissional dos Contabilistas. Disponível em: http://www2.cfc.org.br/sisweb/sre/detalhes_sre.aspx?Codigo=2009/001167&arquivo=Res_1167.doc. Acesso em: 12 fev. 2020.

_____ . *Resolução CFC n. 1.328, 18 de março de 2011*. Dispõe sobre a Estrutura das Normas Brasileiras de Contabilidade. Disponível em: http://www2.cfc.org.br/sisweb/sre/detalhes_sre.aspx?Codigo=2011/001328&arquivo=Res_1328.doc. Acesso em: 12 fev. 2020.

_____ . *Resolução CFC n. 1.370, de 8 de dezembro de 2011*. Regulamento Geral dos Conselhos de Contabilidade. Disponível em: http://www2.cfc.org.br/sisweb/sre/detalhes_sre.aspx?Codigo=2011/001370&arquivo=Res_1370.doc. Acesso em: 12 fev. 2020.

_____ . *Resolução CFC n. 1.458, de 11 de dezembro de 2013*. Aprova o Regimento do Conselho Federal de Contabilidade e dá outras providências. Disponível em: http://www2.cfc.org.br/sisweb/sre/detalhes_sre.aspx?Codigo=2013/001458&arquivo=Res_1458.doc. Acesso em: 12 fev. 2020.

_____ . *Resolução CFC n. 1.486, de 15 de maio de 2015*. Regulamenta o Exame de Suficiência como requisito para obtenção de Registro Profissional em Conselho Regional de Contabilidade (CRC). Disponível em: http://www2.cfc.org.br/sisweb/sre/detalhes_sre.aspx?Codigo=2015/001486&arquivo=Res_1486.doc. Acesso em: 12 fev. 2020.